El arte de la entrevista

El arte de la entrevista

40 años de preguntas y respuestas

ROSA MONTERO

Papel certificado por el Forest Stewardship Council®

Primera edición: marzo de 2019

© 2019, Rosa Montero
© 2019, Penguin Random House Grupo Editorial, S. A. U.
Travessera de Gràcia, 47-49. 08021 Barcelona

Printed in Spain – Impreso en España

ISBN: 978-84-9992-943-9
Depósito legal: B-2.206-2019

Compuesto en Pleca Digital, S. L. U.
Impreso en Black Print CPI Ibérica
Sant Andreu de la Barca (Barcelona)

C 929439

Penguin
Random House
Grupo Editorial

*Para todos los trabajadores y colaboradores
de* El País *desde su fundación, compañeros
en el trayecto de la vida*

Índice

El huracán del tiempo

Hace unos meses, buscando mis primeros cuentos para una exposición en la Feria del Libro de Lima, me encontré con un modesto cuaderno escolar tamaño cuartilla en el que había hecho una especie de revista titulada «De todo un poco». El contenido era una mezcolanza de trivialidades: poemas, recetas de cocina, un test («¿Eres desordenada?»), crucigramas, cromos de animales acompañados por la descripción de sus costumbres y otras menudencias, todas evidentemente copiadas de algún semanario para mujeres. Pero también incluía una pieza original, una entrevista que cubría toda una página. Se titulaba «Interviu (sic) a Pascual Montero», lo cual era mentira, porque en realidad se trataba de una entrevista con su mujer, es decir, con mi madre. Yo tenía por entonces ocho años y no iba al colegio; una tuberculosis me mantuvo en casa desde los cinco a los nueve años. Nadie me daba clase, así que, aunque leía muchísimo, mi ortografía era espeluznante. Ahora veo ese texto apretado y sucio, escrito con un bolígrafo barato de pringoso trazo, y me recuerdo con toda claridad de pie en la cocina, preguntando de verdad esas preguntas a mi madre mientras ella se afanaba en las tareas domésticas, y apuntando sus respuestas en una hoja que no he conservado.

Ya conocen el dicho, genio y figura hasta la sepultura, y en efecto resulta sorprendente que tantas personas nos construyamos una línea de vida, una vocación y un imaginario desde tan temprano. Abundando en el tema, junto a ese cuaderno encontré también una cuartilla suelta, escrita por las dos caras, con el comienzo de un cuento titulado: «José Antonio y Merceditas en: *Los marcianos*». Es un relato sobre dos

11

hermanos de ocho y nueve años que caen por un agujero mágico y van a parar a un mundo extraño. Lo exploran, cautelosos, y enseguida se topan con un cartel que dice: «Marte». Evidentemente la historia prosigue, pero las otras hojas se perdieron. De manera que a los ocho años yo ya escribía ciencia ficción (incluso ilustré el cuento con el dibujo de unos alienígenas semejantes a pulpos), un género que volvería a tocar medio siglo después con mi serie de Bruna Husky. Sorprendentemente, todo parecía estar ahí desde la infancia. Ya lo dijo Wordsworth, «el niño es el padre del hombre».

He comenzado hablando de aquella primerísima pieza periodística porque, al revisar mis entrevistas para armar este libro, he tenido la sobrecogedora sensación de estar haciendo un recuento de mi vida, y además un recuento final, puesto que no creo que vuelva a entrevistar a nadie (lo he hecho en unas dos mil ocasiones y me parece que me he saturado). Y el caso es que la lectura de estas conversaciones mantenidas a lo largo del tiempo no sólo deja entrever las diversas épocas que hemos vivido en los últimos cuarenta años, sino que además me refleja a mí en un segundo plano, como una sombra en un espejo empañado. Ahí estoy, al fondo, envejeciendo.

También han ido envejeciendo los personajes a quienes entrevisté, y muchos han fallecido. Por no hablar de la manera en que hoy les contemplamos y de cómo ha ido cambiando nuestra opinión sobre ellos a la luz de los acontecimientos posteriores. Por ejemplo, entrevisté a Santiago Carrillo en plena Transición, en una época en la que la reciente legalización del Partido Comunista todavía seguía siendo (con razón) un logro democrático, lo cual contribuía a que la figura de Carrillo fuera vista con gran benevolencia. Las investigaciones posteriores, en especial el magnífico libro *El zorro rojo* del historiador Paul Preston, muestran que fue un personaje mucho más turbio y que estuvo más implicado de lo que jamás quiso reconocer en las terribles matanzas de Paracuellos.

Otro caso clamoroso de rectificación temporal es la entrevista/ reportaje con el ayatolá Jomeini. El encuentro tuvo lugar en el refugio francés del clérigo chiita, pocos días antes de que regresara a Irán y tomara el poder. Ahora resulta muy difícil de creer, pero en aquel entonces Jomeini era visto por la izquierda mundial como un revolucionario progresista, un clamoroso error de juicio nacido de ese estúpido y repetido equívoco que consiste en considerar bueno a cualquiera que se oponga a alguien malo. Jomeini luchaba contra el autoritario y represivo régimen del Sha, y nadie, ni siquiera la oposición democrática iraní que entonces colaboraba con el ayatolá, intuía el horror que éste iba a desencadenar. Cuando llegué a Francia, sin embargo, a mí me espeluznaron la deificación con la que trataban al viejo líder y el bárbaro sexismo imperante: para entrevistarle, tuve que cubrirme con un pañuelo no sólo la cabeza sino también las cejas, porque no se podía ver ni un solo vello, y además se me ordenó mantener la cabeza siempre más baja que la suya, cosa harto difícil porque era un anciano pequeño que estaba sentado en el suelo. Le tuve que hacer la entrevista prácticamente tumbada sobre la alfombra, cosa que no se puede decir que me predispusiera a su favor. Pese a ello, como la glorificación del clérigo entre la intelectualidad de izquierdas estaba en su momento más álgido, moderé mi tono crítico, más que nada por inseguridad, por si me equivocaba, dado que tanta gente inteligente y madura opinaba lo contrario. Y aun así, aun siendo un texto (ya lo verán) muy contenido, me llovieron los ataques, y al periódico llegó un buen montón de cartas indignadas por mi ceguera etnocentrista y mi falta de respeto ante la revolución iraní. Pocas semanas después empezamos a ver en los informativos las ejecuciones múltiples que llevaron a cabo los chiitas en los estadios del nuevo Irán. Creo que nunca me he alegrado tan poco de tener razón.

En otras ocasiones el tiempo me ha permitido entender lo que ocurría. En 1994 fui a entrevistar a Margaret Thatcher, cuatro años después de que dejara el cargo de primera ministra (o más bien de que la obligaran a dejarlo). Por entonces sólo tenía sesenta y nueve años, y fui allí convencida de que me iba a encontrar con una de las mejores cabezas del panorama político mundial. Yo podía estar en las antípodas de sus ideas, pero Thatcher *tenía* que ser una persona imponente. Había reinventado el neoliberalismo, había conseguido llegar al poder dentro del muy machista partido conservador británico de la época y había sido uno de los líderes internacionales más influyentes del último cuarto de siglo: no eran hazañas baladíes. Así que yo me esperaba una entrevista correosa y dificilísima, pero, para mi completo pasmo, la ex primera ministra fue una decepción. No era una dama brillante, sino tozuda, y sus argumentos, demasiado simples, obvios y antiguos, no me parecieron a la altura de su vida y su pasado. ¡Pero si incluso se metió en varios *jardines* y perdía el hilo! Era todo tan inesperado que me quedé asombrada, y pensé que quizá una mente tan poco flexible como la suya envejeciera antes y peor. En cualquier caso parecía mayor de lo que era, y cuando corté la grabadora me soltó un enérgico y magnánimo «¡Bien hecho!» con el mismo tono con que una abuela jalearía los primeros pasos de su nieto. Ahora, tanto tiempo después, he comprendido que Thatcher ya estaba manifestando los primeros síntomas del deterioro mental que la condujo a la demencia pocos años más tarde. Probablemente por entonces aún no estaba ni siquiera diagnosticada. Pienso en todo eso y no puedo evitar un escalofrío.

Todos los textos recogidos en este libro fueron publicados en el suplemento dominical de *El País*. Antes de llegar a este periódico había realizado muchas otras entrevistas en revistas como *Personas* o *Posible* y sobre todo en *Fotogramas*, un semanario por entonces mítico para el que trabajé muchísimo: recuerdo, por ejemplo, una conversación con Orson Welles muy divertida. Pero, como no guardo mis trabajos, no sé dónde localizar ese material. Por otra parte, no cabe duda de que los cuarenta años largos que llevo colaborando con *El País* han sido los más importantes de mi vida profesional o más bien de mi vida, punto. Aquí he madurado, aquí me han posibilitado alcanzar mi máximo como periodista. No tengo palabras para agradecer todo lo que he aprendido y lo que he vivido en este periódico. Y además me siento muy orgullosa de haber participado en la apasionante andadura de un medio de comunicación que hizo historia en la Transición de este país. Gracias por todo, siempre.

En antiguas ediciones recopilatorias de mis trabajos periodísticos y en un par de libros colectivos he escrito extensos textos hablando de lo que considero que debe ser una entrevista, y no me apetece repetirme. Así que apuntaré tan sólo unas pocas cosas esenciales. En realidad lo más importante para hacer una buena entrevista es tener una verdadera curiosidad por el personaje y por lo que tu interlocutor te va a decir. Parece una verdad de Perogrullo y, sin embargo, se incumple innumerables veces; hay periodistas que no escuchan las respuestas porque están pensando en lo siguiente que van a preguntar; o porque están pegados a su mortecino cuestionario como moscas a un papel insecticida; o porque su ambición no es descubrir un poco más al personaje, sino quedar bien ellos, vencer dialécticamente al famoso, hacerse los listos. Esto último me parece uno de los comportamientos más imbéciles que puede tener un entrevistador; el importante no eres tú, sino la otra o el otro; y da lo mismo que el entrevistado sea impertinente o grosero contigo, por ejemplo; no te lo puedes tomar como algo personal, no te estás jugando ahí tu honor, de la misma manera que un psicoanalista no se juega el suyo en la agresividad de su paciente. De hecho, que el entrevistado pierda los modales o los nervios puede ser estupendo para ti, porque está rompiendo su coraza y dejándote ver su intimidad.

Eso sucedió en la entrevista con Montserrat Caballé, uno de los textos más ásperos de este libro. La grandísima Caballé (una cantante sublime) no queda nada bien en mi retrato, lo cual puede parecer chocante. Pero estoy segura de que la pillamos en un malísimo día, porque la realidad fue aún peor. Por ejemplo, nos tuvo esperando en el pequeño recibidor a pie firme durante muchísimo tiempo, puede que una hora o quizá dos, mientras ella refunfuñaba contra nosotros en la sala. Me acuerdo, eso sí, de que el fotógrafo estaba indignado y quería irse y dejarla plantada, y de cómo yo intentaba explicarle que esa manera de actuar ya formaba parte de la entrevista, que me estaba mandando información a cañonazos. Al final, cuando escribí el texto, intenté dulcificarla, mostrar a una Caballé menos irritante de lo que me había parecido, y éste es otro punto importante a tener en cuenta. El poder final del periodista es brutal; da igual cómo se haya desarrollado la conversación, éste siempre puede al final manipularlo todo y dejar al personaje injustamente mal. De manera que es necesario, como en todo trabajo periodístico, el mayor rigor posible, la mayor honestidad. Pero además, en este tipo de entrevistas llamadas de personalidad, que dependen mucho de la mirada inevitablemente subjetiva del autor, hay que hacer siempre un esfuerzo para enfriar las emociones que has sentido. Las negativas, como en el caso de Caballé, porque pudiste pillar al personaje en el peor día de su vida, o porque quizá fueras tú quien estaba atravesado. Y por añadidura hay que sosegar las emociones positivas, pues quizá el personaje te haya hipnotizado y embaucado hasta hacerte perder todo espíritu crítico.

También es necesario, claro está, documentarse previamente muchísimo. Estudiarlo todo del personaje, leer sus libros o los libros que haya sobre él, hablar a ser posible con gente que le conozca. Y aprenderse todo eso de memoria, para que, si la entrevistada te dice, por ejemplo, «yo nunca he militado en nada», a ti se te levante de manera inmediata en la cabeza la ficha de su afiliación a la ORT durante seis meses de 1977. Con todos los datos recogidos yo siempre me hacía una lista de los temas que quería plantear; no un cuestionario cerrado, sino una especie de mapa del territorio. Eso sí, conviene preparar bien el comienzo de la conversación, sobre todo si no se dispone de mucho tiempo para desarrollarla, porque esos inicios van a marcar todo el encuentro. A menudo cuento, en este sentido, la entrevista de Fraga. Tuvo lugar cuando don Manuel estaba en la cúspide de su fuerza y de su ogredad. Quiero decir que daba mucho miedo. La semana anterior a nuestro encuentro había sacado a un periodista a la escalera agarrado del cuello; yo tenía que plantearle preguntas difíciles (era imposible hurtar el cuerpo a esas cuestiones en aquel momento) y me temía lo peor. De modo que se me ocurrió comenzar con dos comentarios, los dos verdaderos. Primero dije: «Me han contado que tiene usted un gran sentido del humor», lo cual hizo que Fraga se esponjara de placer y se apresurara a corroborarlo; y después añadí: «Y también que es usted un hombre violento que me puede echar a la segunda pregunta», cosa que provocó que torciera el gesto y negara enfáticamente que él fuera capaz de algo así. Esas dos preguntas enmarcaron nuestra conversación como dos candados, porque don Manuel se vio obligado a mantener su fama de hombre con sentido del humor y a demostrar que, en efecto, no era tan violento. Creo que el recurso funcionó.

La entrevista con Fraga fue de inevitable enfrentamiento, pero no todas tienen por qué ser así. Algunos periodistas se sienten más seguros en la esgrima y otros en la complicidad. Yo he cultivado ambas vías, pero prefiero la segunda. Antes puse el ejemplo del psicoanalista, y en verdad creo que una entrevista de personalidad tiene mucho que ver con una sesión de psicoanálisis en múltiples sentidos, como en el hecho de que la gente puede llegar a contar intimidades sorprendentes a alguien a quien no conoce. La clave, insisto, es mostrar un auténtico interés en escuchar al otro, en entender cómo es. Todos los humanos queremos ser escuchados así; si eres capaz de hacer sentir al entrevistado que tu atención es pura y plena, se abrirá. Es un viaje al interior del otro, y debes hacerlo con veracidad y empatía. Si Lou Reed empieza a decirte que dejó las drogas cuando una voz le habló desde el asiento trasero de su coche, tienes que intentar ver el mundo como alguien que considera normal escuchar voces en automóviles vacíos.

Y con todo eso, con la documentación, con las palabras y las emociones y los gestos cruzados durante el encuentro, con los mil y un pequeños detalles en los que me fijaba (los domicilios privados dan mucha información, los despachos oficiales menos pero también), yo me hacía una especie de molde del personaje en el que me introducía imaginariamente para intentar entender cómo era ese sujeto y cómo sentía la vida. Es el mismo viaje que hago para crear los personajes de mis novelas, sólo que en las entrevistas estás obligada a que el molde sea real y documentado. Por último, hay que tener ambición a la hora de escribir. Ambición literaria, me refiero. Buscar la forma adecuada a cada entrevista, porque no todos los encuentros son iguales. Tengo la pequeña satisfacción de haber sido probablemente la principal causante de que las entrevistas de personalidad de *El País* pudieran librarse de un formato empobrecedor. Al principio, las normas de estilo me imponían una entradilla informativa y luego pregunta y respuesta sin más hasta el final, antecedidas por RM y las iniciales del entrevistado. Entregué y entregué entrevistas con otros formatos que a veces me mutilaron de forma implacable para adaptarlas a las normas, hasta que decidieron que harían una excepción con los textos del suplemento dominical, los míos y los de todos. Era de pura lógica.

Pero basta de hablar de la cocina periodística, porque ya he dicho antes que mi relación con este libro es mucho más íntima, más personal. Revisando los cuarenta años de entrevistas me he ido poniendo de los nervios, porque me he topado demasiadas veces con la joven que fui y a la que no sé bien en qué momento de despiste he perdido.

La buena noticia es que se diría que en las últimas décadas ha habido, en efecto, un gran corrimiento de nuestra percepción de la edad. A juzgar por las entrevistas de este libro, lo de que los cincuenta de hoy son como los treinta de antaño no debe de ser una exageración piadosa, como yo me temía. Por ejemplo, le hice una entrevista a Tina Turner y recuerdo que regresé admirada de lo guapísima y escultural que estaba a pesar de lo vieja que era; pues bien, ahora compruebo que, cuando hablé con ella, la cantante acababa de cumplir cincuenta años. ¿Cómo me podía parecer tan mayor, cómo me podía extrañar tanto su buena forma? Hoy no sería una excepción; Sandra Bullock tiene cincuenta y cuatro años, Marta Sánchez cincuenta y dos, Jennifer Lopez cuarenta y nueve, Julia Roberts cincuenta y uno… La lista sería interminable.

Una buena parte de mis entrevistados estaban haciendo la travesía de la cincuentena, y se les veía aplastados por el peso de la senectud de una manera que hoy resulta chocante. Por ejemplo, Luis Miguel Dominguín me recibió en la cama, disfrazando su depresión de cinismo y manteniendo conmigo una conversación crepuscular, un lamento de todo lo perdido, aunque sólo tenía cincuenta y dos años. Pero la entrevista más estremecedora es la que le hice al director de cine italiano Marco Ferreri, autor de *El cochecito*, una de las películas españolas más maravillosas de todos los tiempos. Era un hombre bamboleante y apático, un viejo sin paliativos. En un momento de la charla me espetó:

—Tú quieres escribir, quieres ser feliz… tú lo quieres todo.
—Claro —contesté.

Y entonces se produjo el siguiente, vertiginoso, espeluznante diálogo:

—Eso es imposible. Los tiempos son tan cortos… ¿Qué edad tienes?
—Veintisiete.
—Y yo cincuenta. A los cincuenta años no se cree en la felicidad, a los veintisiete sí […]. A los cincuenta, por muy bien que te vaya, sólo te quedan veinte años de vida.

En efecto, con angustioso tino, Ferreri falleció diecinueve años más tarde, a una edad a la que casi he llegado. Hoy pienso en aquel hombre que acababa de cumplir cincuenta pero que se había dado por derrotado, y me recuerdo a mí misma con la arrogancia que la inmortalidad de mis veintisiete años me confería, mientras siento silbar, atronador, el huracán del tiempo en mis oídos. Aunque, ¿saben qué? Yo todavía sigo queriéndolo todo.

Luis Miguel Dominguín

La vida desde la cama

«No os gusta el poder —decía Luis Miguel—, pero lo único importante es el poder. Sois visceralmente hombres de la oposición, de la lucha contra el poder, no de la lucha por el poder. Hoy estáis contra Franco, mañana estaréis contra Carrillo, si éste encarna el poder. Yo, en cambio, no. Yo, siempre con el poder. Pero no os preocupéis: igual que ahora intervendría en vuestro favor acerca de mi amigo Camilo Alonso Vega, intervendré mañana en vuestra defensa cuando Carrillo sea amigo mío y vosotros seáis perseguidos.» (*Autobiografía de Federico Sánchez,* de Jorge Semprún, p. 69.)

Dice estar resfriado Luis Miguel Dominguín y me recibe en la cama: su horizontalidad, por otra parte, es para mí reincidente. La última entrevista que mantuve con él, hará dos años, fue ya una entrevista ensabanada. Se repiten hoy los mismos detalles: los cartones de cigarrillos rubios en la mesilla, la copa de algo al alcance de la mano, el esquijama gris pálido, el Cristo en la cabecera aunque Luis Miguel no sea creyente, los dos teléfonos sobre la cama sonando de manera incesante, la vez pasada con noticias de una cercana cacería, hoy con llamadas de parientes y de una anónima duquesa con la que Luis Miguel mantiene una charla gorjeantemente frívola. Antes me había dicho: «Fotos en la cama no, que lo mismo me vuelven a procesar por escándalo. Mañana me voy al campo, que vaya el fotógrafo allí». Ese *campo* abstracto tiene nombre y localización precisa: es La Virgen, la finca que tiene en Andújar, en donde podrá hacerse unas fotografías en su papel de Dominguín triunfador, moreno de soles cazadores, delgado, elástico, lujoso y deportivo, con un esquijama de otro color y con otras cosas sobre la mesilla.

Hará ya alrededor de siete años que le hice la primera entrevista. Entonces acudió a la cita bajando las escaleras de su refinado dúplex —un piso caro en un bloque residencial de céspedes privados— envuelto en una bocanada de fragante *after shave*. Y la casa estaba atendida por los sirvientes, dos criados filipinos, jóvenes y exóticos, de larga trenza en la espalda y vestiduras orientales. Tan sofisticados. Era aún la época triunfante de Luis Miguel, vivía aún su aureola de maldito mimado por la *jet*, aparecía en la prensa del corazón en doradas fiestas de vips vestido con kaftanes indecibles, protagonizaba alegres reuniones en su finca Villa Paz, allá en Cuenca, aquella finca que vendió, dicen, a raíz de que Gitanillo de Triana se matase en accidente al salir de una fiesta. Era el *playboy* soberbio del Régimen, la oveja negra prohijada por la aristocracia y los ministrables franquistas, era la amoralidad controlada, la fantasía cínica dentro de un orden. Un juguete, un adorno social: un producto de lujo necesario.

Sin embargo, hoy han desaparecido los filipinos fantásticos y un empleado de edad madura y aspecto cotidiano abre la puerta: no es un mayordomo, sino el residuo de ese inframundo taurino y macho que impone el ritual de servidumbres siempre masculinas, ese mozo de espadas que no sólo es criado del maestro, sino además, secretario, confidente, cómplice, amigo fiel y enemigo discreto. Hoy han desaparecido los filipinos fantásticos y la casa entera parece lucir un abandono impecable. Ahí siguen los poemas enmarcados de Alberti, los objetos de plata, los trofeos y bronces ganados por Luis Miguel en su carrera. Debió de ser modernísima y exquisita esta casa en los sesenta, pero el orden que impera hoy en ella es de una perfección inanimada: ni una colilla en los ceniceros, ni un asiento hundido por reciente uso. Es como un decorado inhabitado, como un museo sin visitantes, al que los años han ido llenando de manchas las moquetas, de descoloridos trazos los sillones, y tan sólo el dormitorio verdoso tiene calor y residuo humano, como si se hubiera extendido sobre el resto de la casa una fina capa de polvo inexistente, como si la vida entre estas paredes se hubiera ido retirando, primero al piso superior, luego al dormitorio, por último a la cama.

Parece que coincido con todos sus resfriados, porque las dos últimas entrevistas que le he hecho me ha recibido usted en cama.

Bueno, yo no estoy resfriado, ése es sólo el pretexto para no levantarme. Como dice el refrán, «carrera que no da el galgo, en el cuerpo la lleva», y como yo he dado muchas carreras en mi vida, ahora tengo que ahorrar. Y, además, tumbado pienso mucho mejor. O sea, que si ahora digo muchas tonterías, imagínate las que podría decir de pie.

Se podría pensar también que es un detalle deliberadamente original a la hora de recibir a un periodista.

No, ¿sabes lo que pasa? Mira, si voy a la oficina o si estoy intentando trabajar, cosa además que me molesta muchísimo, que es lo único que me molesta del rey, que ha amenazado con dar a todo el mundo un puesto de trabajo, y eso me parece a mí una mala táctica, porque yo ya he trabajado y no quiero ningún puesto, no me interesa. Bueno, lo que pasa es que si yo voy a la oficina, trabajo mucho menos que si lo hago aquí, desde la cama, con mis papeles y mis teléfonos.

Tiene usted un negocio de importación y exportación, ¿no?

No, ya no. Lo retiré.

¿Y a qué se dedica entonces?

Ahora me dedico a ganar tiempo para no hacer nada, porque dicen que el tiempo es oro, pero yo creo que el único tiempo que es realmente de oro es aquel que se pierde.

El que se pierde en la cama, por ejemplo.

Exactamente. Todas las cosas importantes de la vida están en la horizontal. Cuando naces estás en la horizontal, cuando te mueres también. Todo lo demás son tiquismiquis.

¿Y cómo se las arregla para no hacer nada y sacar al mismo tiempo suficiente dinero para vivir?

Yo no tengo problemas económicos, porque como no tengo ninguna ambición... Mira, tengo a ese hombre que lleva conmigo treinta y cuatro años. No tengo más servicio en toda la casa, y con eso me conformo. No tengo ambiciones, he ido reduciendo mi mentalidad, he ido reduciendo mis posibilidades, afortunadamente. La primera casa que hice tenía veinticuatro habitaciones con cuarto de baño. Y la última que he hecho tiene una habitación, que es la mía, con un cuarto de baño. Y luego tiene dos o tres habitaciones para los invitados, no más, porque más de ocho invitados me parece demasiado. La verdad es que más de dos ya me parecen una multitud. Dos se pueden llevar bien por el momento, tres es una discusión, y cuatro en este país es una revolución. Así es que ocho es ya un problema que como no lo ambientes con cacería puede terminar en tragedia.

Sin embargo, recuerdo que hace unos años, pocos, tenía usted un servicio filipino muy exótico. ¿Formaban parte de los lujos de los que prescindió?

No, lo que pasa es que se fueron porque se hicieron ricos.

Les pagaba mucho, claro.

En mi casa a fuerza de yo ser pobre se hace todo el mundo rico. Se fueron, pero ahora quieren volver. Si quieren, que lo hagan, y si no, pues nada. En la vida no hay que forzar las cosas, porque esto trae unos resultados desastrosos: todo tiene que ser natural.

Digamos que ha sido usted un torero muy especial, que ha salido del contexto puramente taurino, que ha tenido relaciones, por un lado, con los círculos intelectuales y...

Antes de que sigas por ahí te diré que yo hice el ingreso al bachillerato a fuerza de dar entradas a los profesores, y ésa es mi única cultura.

Y a partir de ahí comienza el autodidactismo.

Lo que pasa es que yo creo que todo lo que se escribe en el mundo es con relación a lo que los demás han vivido. Y yo no he estudiado, pero sí he vivido. He tardado un poquillo más en aprender, pero... Tampoco he llegado a mucho, pero tampoco lo quiero. Un hombre culto es un bulto sospechoso.

¿Sospechoso para quién?

Para lo sociedad. Porque un hombre culto se cree inteligente, y un hombre inteligente es peligrosísimo, sobre todo si se dedica a la política, que entonces es un horror.

Usted, entonces, ¿no se considera inteligente?

No, no. Intuitivo.

Decía que ha sido usted un torero muy especial, con una popularidad y una imagen mucho más amplia que la taurina. Se ha mantenido usted siendo noticia incluso después de la retirada, a veces por determinados *escándalos* en los que usted pudo participar...

Te puedo asegurar que nunca intento tener participación en estas cosas, es que es así el destino de los hombres.

¿Y su destino es ser popular?

No sé si es ser popular o ser un imbécil, porque la popularidad y la imbecilidad están separadas por un estrecho filo de navaja; hay que ir con cuidado.

Lo que está claro es que el destino no deja que se olviden de usted. Ahí está el libro de Semprún, por ejemplo, en el que el apellido Dominguín tiene especial relieve y en el que sale us-

ted. Reproduce una frase suya especialmente cínica, cuando usted acusa a Semprún y a Domingo de ser idealistas...

Son jóvenes, son simplemente jóvenes. Jorge es mayor que yo, pero lo que pasa es que es joven. Y yo creo que no es cinismo lo que hay en esa frase. Lo que pasa es que he vivido antes que él, y aunque sea mayor que yo, pues es un tipo de vida distinto, porque él habla mucho... es un tipo de primer orden, ¿eh?, yo a Jorge le tengo un gran cariño, pero, claro, han vivido una vida que creen que meterse aquí en España, cuando venían clandestinamente, creen, digo, que hacer todo eso es importante, y que eso les podía llevar a la cárcel. Pero como yo estoy acostumbrado a pensar que cada día me podía morir, pues todo eso me parece una ridiculez: vamos, que no tiene la menor importancia. Por eso les dije esas frases un día, las frases que cita en el libro, que, por cierto, lo estoy leyendo, lo tengo ahí, míralo, y di que lo estoy leyendo porque me cuesta un trabajo horrible hacerlo, porque no me interesa nada de lo que dice el libro, porque me parece un coñazo horroroso, que si el partido, que si no sé qué, y cuando cita a La Pasionaria dice sólo *Pasionaria*, por lo visto lo del *la* debe ser malo..., en fin, yo aquí, pues, sí, naturalmente, como es un hombre de gran calidad humana traté de ayudarle, en momentos en que tuvo dificultades; él cree que yo me había tragado lo de que venía aquí a hacer una tesis para una cátedra o alguna historia de éstas, pero a mí me daba igual, sólo le ayudé en lo que pude porque tenía gran calidad humana. Y le ayudé también en lo que cita en el libro, que escribí una carta al ministro, que era don Camilo Alonso Vega, hombre estupendo, de gran calidad humana, a pesar de lo que la gente pueda creer, y a don Camilo le puse una condición, le dije, vengo a pedir el pasaporte de Jorge Semprún si este hombre puede entrar, si lo respetan, si no, no. Y me dijo que no.

Y lo de las frases y la promesa de ayuda «cuando esté Carrillo»...

Eso fue después, en una comida, cuando el ochenta aniversario de Picasso. Se lo dije a él y a mi hermano Domingo. Mi hermano Domingo se mató, se pegó un tiro, creo que hizo muy bien, porque no le interesaba este problema, y en cambio Jorge Semprún no se ha matado, en cierto modo, pero, desde luego, ya es enemigo de Carrillo. Lo que pasa es que yo no soy amigo de Carrillo, no por nada, sino porque no tengo tiempo. Y además porque no creo que tampoco sea nada demasiado interesante. De todas formas, si mañana cambio de opinión, lo seré.

De modo que usted siempre con el poder...

Lo que pasa es que yo soy un admirador de la inteligencia. Todo el mundo quiere mandar. Y entonces yo, como no tengo medios, porque ni mi preparación intelectual ni mi inteligencia me dan de sí, pues creo que el que manda es el más inteligente, y, por tanto, yo estoy al lado del más inteligente.

Por lo que usted dice, Franco habría sido el más inteligente de toda una generación de españoles.

Indudablemente, estoy absolutamente seguro de que lo ha sido. Yo he tenido una gran admiración por él y lo mantengo. Ahora: se ha muerto. Y como yo no lo puedo revivir, porque no soy Dios, pues... Si lo pudiera revivir lo reviviría, desde luego, y no nos vendría mal.

¿Usted cree? O sea, que con Franco vivíamos mejor.

No sé si vivíamos mejor o peor, pero por lo menos había menos bombas y más seguridad. Podías andar por la calle más tranquilamente, yo no sé si esto es bueno o es malo, quizá sea malo, a lo mejor hay que andar intranquilo para que el país progrese. Pero en fin, es un punto de vista. Yo ni lo comparto ni lo dejo de compartir porque no tengo la suficiente vanidad para creer que estoy en posesión de la verdad.

Sin embargo, con Franco había mucha gente que vivía más intranquilamente. Que era clandestina, que estaba encarcelada...

Lógico. Y hoy no. Hoy unos señores que han asesinado a alguien se encubren en un matiz político. O sea, yo puedo matar a un político, aunque parece que esto va a cambiar, y como es un delito político te ponen en la calle.

Se refiere usted a una amnistía que fue promulgada para subsanar una situación política y social irregular que veníamos arrastrando durante muchos años.

No, no, no: yo no soy político, pero no estoy de acuerdo. Yo tengo mis teorías, creo que hay que cortarle el cuello a todo aquel que sea capaz de matar.

De modo que es usted un ferviente partidario de la pena de muerte.

Por supuesto, pero absolutamente a favor. Y lo malo sería que nos llegasen a poner en una situación tal que tuviésemos que tomar las medidas por nuestra mano. Si van a matarme indudablemente me tienen que pillar distraído.

Pero ¿quién va a querer matarle a usted?

Espero que nadie.

¿Por qué razón querrían hacerlo?

No creo que haya motivos. Quizá por ser demasiado católico y sentimental. Yo soy como el marqués de Bradomín, pero en alto.

Sin embargo, usted no es creyente.

¿Yo? Yo no soy creyente. Por eso soy católico. Yo no creo en Dios, pero me encantan los curas. Me encantan porque llevan faldas, ésa es una afición que he tenido desde niño.

La de *playboy*.

No, no. Si yo fuera un *playboy* no sería tan..., no habría gastado mi vida en el amor. El *playboy* es un hombre al que envidio porque va con mujeres muy guapas, pero que no tiene profundidad. Según dicen, yo sólo los he visto de pasada, mira, ése es un *playboy*... Yo tengo profundidad, pero no tengo mujeres. Pero en fin, qué se le va a hacer, hay que resignarse.

Volvamos al libro de Semprún. ¿No cree usted que ahora se está usando quizá demasiado el nombre de Domingo, que todo el mundo parece saber qué es lo que diría él de estar aquí, que todos parecen querer hablar por su boca?

Domingo no diría nada. Domingo ha sido siempre de la oposición, como Semprún. Mi padre siempre fue socialista y, sin embargo, nos tuvimos que ir de nuestra casa cuando la revolución española, casi nos matan porque cogieron en casa una serie de sellos de Falange: Domingo entonces era falangista. Cuando ya triunfó la Falange, o el Movimiento, como lo quieras llamar, con Franco, entonces Domingo se hizo comunista. Y si hoy estuviera Domingo aquí sería cualquier cosa menos de cualquiera de los cuarenta y tantos partidos políticos que hay. Domingo era un hombre honesto, era un idealista, y por eso se mató. Porque trató durante muchos años de buscar el ideal y un día, no lo había encontrado, y como no lo encontró...

(Atrás quedaron sus escándalos y Lucía Bosé, y las quince cornadas recibidas, y los casi cuarenta años de toreo, desde que comenzó a los diez en la plaza de Lisboa. Atrás quedó su vida picaresca y dura: al no conseguir permiso de toreo por su corta edad fue a América, y tomó la alternativa en Bogotá a los catorce, y a los dieciséis volvería a España para ser el número uno, para trascender el mundo de los ruedos siendo diferente pero de fiar, tan astuto, tan brillante, tan ágil de mente en un país sin competencias de fantasías prohibidas. Reinó así en noches locas en las que fue alimentando su imagen de elaborado cinismo, ese *terribilismo* aparente que, sin embargo, está limitado por sólidos, tradicionales principios. Porque Luis Miguel Dominguín es un *enfant terrible* de derechas, y bajo su deslenguada charla el mundo se le ordena en conocida forma.)

Dicen que el espíritu es el que manda, y yo creo que no, yo creo que el que manda es el cuerpo. Porque si tú estás hablando conmigo ahora y te duele un pie, no piensas lo mismo, no digo ni mejor ni peor, digo sólo distinto. Dejemos el espíritu a un lado, que se encargue Dios de él, fíjate qué trabajo tiene el pobrecillo, y vamos nosotros a administrar nuestro cuerpo, que es nuestro verdadero espíritu.

¿Y usted se ha administrado bien su cuerpo?

Me le han administrado, pero en fin, tampoco me quejo. Yo soy un hombre modesto, que en el fondo me conformo con el frío y con el calor, y el cuerpo lo va resistiendo. Cada vez lo resiste menos, por eso estoy así en la cama, voy a ver hasta dónde puedo llegar sin hacer muchos esfuerzos, porque desde que empecé a torear a los diez años hasta ahora ya he hecho bastante.

Ya sé que ha tenido usted una vida bastante dura.

Mira, yo a los doce años me tuve que marchar a América, me marché con la familia, y para pagar el hotel, como no teníamos dinero, tuve que dejar en prenda a mi madre y a mis dos hermanas. Esto pasó en La Habana. Después fuimos a Panamá y tuve que dejar a dos banderilleros y un picador, para poder ir a torear a Lima. Y hasta seis meses después no pude ir recuperándoles a todos. Y de ahí en adelante, si te cuento la historia de mi vida, es un poquito larga.

Una historia que a no dudar influye en esa postura, llamemos, *cínica*.

Sí, sí, di *cínica*, sin más. No tengo miedo a las palabras, porque ya me han dicho todas las palabras malas que se pueden decir, como no me pueden decir nada nuevo, pues...

¿Se siente usted injustamente atacado, cree que le juzgan muy distinto a como es?

No, no. Injusto, no, porque yo no puedo tener la mentalidad de los demás, cuando ellos atacan creen tener razón. Yo creo que no la tienen, pero... Y, por supuesto, la gente me ve distinto a como soy, porque nadie se presenta como es. En la vida, para poder sobrevivir, tienes que tener un caparazoncito como las tortugas, pero andando un poco más deprisa, porque si no te pueden pisar y romperte incluso el caparazoncito.

Dice usted que nadie se presenta como realmente es, y tiene razón. Pero en su caso, además, creo que debe haber muchos Luis Miguel Dominguín, porque usted es capaz de ser amigo de Bergamín, de Picasso, de Franco, encubre a comunistas clandestinos y va de grandes cacerías con la aristocracia..., es una mezcla asombrosa.

Si es que no tiene nada que ver, es que en todas partes hay gente con calidad humana.

Quizá es que no coincidamos en la definición de *calidad humana*.

Para mí gente con calidad humana es aquella que sabe prescindir de sí misma para dar.

Pero hay cosas incompatibles. El régimen franquista, por ejemplo, fue el que le acusó a usted de escándalo público cuando aquellas fotos con Mariví en *Garbo*.

Ésa es una mentalidad que ellos tenían y que yo admito. Aunque no la comparta. Esto se llama respeto al prójimo. De aquel juicio me condenaron, me condenaron después de ir al Supremo y absolverme, eso es algo que no ha pasado nunca en este país; después el Supremo dijo que se volviera a investigar, eso no se puede hacer. Y fue todo por instigación de un señor que quería meterme en la cárcel. Este señor por fin se murió, y ahora resulta que he sido, al parecer, beneficiado por eso de la amnistía... Pero todo esto no tiene que ver. ¿Tú crees que los que vengan van a ser distintos?

Eso es algo que se puede discutir, pero sí pueden serlo.

No es una cuestión de discutir, sino de esperar. Mira, si tú coges a un señor que pasa por la calle y le das un cargo aunque sea de portero, con que tenga tres botones brillantes has hecho otro hijo de puta. No te preocupes, eso no tiene solución...

Eso suena a anarquista.

Te quiero decir que todo aquel que llega a un punto tiene que tener unas cualidades humanas para no ser un hijo de puta, aunque su madre sea una santa. Y anarquista..., anarquista, sí; pero no con la medida del anarquismo que la gente tiene. Si tuviéramos respeto a los demás, el anarquismo sería una perfección. La idea del anarquismo de poner bombas y demás no es la mía, pero yo creo que el anarquismo sería el ideal siempre y cuando se sea respetuoso con los demás, correcto y honesto.

De modo que usted sería un anarquista correcto y honesto que admira a Franco.

Pues sí.

Eso sería desde luego el colmo del *anarquismo*.

Y por qué no. Le admiro, sí; creo que es un hombre que ha cubierto una etapa, quizá un poco larga, pero... Puedo ser anarquista, a lo mejor espiritualmente, y admiro a Franco tremendamente, creo que nos vamos a acordar mucho de él.

Para terminar podríamos hacer un repaso a las viejas acusaciones que siempre le han hecho. Por ejemplo, le han acusado de narcisista y egocéntrico.

Yo creo que no es cierto, que no soy así. Lo que sí creo es que todavía tengo que ejercer de narcisista y de egocéntrico durante un cierto tiempo para defenderme.

No me diga que es usted tímido o inseguro.

Sí, sí lo soy. Tremendamente. Solamente soy valiente cuando las cosas están ya en un límite que parece que no tienen solución. No me gusta hacer el esfuerzo más que cuando no hay remedio, soy bastante perezoso.

También se le tiene por un frívolo y por un esnob.

Pues sí. Es posible que sea frívolo, porque si la gente se diera cuenta de que no lo soy, imagínate. Siendo, o pareciendo frívolo, no me dejan en paz, con que si no diera esa imagen imagínate lo que sería. En cuanto a esnob están equivocados. Porque esto lo deben decir porque trato a mucha gente, pero yo te emplazaría a que tú, particularmente, hablases con este hombre que tengo aquí, o con los hombres del campo, y te darías cuenta de que es esta gente sencilla la que precisamente me quiere. O sea, si ese esnobismo de que te importe la gente por lo que tiene, pues no. Me importa por lo que es. Lo que pasa es que hay gente que tiene y es.

Sin embargo, le acusan de haberse querido promocionar socialmente a través de determinadas personas influyentes por su apellido o su cargo.

Ten en cuenta que mi abuelo era guarda, y mi padre fue peón de campo, o sea que yo tengo un terrible complejo y me encanta la alta sociedad, y en cuanto que veo un duque me desmayo. Si es una duquesa no me desmayo, claro.

(Ha sido ésta una entrevista particularmente frívola, y Dominguín se ha recreado en sus frases brillantes y ha desplegado alegremente sus fuegos de artificio, porque quizá sea esto la traca final con que adorna ese autodestierro entre sábanas al que parece haberse retirado: como un Proust pero al revés. Mejor dicho: como ese personaje de Jardiel Poncela, de contexto tragicómicamente más cercano, que en *Eloísa está debajo de un almendro* fingía viajar desde una cama inmóvil. Es éste un acolchado, tibio, perezoso refugio en el que Luis Miguel se consume quietamente, tras la desaparición del mundo que le sustentó, de la sociedad que le hizo personaje único e irrepetible. Mañana se fotografiará de nuevo entre soles rurales, quizá poderoso, como siempre, con su escopeta de caza, pero hoy es como si el polvo irreal y ficticio que llena la casa hubiera empezado ya a cubrirle, a borrar su propia cara.)

Yo en la cama intento, por lo menos, perder el tiempo. Eso que llama la gente perder el tiempo, que para mí no lo es. Para mí es concentrarte, pensar, y llegar a la conclusión, para mí muy importante, que pase lo que pase en la vida nunca pasa nada, porque sólo hay dos cosas importantes: que naces y que te mueres. Y lo demás son tiquismiquis.

Por tanto está usted perdiendo el tiempo hacia la muerte.

Estoy simplemente esperando. Y no me asusta nada. La muerte llegará un día, pero mientras llega, ¿para qué la voy a esperar de pie? Sería una tontería. Figúrate que me muero de pie y me caigo y me hago daño...

1978

Santiago Carrillo

Rojo y socarrón

No desperdicia sus energías en resultar brillante: se agazapa en un rincón del sofá con actitud anónima, pulcro y comedido, y en su relajada pero atenta postura se adivina la vieja costumbre de intentar pasar inadvertido hasta el momento en que sea necesario entrar en juego. Habla poco —exactamente lo justo y a veces menos— y lo hace en ese tono tan suyo, monocorde y tenue. Habla muy despacio, y esas largas, rítmicas pausas que quizá un día se impuso y que hoy son automáticas le permiten desenredar las palabras, ordenar las ideas, improvisar salidas sin dar impresión de titubeo y enfriar las emociones: cuando los sentimientos le llegan a la garganta se convierten en un distanciado y correcto discurso. Su falta de gesticulación, la voz monótona y la lentitud podrían hacerle merecedor del calificativo de pelma, pero hay latente en él una tensión maliciosa que mantiene el interés y pone en guardia.

Santiago Carrillo Solares, 62 años, casado y con tres hijos, es hombre que no necesita presentación. Todo el mundo le sabe o le inventa, todos conocen su físico, más bien chaparro, de cintura indefinida, así como su expresión, a medio camino de esfinge de Gizeh y socarrón charcutero de la esquina. La naturaleza le ha obsequiado con una nariz plebeya y violentamente esférica y con unos rasgos que no se pueden calificar de refinados, lo cual es muy útil para un secretario general del PCE: es como un pedigrí a la inversa. Nació en Gijón, pero se crió en los Cuatro Caminos madrileños, y de ese barrio típico ha debido de tomar Carrillo su aire popular y un poco chuleta, esa apariencia de jugador de mus y bebedor de chatos que supo conservar mimosamente en los muchos años de exilio y en los avatares parisienses, quizá porque reencontrándose en el casticismo sobrevivía en la dispersión del destierro, o quizá también porque es una imagen muy vendible, y Carrillo es un excelente publicista.

Amigos y enemigos coinciden en considerarle astuto, inteligente y hábil. A partir de ahí, unos le ensangrientan y otros le aureolan con frenesí parejo. No hay hoy otra figura nacional que despierte amores u odios más orgásmicos. Es un personaje acechado por el mito. Tiene la obsesión pública de la normalidad, comprensible en un hombre que ha de luchar contra los excesos y los éxtasis que los otros le imputan, y así ha renunciado a levantar el puño, viste tan ortodoxamente como un vendedor de seguros, prefiere pecar de morigerado que de rabioso en sus manifestaciones. Y aún más: en la entrevista se le escapan frases como «una de las cosas más hermosas en la vida es la mujer» o bromas sutiles sobre la homosexualidad que despiertan viejos ecos convencionales y que hacen intuir a un Carrillo tan *normal* que quizá pudiera entenderse mejor en lo cotidiano con un Cabanillas, por ejemplo, al otro lado de un tinto y unas tapas, que con un joven melenudo y anillado al otro lado de un *cubata*. Eso sí, Carrillo es hombre que parece haberse demostrado todo, y en esa tranquila e inteligente seguridad en sí mismo reside su dignidad y su fuerza: sabe soslayar el ridículo y, haga lo que haga, es mágicamente capaz de convencer a cualquiera de su coherencia.

Por lo demás, la entrevista se desarrolla en la sede del partido, apretada de tiempo porque a última hora ha surgido un compromiso por el que Carrillo se excusará repetidas y educadas veces. Es amable, respetuoso y cortés hasta el virtuosismo, utiliza el *usted* no de forma distanciadora, sino hábilmente halagadora, y es imposible descubrir en él nerviosismo o enfado. «¿El retrato de Lenin que nos regaló el Partido Comunista soviético? —comenta mientras le hacen fotos—, no sé dónde está, la verdad. Le diré que los comunistas franceses tienen un sótano en donde guardan los bustos y los retratos de Lenin que les han ido regalando los soviéticos a lo largo de sus congresos. Nosotros todavía no hemos llegado a eso, pero... A mí no me importaría tenerlo, no aquí, en el despacho, que sería politizarlo, pero sí en mi casa. Y he de confesar que en casa ya tengo un cuadrito pequeño de

Lenin.» Y también dirá espontáneamente: «No escribiré nunca mis memorias porque un político no puede decir la verdad, por tanto, no las escribiré».

Pero ha amenazado usted con hacerlo..., recuerdo una entrevista en la que decía que si algún día las publicaba se vería lo estalinista que había sido Múgica...

Hombre, no cabe la menor duda de que si yo tuviera tiempo de escribirlas, unas cuantas personas no quedarían muy bien paradas, y desde luego Múgica estaría entre ellas...

(Tiene un finísimo sentido del humor, socarrón y subterráneo, que convierte la entrevista en un divertido encuentro. Pespuntea toda la conversación de risas, unas risas silenciosas y para dentro, como un gorgoteo retenido, un «jjjjj-jjjjj-jjjjj» taimado y regocijante que le redondea la cara, y en esos momentos tiene algo de cura rural pecaminoso y satisfecho de sus pecados. Parece ser, en definitiva, un hombre con gran capacidad lúdica, con el que se puede hablar y entablar juego: un juego excitante y fuerte pero de riesgos cuidadosamente calculados.)

Como a los otros líderes políticos, a usted se le acusa de querer poder personal. Esto, claro está, es absurdo que se lo pregunte, puesto que usted lo negará, obviamente.

Claro.

Pero lo que me ha sorprendido al mirar su biografía es que usted siempre ha estado en puestos directivos dentro de su trayectoria política. A los dieciocho años ya era secretario general de las Juventudes Socialistas, por ejemplo. ¿Cómo se puede ser siempre dirigente? ¿Se necesitan para ello dotes de mandos especiales?

La verdad es que no sabría contestarle a usted muy bien, no he pensado nunca en eso. En efecto, ingresé a los trece años en las Juventudes

Socialistas, a los catorce era ya del comité de Madrid, a los dieciséis era director del periódico de la Juventud Socialista... Y después, es verdad, siempre he estado en puestos directivos. Me hace usted pensar en ello ahora. ¿Por qué he estado ahí? Pues no sé, porque mis amigos, mis camaradas me han otorgado siempre su confianza.

Pero ¿manda usted mucho?

En eso uno es siempre muy subjetivo, claro; yo le contestaría que no mando. A lo mejor mis amigos dicen que sí. No sé, habría que preguntar a otros.

Tengo entendido que en los carnets de identidad usted ha puesto «periodista» de profesión.

Sí. Es que a los quince años pasé a ser redactor de *El Socialista* y a hacer la sección municipal, y a los dieciséis, la tribuna de las Cortes.

No, si yo no le discuto su derecho a poner «periodista» de profesión. Creo que usted es muy dueño de considerarse periodista. Con esto yo quería referirme tan sólo a un comentario muy curioso que leí sobre usted en algún sitio, respecto a que todos los políticos de hoy tienen otra profesión; son abogados, tienen un despacho económico, son catedráticos y dan clases, mientras que usted parece ser sólo político. Si usted no *trabajara* como político, ¿qué podría hacer?

Yo creo que todavía soy capaz de escribir y de ser periodista, no digo que fuera un gran periodista, pero no sería peor que muchos que escriben hoy en la prensa, que...

¿Es que son muy malos?

No, no, eso no lo digo yo. Que todavía sería capaz de escribir libros, que todavía sería capaz de enseñar cosas; no en la universidad, porque no tengo título, pero sí fuera de la universidad. Yo creo, en suma, que podría ganarme la vida fuera de la política mucho mejor de lo que me la gano dentro de ella.

Ya sé que gana usted cuarenta y cinco mil pesetas al mes.

Cuarenta, cuarenta.

Otro detalle curioso: al parecer usted participó en el 55, junto a Claudín, en un intento de renovación del PCE...

O Claudín estuvo junto a mí, para ser más exactos.

Muy bien. Y que ustedes dos se opusieron a Mije, Líster y Uribe, criticando el autoritarismo de estos tres señores. Y que Pasionaria se puso de parte de ustedes dos y retiró a Uribe, y que a partir de entonces comenzó usted a actuar como verdadero secretario general del partido, aunque su confirmación fue en el año 60. Es curioso que sólo nueve años después se produjera la aparatosa ruptura con Claudín.

Claudín y yo hemos sido más que amigos, casi hermanos. Desde que nos conocimos, en el año 36, hasta que se produjo la ruptura. Indudablemente, en ese periodo, desde mi elección como secretario hasta la ruptura, empezó a haber algunas diferencias políticas entre Claudín y yo. En principio, esas diferencias, a las que yo no di mucha importancia, eran críticas de Claudín a lo que él consideraba posiciones izquierdistas nuestras sobre la reforma agraria, por ejemplo, que fue uno de los primeros temas que surgieron, y después hubo diferencias sobre la huelga nacional. Hay que decir, para restablecer la verdad histórica, que la dirección del partido acordó lanzar la consigna de la huelga nacional de manera concreta para una fecha, después de que Claudín vino a Madrid a ver si estaban las condiciones para ello, y que Claudín regresó a París diciendo que sí, que estaban las condiciones, y entonces decidimos lanzar la consigna. Luego las condiciones no estaban, y Claudín, quizá sintiendo el peso de su responsabilidad por haber jugado un papel determinante en el lanzamiento de la consigna, tuvo posiciones más radicales. Pero la verdad es que esa consigna la lanzamos fundamentalmente porque Claudín nos dijo que las condiciones eran idóneas.

Lo curioso, digamos, es que a partir de que usted fuera confirmado en el congreso del año 60, cuando comenzó la tesis de reconciliación nacional, etc., vino la crisis de Claudín y Semprún en el 64, la del grupo Unidad en el 67, y en el 68, cuando usted condena la invasión de Checoslovaquia, salen del partido Agustín Gómez y Eduardo García. Quiero decir que a partir de su designación como secretario general hay una especie de diáspora en el PCE; varias crisis de las que salen diversas personas. La anterior crisis, que protagonizó usted con Claudín, perdón, Claudín con usted...

Es igual.

... en el año 55, dio como resultado el triunfo de los *disidentes*, por así decirlo, que eran ustedes dos. Y después, siendo usted secretario general, todos los *disidentes* (y emplearé otra vez esta palabra aunque resulte equívoca hoy) fueron expulsados del partido.

Yo creo que sería simplificar demasiado las cosas relacionar esas disidencias con mi presencia en la dirección del partido. La realidad es que a partir del año 60 se produjeron fenómenos en el movimiento comunista internacional desconocidos hasta entonces. La disidencia china, por ejemplo, provocó ya una disidencia dentro de nuestro partido. En realidad es la situación en el movimiento comunista internacional la que ha roto la unidad que incluso con diferencias podía haber habido en otros periodos. Lo mismo hubiera sucedido estando yo que estando otro.

Es cierto que las circunstancias históricas cambiaron. Pero ya sabe que se dice que usted es una figura intocable dentro del partido. Yo nunca he oído una crítica pública sobre usted

partiendo del partido, qué quiere que le diga. ¿No se equivoca usted jamás?

Claro que me equivoco.

Pero esas equivocaciones no salen a la luz.

Sí salen a la luz. Lo que pasa es que, probablemente, yo me equivoco menos que los disidentes.

¿Cuándo ha sido la última vez que se ha equivocado usted?

¿La última vez...? Pues creo que la equivocación última más importante ha sido mantener la idea de que Juan Carlos iba a ser un continuador de la Monarquía del Movimiento. La preocupación de que Juan Carlos fuese la prolongación del régimen franquista y mi condena de esa monarquía de manera muy severa, hasta que en la práctica he visto que las cosas no eran como yo pensaba.

Pero usted ha apoyado a Juan Carlos hace ya bastante tiempo, como hombre que puede favorecer un proceso democrático. Quiero decir que, según esto, en los últimos dos años, digamos, usted no se ha equivocado.

Yo creo que en los últimos dos años no me he equivocado en nada importante, creo; puedo estar confundido.

Mire, cuando Tamames hizo aquellas declaraciones que levantaron tanta polvareda sobre un ministro militar, usted dijo a *Logos*: «No hay enfrentamiento entre Tamames y yo. Lo que ocurre es que él piensa una cosa y la dirección del partido otra». Eso parece casi un lapsus, ¿no? ¿Encarna usted siempre el pensamiento de la dirección del partido?

No, lo que sucede es que en la dirección del partido habíamos examinado la declaración de Tamames y nadie estaba de acuerdo con ella. No es que yo me arrogase el papel de la dirección del partido, es que allí todo el mundo consideraba que no era razonable que un general ocupase la cartera de Interior. Y si Tamames pensaba en el general que todos imaginábamos, probablemente los acontecimientos posteriores han venido a confirmar que él no tenía mucha razón. Pero Tamames ha expuesto su opinión libremente, sin que eso haya creado ningún problema a Tamames.

Ya, ya, y eso es una prueba de que el partido ha cambiado.

Eso es una prueba de que estamos en una situación democrática y de que el partido puede actuar con mucha más democracia.

Todo el mundo dice de usted que es animal político, que como táctico y como político es habilísimo. Y, sin embargo, dicen que quiere usted ser también un teórico y que no tiene suficiente capacidad para ello. Por supuesto yo no tengo preparación teórica para decir esto, pero recojo las opiniones de algunos políticos que, como usted sabe, sostienen esto.

Sí. Yo creo que en la tierra de los ciegos el tuerto es el rey, y que yo paso por ser un hombre muy hábil en un país donde los políticos tienen muy poca experiencia de vida política. Yo tengo un poco más que algunos de ellos, y por eso se me considera más hábil. En cuanto a la pretensión de ser un teórico, nunca la he tenido. Yo me considero simplemente un hombre político, con cierto conocimiento de la teoría, pero no un teórico, y en tanto que hombre político trato a veces problemas que son teóricos. Yo le digo a usted que en este país hay muy pocos teóricos marxistas de verdad. Hay algunos hombres que conocen aspectos del marxismo, hay excelentes filósofos, excelentes economistas, pero éste no es un país que haya dado hasta ahora muchos teóricos marxistas, y, desde luego, yo no me considero un teórico.

Sin embargo, la biografía oficial suya del partido dice...

¡Ah!, ¿hay una biografía oficial mía? Pues yo la ignoro.

Pues sí, la hay. Y le voy a leer una frase. Dice que su trayectoria a partir del año 60 «comienza a delinearse a nivel mundial como la de un renovador de los partidos comunistas, y sería difícil definir hasta qué punto ha influido (pero imposible negar que sí ha influido) en los planteamientos políticos de grandes combatientes por el socialismo, como son: Kim Il Sung (presidente de la República Democrática de Corea), Fidel Castro, Ceaucescu, Tito, el propio Jruschov, Chu En-lai, Marchais, Berlinguer... y toda una serie más de políticos de talla mundial y jefes de Estado de los que, además de escuchado interlocutor, ha sido y es entrañable amigo». Leyendo esto cualquiera diría que es usted algo así como el padre de la política de izquierdas de todo el mundo.

Francamente le digo que es la primera noticia que yo tengo de esa biografía, y que si hubiera sabido que había una biografía mía así hubiera propuesto quemarla. Porque yo no considero haber influido en la política de Kim Il Sung, ni en la de Tito, ni en la de Fidel, ni en la de Marchais ni en la de ninguna de esas personalidades. Tomo nota de que hay esa biografía para proponer que la quemen.

Lo cierto es que usted debe de ser consciente de encarnar un personaje que, por un lado, es objeto de odios furibundos e irracionales y, por otro, de adoraciones desmedidas y mitificaciones. ¿No es difícil sobrellevar ese peso? ¿No le marca esto íntimamente?

Yo creo que la mitificación está producida no tanto por mí como por esos ataques, muchas veces irracionales, de que soy objeto. Como reacción se producen a veces esas adhesiones exageradas. No es agradable ser objeto de esos odios o de esas admiraciones excesivas, pero es algo que a mí me es muy difícil de evitar, y probablemente el que venga detrás de mí tendrá las mismas dificultades para evitarlo. Lo más desagradable de todo es no poder marchar por la calle tranquilo sin que le reconozcan a uno, eso es lo más difícil de soportar.

Sin que le insulten o le besen.

Sin que me insulten o me besen. En cuanto a mi vida íntima, yo tengo la impresión de que en mis relaciones personales con la gente soy un hombre muy normal, sin ningún complejo de mito ni de persona odiada, y eso no me cuesta ningún trabajo conseguirlo porque responde a mi naturaleza. Quizá me equivoque, pero pienso que soy muy normal.

A mí me sorprende de usted su eterna sonrisita. Permanece usted impertérrito pase lo que pase: llegan los de extrema derecha, le gritan lo de Paracuellos, le llaman asesino, y usted, nada, sin perder la sonrisa. ¿Cómo consigue usted esta especie de distanciamiento? ¿Es usted realmente tan frío? Da la sensación de que se tiene que reprimir mucho.

No, yo no soy nada frío, yo soy un hombre, como muchos españoles, incluso bastante temperamental. Pero, quizá por la experiencia, esas cosas ya me hacen incluso sonreír: que me ataquen, que me insulten, que se metan conmigo. Porque, en definitiva, muchas veces eso es una manifestación de la impotencia y de la falta de recursos de los que acuden a ese tipo de insultos y actitudes. Y esto me produce sonrisas sin que tenga que forzarme en absoluto para ello.

Yo pensé que esa calma absoluta actual, teniendo en cuenta que usted, al parecer, ha tenido una juventud bastante fogosa, y que quiso invadir Málaga desde el norte de África en el 40...

Je, je, je.

Teniendo en cuenta, digo, su fogoso pasado, yo pensaba que esa calma podría haberle costado la úlcera de duodeno que usted tiene.

Je, je. Pero en esa época en que yo quería invadir Málaga también me sonreía y estaba tan tranquilo como ahora.

44

Por eso tiene usted la úlcera desde hace muchos años.

Quizá la úlcera sea el pago, la cuota o eso, sí.

¿Usted no tiene miedo a las amenazas que constantemente recibe, a esos odios?

Nunca me he planteado eso.

A mí me chocó una contestación que dio a *Interviú* en una pregunta parecida. Dijo usted: «Yo no soy ni un héroe ni un mártir. Morir es un gaje del oficio cuando se es dirigente comunista». Esto realmente es una frase que suena heroica.

No, no es eso. Mire usted, los militantes comunistas de mi generación, que no ha sido una generación de vida fácil, nos hemos hecho a la idea de que morir era un gaje del oficio, y la prueba es que muchos de mis camaradas han muerto. Eso no quiere decir que uno ambicione o que uno desee morir heroicamente. Yo, por lo menos, no tengo ninguna afición particular en ese sentido. Pero he sabido siempre que, bueno, es una cosa que puede suceder, y además, sin ningún heroísmo. Morir hay que morir, y no creo que sea mucho más envidiable morir en la cama, de una larga y penosa enfermedad, que morir en un accidente o en un atentado.

Hablando de heroicidades: en una rueda de prensa en Barcelona, el 28 de diciembre del 76, mientras usted estaba en la cárcel, López Raimundo dijo: «El día de su detención, Carrillo llevaba una peluca que yo ya le había visto en anteriores ocasiones. Cuando se escriba la biografía del camarada Carrillo el hecho más heroico será el de ponerse la peluca, es una de sus muchas proezas».

Je, je, je.

Esto lo dijo en serio.

45

No, es que Gregorio se ha reído siempre de mi peluca, en el tiempo en que yo andaba con ella, y decía que ése era un sacrificio que, desde luego, él no haría. Es verdad que la peluca era muy incómoda y daba mucho calor, y además me daba un aire que a mí no me ha gustado nunca.

¿Un aire de qué?

Je, je. Un aire equívoco.

Y ese tipo de *aire* ha sido siempre muy repudiado en la ortodoxia del PCE, cuando menos anteriormente, ¿no?

Estoooo... Sí, en el pasado este tipo de equívoco encontraba una oposición muy cerrada dentro del partido. Hoy mismo yo confieso que, respetando las ideas y las prácticas de la gente que piensa de otra manera, para mí el ideal siguen siendo las mujeres.

Esta confesión de que le gustaban las mujeres ya la dijo usted en una espléndida entrevista que le hizo Montserrat Roig hace algunos años. Y a mí ya me sorprendió un poco aquella declaración. De modo que usted es un mujeriego reprimido por razón del cargo.

Hombre, tanto como un mujeriego...; si por mujeriego se entiende alguien que anda siempre detrás de las faldas, no lo soy, porque hay una vacuna que influye mucho en mí, que es mi vocación y mi interés por la política. Pero lo que es evidente es que yo pienso que una de las cosas más hermosas que hay en la vida es la mujer.

Usted se ha casado dos veces, cosa que tampoco viene en las biografías oficiales.

Je, je, je. La verdad es que formalmente no me he casado más que una vez, porque ninguna otra unión fue válida. Pero quizá me he casado dos veces o alguna más, no sé; no creo que esto le interese al lector.

El Partido Comunista ha tenido una trayectoria que va desde un puritanismo bastante atroz a intentar abrir sus conceptos morales. ¿Ha pasado usted personalmente por la misma evolución?

Bueno, debo confesar que, por ejemplo, en el periodo de la guerra era muy puritano, pensaba que si uno tenía una mujer, pues ya... Después, viviendo, mis convicciones se han ampliado un poquito.

¿Un poquito? ¿No se considera usted muy moderno, por tanto?

No, muy moderno no, porque, como le digo, yo estoy todavía encerrado personalmente en que fuera de las mujeres no veo ningún atractivo.

Pero la *modernez* no es sólo eso, no es sólo una trayectoria sexual ortodoxa...

Bueno, ya le digo, yo sigo siendo heterosexual.

Su mujer dijo en una entrevista en *Pueblo*, hace poco, que, claro, usted no hacía nada en la casa porque cuando volvía a casa a las siete de la tarde estaba reventado...

¿A las siete de la tarde? Nunca. Más tarde.

Bueno, que después de volver reventado no se iba a poner a fregar cristales. ¿Cree usted que tiene residuos machistas?

Yo creo que, claro, soy un producto de una educación machista que ha existido en casa, no en mi casa de hoy, sino de niño. Y luego, además, es que soy un hombre que trabaja probablemente dieciséis horas diarias, y que si a las doce o a la una de la madrugada, cuando llego a mi casa, tuviera que limpiar cristales, pues no me sería fácil.

Tiene usted razón, pero el hecho de que su mujer, que ha sido siempre militante, no sea secretaria general del PCE y usted sí, parece que vuelve, una vez más, a indicar que la mujer es la que lleva las de perder.

Eso no, porque Dolores ha sido secretaria general.

Siempre hay excepciones.

Yo no me hubiera casado con una secretaria general del partido.

Porque tendría que haber limpiado cristales, claro.

No, porque la relación marital con un o con una secretaria general son demasiado difíciles y complicadas. Y bueno, mi mujer las ha aceptado, pero creo que yo no lo hubiera hecho.

Hemos hablado antes de su sonrisa eterna. Yo creo que la única vez que he visto que se le borrara de la boca fue cuando el asunto Semprún. No vamos a hablar de aquel asunto en sí, porque ya está superado. Pero sí de que usted se puso furioso: ha sido la única vez que yo entreví que usted podía ser un hombre de violencias internas. Y, por otro lado, dijo usted que esto formaba parte de una campaña anticomunista, y que había extrañas relaciones entre Washington y Moscú. Todo esto, ¿no puede ser un poco paranoico?

No, en absoluto. No creo que sea paranoico. Es evidente que con anterioridad a nuestro congreso ha habido una gran campaña contra nuestras posiciones, contra el Partido Comunista, en la que han intervenido muy diversas gentes. Lo que sí he dicho es que no pensaba que Semprún participase en esa campaña de manera deliberada, pero el editor, Lara, quizá sí participaba de forma deliberada. A mí lo de Semprún me ha disgustado, e incluso he renunciado a leer su libro cuando me han dicho algunas de las cosas que ponía, porque es muy desagradable que un hombre que ha sido tu amigo y que ha compartido contigo el pan y la sal, que ha coincidido muchas veces contigo, de repente tome las actitudes tan personalísimas que ha tomado Semprún. Si Semprún hubiese hecho una crítica de la política que yo he defendido, como ha hecho Claudín, eso no me hubiera producido ninguna irritación. Pero lo que es paranoico es la obsesión, la fijación personal de Semprún, que, según me han contado, le lleva a decir, por ejemplo, que cuando el fusilamiento de Grimau yo dormía, cuando la verdad es que quien ha estado más de cuarenta y ocho horas de pie al teléfono hablando con la Presidencia de Estados Unidos, con el Vaticano, aunque yo no era quien estaba cogido al teléfono, sino Teresa Azcárate, pero quien estuvo durante cuarenta y ocho horas tratando de ayudar a Grimau fui yo. Y así otras cosas. Por ejemplo, quien conocía más a Grimau era Claudín, que había vivido incluso con él: era quien conocía su historial. ¿Por qué Semprún me atribuye sólo a mí la responsabilidad de que Grimau hubiera venido a España? ¿Por qué no se atribuye a su amigo Claudín y a sí mismo que era dirigente del partido entonces? Y, sobre todo, ¿por qué considera Semprún que el hecho de que Grimau hubiese combatido con la República era una razón para no venir a España? Si a España han venido, y han sido fusilados unos y otros no, muchas gentes que habían tenido mucha más responsabilidad que Grimau en la guerra. Y todos nosotros estábamos en la dirección del partido porque estábamos dispuestos a venir a España en cualquier momento; si no, no nos hubieran tenido en la dirección del partido. En fin, hay una serie de cosas que, a mi juicio, son muy deshonestas. Y eso, bueno, cuando lo hace un loco como Líster, no importa, pero cuando lo hace un hombre como Semprún, al que concedo una categoría intelectual, y que ha sido mi amigo, y que incluso después de estar fuera del partido ha mantenido relaciones conmigo amistosas y normales, pues sí, me ha disgustado, y eso es lo que ha hecho que perdiera mi sonrisa.

Usted mismo ha mencionado la palabra irritación. De modo que sí, que es capaz de irritarse.

Claro que sí. ¿Quién no es capaz de irritarse? Soy capaz de irritarme, pero en casos muy extremos, y éste ha debido ser uno de ellos.

Usted ha dicho antes que no se casaría con una secretaria general porque es una vida muy difícil. Supongo que usted ha tenido que prescindir de todo o casi todo lo que supone una vida normal. ¿No es una especie de robotización?

No, no, qué va. ¿Qué es una vida normal? ¿Llegar a las siete a casa, ponerse las pantuflas, charlar con la mujer y con los hijos, mirar la televisión?

O no. Una vida normal también puede ser marcharse repentinamente a descansar a una playa, o tener relaciones con una mujer que no sea la legal. Usted no ha debido poder vivir ni la normalidad de las pantuflas ni la otra.

No... La verdad es que dentro de la anormalidad yo he tenido una vida más o menos normal.

Sin que pueda permitirse ir a tomar un café a la esquina.

La verdad es que los cafés los tomo aquí o en casa de los amigos, pero está claro que no podría ir a la cafetería que está aquí al lado, invadida por los de Fuerza Nueva, a menos que quisiera provocar un escándalo.

En definitiva, quizá sean estas concesiones cotidianas de su vida privada lo que le ha provocado la úlcera, y no su sonrisa.

No, mire usted, la úlcera en realidad se me provocó en un periodo que ha sido uno de los más negros de mi vida, en los años 47 y 48, cuando la persecución al partido aquí en España, y de manera muy especial en Madrid, era muy aguda, y fue un periodo en el que no conseguíamos durante meses poner en pie la organización del partido en Madrid, a pesar de los esfuerzos que hicimos.

De modo que su úlcera también es política. Todo en usted es política.

Hombre, todo, todo... Mucho es político, pero creo que habrá alguna zona de mí en la que no intervenga la política.

1978

Manuel Fraga Iribarne

Un susto encarnado en exministro

Son las once en punto de la mañana y Fraga está en mangas de camisa, la chaqueta cuidadosamente colgada del respaldo de una silla, incómoda y espartana, que preside una enorme mesa de trabajo. Tiene una corpulencia general que se espesa en torno a la cintura y sobre la que está clavada, como caída desde un décimo piso, esa cabeza cuadrangular que él peina a cepillo con inclemente y drástico corte, una cabeza tan rotunda que tiene cierta calidad pétrea de mojón de carretera secundaria, y cuya única frivolidad es esa breve nariz, una pizca respingona, con la que parece estar oliendo el ambiente dos palmos por encima de la frente de su interlocutor. Es una naricita quizá acostumbrada a ser o sentirse más alta.

Manuel Fraga Iribarne, dos veces ministro, casado, con cinco hijos, líder de Alianza Popular (AP), se mueve con un ritmo especial, a medio camino de la marcialidad y el balanceo marino: no en vano ha sido siempre amante de la mar. Pese a ser hombre de costumbres elásticas, no fumador, madrugador y adepto a gimnasias cotidianas, su cuerpo parecería de difícil maniobrabilidad. Y, sin embargo, es capaz de rápidas respuestas físicas: no hay más que recordar la agilidad pasmosa con la que, en Lugo, se lanzó en persecución de cuatrocientos reventadores de su mitin. Quizá la furia le ponga mitológicas alas. Pensando estaba yo en Lugo y en otras anécdotas semejantes, en aquel teléfono que arrancó de cuajo siendo ministro porque no dejaba de sonar, o en sus declaraciones, a veces rozando el apocalipsis, en ocasiones convertidas ya en historia, como «la calle es mía», o esa reciente de «si hay un golpe de Estado en AP lo daré yo». Pensando estaba, digo, en ese mito-Fraga de volcánicos perfiles, en su supuesta violencia. Le sabía inteligente —menospreciar la capacidad intelectual de Fraga es un necio error—, pero le temía ardoroso. Y quizá por todo ello subí a su casa de catedrático, cerca de Princesa, con cierta desazón estomacal.

Te recibe expeditivamente y sin circunloquios. Tiene la mañana ordenada, de hora en hora, en un estricto número de entrevistas. Eres para él una anotación de agenda, un trabajo disciplinado y a no dudar poco grato. Cuando le van a hacer fotos se pone la chaqueta, una chaqueta que, como hombre activo que es, le cae fatal: una vez sentado, las solapas le trepan pecho arriba, formando bolsas y meandros textiles, como si la tela fuera incapaz de abarcar tamaña energía. Antes, a la llegada del fotógrafo, le ha ofrecido un puro matinal con automática hospitalidad: la cortesía en él tiene ribetes rígidos y un tanto secos, y en el tono de su oferta hay algo ceñudo que convierte el gesto amable en casi un susto.

Un susto es la palabra exacta. El señor Fraga es un susto encarnado en exministro. Es curioso: la transcripción posterior de la cinta magnetofónica deja escuchar abundantes risas suyas, unas carcajadas cortas y tajantes, y en conjunto resulta una conversación más bien amable. Y sin embargo, haciéndola, no fui tan siquiera capaz de darme cuenta de sus risas: es un hombre que amedrenta. Quizá fuera el peso de su mito, seguramente fue el empuje de su presencia, esos ojos con brillos jupiterinos, ese hablar suyo torrencial, sin sombra de titubeo, chorreado de palabras mordidas, desgarradas, masculladas, con una voz que parece hecha para masticar órdenes. Y cuando algo le molesta —y la entrevista fue una larga secuencia de desencuentros, posiblemente incomprensiones por ambas partes— se apoya en un helador «señorita» que hace barruntar subterráneas y precariamente retenidas marejadas. Tiene algo de san Jorge y el dragón, todo en una pieza, con el fuego de las fauces incluido.

Un detalle último: sabido es que es hombre que no desperdicia segundo. En una hora tuvo tiempo de advertirme que no usara los ceniceros de laca, «porque luego mi mujer me grita»; de decir una docena de citas, de soltar una frase en inglés, otra en francés y otra en griego, y de convencerme de que es el hombre más demócrata y justo que hay en la Tierra: a decir verdad, estaba dispuesta a dejarme convencer por él de lo que fuera.

Cuando he anunciado que tenía una entrevista con usted, me han advertido dos cosas sobre su carácter, dos cosas contradictorias en principio...

Todo hombre es contradictorio.

Una de ellas es que tenía usted gran sentido del humor.

Lo cultivo todo lo que puedo. Creo que uno de los grandes defectos nacionales es no tener sentido del humor, y yo hago todo lo que puedo por cultivar el mío. Y como gallego, tenía una pequeña fibra que luego he ido mejorando con el tiempo.

Y la otra, que era usted un hombre violento que me podía echar a la segunda pregunta.

Eso segundo no hay ningún periodista que pueda contarlo más que uno, y era un amigo mío, y precisamente por eso, pues... A la segunda pregunta de ese amigo mío le dije: «No sigas por ahí, Pedro, porque no vamos bien». Pero los demás no pueden decir que a ellos les pasó. Por tanto, no debe de ser verdad.

Lo cierto es que usted ha tenido fama de hombre violento, y ahora se dice que está usted cambiando de imagen.

Yo he negado eso siempre. En primer lugar, yo no he sido hombre violento, sino enérgico, que es cosa distinta. Cuando digo sí, es sí, cuando digo no, es no, y cuando digo aquí me planto, me planto. Pero eso lo hago con toda normalidad, con toda tranquilidad y avisando de antemano. Jamás he dado un golpe a nadie sin avisar, ni siendo ministro ni en mi vida particular. Yo aviso que estoy cansado de esto, tengo estas facultades legales, las voy a usar, luego usted verá. Como hay mucha gente que actúa de forma contraria, que promete y no cumple, que amaga y no da, este comportamiento sorprende a muchas personas. Pero yo soy un hombre perfectamente calculable, se me ve venir, y ahí no hay violencia ninguna. Yo admiro mucho a personas que justamente cuidan el ser de las cosas y no las apariencias y los fantasmas. Fernán Pérez de Guzmán, el gran escritor castellano, en sus *Generaciones y semblanzas*, que se debe seguir leyendo, habla de personajes de su época, cardenales, obispos, marqueses, duques, reyes y de cuando en cuando dice de ellos: «Era homme esencial, que non curaba de palabras...». Bueno, pues yo soy de esos. Yo soy *homme esencial,* no *curo* nada de que la gente pueda en determinado momento ver sólo la parte, digamos, del retoque cosmético. Procuro que las cosas tengan valor y, naturalmente, me equivoco muchas veces, ésa es otra cuestión. Ése es el sentido en el cual yo defiendo por encima de la propia inteligencia el carácter y el temperamento que, naturalmente, es difícil cambiar. No sé si me he explicado.

Sí, sí. Dice usted que es un *hombre esencial.* ¿Cuál sería su esencia?

Decía eso de *esencial* en el mismo sentido en que lo emplea Pérez de Guzmán, para definir a las personas que cuidan más el fondo que la imagen. Hay personas a las que usted va a pedirles un favor y no se lo hacen, pero sale usted de su casa encantado de cómo le han recibido. Y hay personas que le miran a usted fijamente a la cara y le dicen: «Pues no sé si podré, pero como sea legal, a lo mejor lo arreglo», y al día siguiente, por ejemplo, tiene usted la credencial en casa. A esos segundos les llamo yo *hommes esenciales.* Y a esos que pasan la mano por el hombro no me he apuntado nunca.

Realmente causa asombro pasar revista a su curriculum y ver la inmensa cantidad de libros que ha escrito, las carreras, los cargos...

Los libros están hechos ahí, en esa mesa, a pulso y a mano, porque yo no dicto ni me hacen originales. No creo en nada más que en el trabajo personal, y, como diría don Eugenio d'Ors, en la «obra bien hecha», hasta donde uno es capaz de hacerla. Y una vez que se ha hecho hay que decir, como Ricardo Baroja, que estaban hablando de una obra que tenía entre manos, que era un momento difícil para un grabador, etcétera, y le preguntaron: «¿Y cuando se termine?», y él contestó: «En ese momento ya no interesa, porque todo lo que uno es capaz de hacer es despreciable».

Volviendo a ese supuesto cambio de imagen que algunos le adjudican, la verdad es que usted ha tenido cierta propensión quizá a decir frases rotundas, y que quizá últimamente en este sentido se ha temperado usted un poco.

No; mire, señorita, va usted por mal camino. Yo hablo siempre igual. Cuando he de decir una verdad llamando al pan, pan, y al vino, vino, lo hago. Y cuando puedo hacer un chiste agradable, prefiero hacerlo. Pero cuando hay que decir a un señor que hace cosas mal hechas, lo digo. Yo en eso no he hecho ningún cambio, y si usted fuera tan amable de leer mis libros y mis artículos, que llevan treinta años de recorrido, podría ver que en todos ellos hay el mismo equilibrio de firmeza y de buen humor cuando es posible. No he cambiado nada, ni pienso cambiar mientras pueda.

Pero quizá viendo su trayectoria se podría deducir de ella una especie de doble personalidad. De alguna forma todos la tenemos. Usted ha dicho al principio que el hombre es contradictorio, y es verdad. Pero, por ejemplo, hace muchos años ya estuvo en la reforma educativa de Ruiz-Giménez y salió con él del Gobierno. Una postura liberal hace mucho tiempo, y después...

Yo hice mi discurso de entrada en el Ministerio de Información y Turismo, el año 72, diciendo: «Yo soy un liberal como lo fue Juan Luis Vives, como lo fue Gregorio Marañón...». Eso entonces no lo decía nadie. Desde luego, no lo decía don Adolfo Suárez ni ninguno de los que ahora pasan por reformistas, eso es verdad. Pero es que el ser reformista es perfectamente compatible, y es más, exige necesariamente ser enérgico con los límites de la reforma. La diferencia entre un insensato, que abre una caja de Pandora y que luego sale de allí lo que nadie puede esperar, y un verdadero reformista, es que este último es alguien que prevé las dificultades de la reforma, que se da cuenta que todo ensanchamiento lleva consigo una serie de problemas, unos previsibles y otros no tanto, y por eso mantiene de alguna manera los límites de la reforma, dentro de lo que es posible, bajo control. Y en ese sentido no hay doble personalidad. Yo, por otra parte, creo que... usted probablemente habrá visto esas carreras que hay, que va un corredor de moto con lo que se llama *paquete*, ¿verdad?, y la función del *paquete* es tirarse del lado contrario al que la moto puede volcar. Eso ocurre también en los balandros: cuando se ciñe mucho al viento, hay uno que se echa a la parte de fuera. Bueno, pues a mí me ha tocado hacer la función de *paquete* de este país en los últimos años. En un momento en el cual, digamos, forzaba demasiado la derecha, yo hacía el *paquete* de la reforma. Y en un momento en el que, ocurre tantas veces en los bandazos de esta gran España, hay una serie de señores que se descubrieron de pronto profundos liberales y demócratas, me toca hacer el *paquete* de que eso no se desborde. Y en las dos cosas he hecho exactamente lo mismo. Es decir, el *paquete*, al cambiar de posición, no está haciendo cosas contradictorias.

Lo que cambia es el balandro.

No, no; el balandro es el mismo, lo que cambia es el viento. Y justamente ese papel que me ha tocado, que forma parte de esos aspectos responsables que yo me he atribuido al principio de esta conversación, no implica ningún cambio. Lo que cambia es el viento. Y así como algunos siguen el viento como las veletas, yo lo sigo de esta otra manera, procurando hacer de contrapeso. Ese papel, nada cómodo, es el que me ha tocado. Qué le voy a hacer.

Esa zona emocional suya le ha llevado a decir cosas que quizá, en un plazo breve, le han colocado en una posición políticamente difícil. Como cuando dijo que antes de que se legalizara la *ikurriña* tendrían que pasar por encima de su cadáver,

o que no se sentaría en la misma mesa con un comunista, y al cabo de unos me...

Perdón, perdón, perdón. En cuanto a la legalización de la *ikurriña*, todavía no se ha producido, que yo sepa. Y, naturalmente, si yo hubiera estado en el Gobierno, no se habría producido nunca. Por tanto, yo esa frase no la rectifico, es una bandera de partido, de un partido nacionalista profundamente contrario a la unidad de España, y yo, desde luego, como bandera de mi media tierra Euskalerría, Basconia, no la he aceptado ni la aceptaré nunca. Pero, en todo caso, no ha sido legalizada, que yo sepa; lo que está es tolerada, simplemente. De modo que mida usted sus palabras, porque yo las mías las mido muy bien. Y yo, efectivamente, lo que he dicho es que antes de sentarme en un Consejo de Ministros con un comunista me lo pensaría mucho, y, efectivamente, observe usted que yo jamás acepté la idea de un Gobierno de concentración, sí la de un cierto Gobierno de coalición, y que al final Carrillo tampoco me ha mencionado a mí en sus combinaciones políticas últimas. Por tanto, yo no tengo que retractarme de ninguna palabra, las he dicho todas muy meditadas y eso no quiere decir que cambiando los tiempos, algunas de esas cosas no puedan ser modificadas, pero esas frases que usted dice son dos buenos ejemplos de que esas palabras ni me las trago ni me las pienso tragar por ahora.

Yo no digo que se las trague.

Pero usted ha puesto dos ejemplos y yo le hago observar que no son ejemplos de lo que dice, que esas dos frases son dos frases que van a misa.

Sin embargo, usted presentó luego a Carrillo en la famosa conferencia del Club Siglo XXI.

Ah, claro, claro, porque lo cortés no quita lo valiente. Es decir, que yo justamente he sostenido que, así como fue, y es verdad que lo fue, y no lo he negado en ningún momento, un golpe de Estado el reconocimiento del Partido Comunista, también dije entonces que nosotros no discutiríamos la legalización una vez hecha, mientras el Partido Comunista cumpliera las leyes, y a eso nos hemos atenido. En segundo lugar, cuando un club político, del que yo soy uno de los directivos, decidió este año acertadamente ampliar su tribuna política a todos los grupos, y a mí me pidió la junta directiva que yo presentase a este señor, no me negué, porque yo soy una persona seria, y lo que hice fue una presentación absolutamente medida, en la que dije: «Aquí tienen ustedes a un comunista de mucho cuidado que les va a decir lo que piensa». Y, efectivamente, cuando a las pocas semanas el señor Carrillo se atrevió a decir algunas impertinencias de las que yo creo que se ha arrepentido y que fueron censuradas por su propia gente en las Cortes, yo le dije todo lo que tenía que decir. Y eso no nos impide vernos de cuando en cuando y unas veces estamos de acuerdo y otras no. En la defensa de los intereses de las minorías solemos estar de acuerdo; en las cuestiones de fondo, rara vez. Pero, como dije al principio, lo cortés no quita lo valiente, o, como dicen en México, lo Cortés no quita lo Moctezuma, je, je.

Sin embargo, cuando fue Carrillo al Club Siglo XXI, otros socios pertenecientes a AP, como, por ejemplo, Gonzalo Fernández de la Mora, se dieron de baja.

Otros no estuvieron de acuerdo y, naturalmente, eso demuestra que somos un partido abierto con liberalismo interno, cosa que otros no tienen. El único partido en las Cortes que ha permitido a sus miembros presentar enmiendas individuales a la Constitución ha sido Alianza Popular. Los demás las han hecho colectivas, lo que da lugar, por cierto, a unos incidentes muy curiosos después, a la hora de defenderlas. Pero por lo demás, ¿qué pasa? Yo he hecho la presentación y luego he seguido haciendo lo que tenía que hacer. Por tanto, señorita, me temo que le va a ser más difícil de lo que piensa ponerme en contradicción conmigo mismo en el plano intelectual.

Yo creo que todos somos contradictorios, no he venido a...

Sí, sí, pero por ahora no hemos tenido ni un agujero. Siga usted.

Precisamente a raíz de aquello se creó una situación difícil con compañeros suyos. Recuerdo una página entera de *El Alcázar* en la que recogían frases dichas por usted sobre los comunistas.

Sí, pero resulta que...

... los de *El Alcázar* no son compañeros suyos.

Exacto. No es precisamente mi periódico ni son mis compañeros de viaje.

Ya sabía yo que iba a decirlo.

De modo que ése es otro mal ejemplo. Yo soy un gran admirador de los hombres que se encerraron en el Alcázar para defender a España. Y soy muy poco admirador de los hombres que se han encerrado en un periódico llamado *El Alcázar* para defender no los intereses de la España de hoy, sino los del año treinta, o el año cuarenta, que, en mi opinión, eran enormemente respetables entonces, pero que hoy no lo son.

Sin embargo, siendo usted ministro de Información y Turismo entregó *El Alcázar* a los excombatientes.

Yo no entregué nada. Me limité a constatar que en el Registro del ministerio que yo tenía obligación de administrar en aquel momento, figuraba ese título a nombre de una sociedad que lo reclamó, y a ella se le dio, y lo demás son otras historias. El tema no ha sido impugnado nunca, que yo sepa, aunque hubo acciones ante los tribunales, puesto que, efectivamente, las cosas siguen ahí donde están. Desgraciadamente, no son los de la asociación los que administran ahora *El Alcázar*, sino un grupo de personas que están actuando en su nombre, en mi opinión, de un modo excesivo, por decirlo de forma más suave.

En los últimos años se ha hablado de usted en este país más que de nadie. A veces diciendo verdaderas barbaridades. ¿Qué piensa usted de esto?

Pues lo mismo que Millán Astray: «Que hablen, aunque sea mal». Aunque ahora habría que decir: «Que hablen, aunque sea bien».

Tiene usted verdadera afición a hacer citas.

Yo soy un profesor, no lo olvide. Y un profesor tiene siempre algo de pedante. Además, creo que cuando alguien ha expresado bien algo, hay dos cosas que no se pueden hacer: una, intentar mejorarla; otra, citar, como hacen muchos, sin decir de quién procede la frase.

Dice usted «que hablen, aunque sea mal». ¿Tiene usted afán de protagonismo?

No, no lo tengo. Para un político, evidentemente, esa frase no es disparatada. Yo no puedo evitar en estos momentos encontrarme en medio de responsabilidades que son públicas. Y las responsabilidades públicas, públicamente tienen que desempeñarse. Hace unos días, usted lo habrá visto, he defendido con éxito en el Parlamento la publicidad de los trabajos parlamentarios, y que no se hagan las cosas detrás de las cortinas, sino ahí, con luz, taquígrafos y periodistas, no en extrañas comidas. «No en banquetes ni en orgías», que diría san Agustín, para hacer otra cita más, je, je.

Pero ¿qué experimenta usted cuando lee los ataques que le hacen? ¿Y cuando le pitan en los mítines o le sueltan gallinas con pancartas de «Fraga, no»?

Bah, ésa es una anécdota menor en comparación con otras muchas más gordas que hemos tenido. Yo tengo un gran sentido del humor. Sobrevivir una campaña como el «Maura, no», como sobrevivió don Antonio Maura y como he sobrevivido yo en los últimos meses, es una experiencia también muy interesante. Y, además, le templa a uno en muchas cosas el encontrarse con reventadores en los actos. Los políticos españoles todavía no han conocido eso, y como más pronto o más tarde lo van a conocer, yo ya tengo ese capítulo hecho. Pero, efectivamente, nadie puede decir que sea grato. De todas formas, ante todo eso yo tengo un especial cultivo del humor. En mi casa saben que en cuanto que haya un chiste por ahí sobre mí, que sea bueno, por agresivo que sea, con tal de que sea bueno, soy yo quien lo traigo a casa subrayado, y hago que se rían. No a todos les hace la misma gracia, ja, ja.

Ha hablado usted de los reventadores. Es cierto que allí a donde va usted a hablar pasa algo.

Ya no. Pero hubo un momento en el que fue una cosa provocada y deliberada, hasta que me hicieron quitarme la chaqueta.

El famoso incidente de Lugo.

Del que nunca me arrepentí. Porque esa historia hay que contarla entera. Yo no fui a perseguir a un grupo de gente que me contradijera. Muchas veces he tenido gente que ha debatido conmigo, y no ha pasado nada. Pero allí había cuatrocientas personas dispuestas a que no se celebrara el acto y a que en el mitin no se pudiera hablar. Y durante una hora y cinco minutos lo consiguieron, chillando sin parar; no he visto, desde luego, gargantas mejores que las de aquellos muchachos. Y tres oradores, entre ellos una chica encantadora, que era candidata nuestra, Carmela, no pudieron hablar. Y cuando llegó mi turno, dije: «Señores, yo voy a hablar, ustedes verán lo que hacen, pero yo voy a hablar». Y entonces fue cuando armaron la más gorda, y yo dije: «Ah, ¿sí?, pues vais a ver».

Y fue cuando gritó: «A por ellos», y se lanzó en su persecución.

Y me quité la chaqueta, y cuando vieron... nada, seis personas había detrás de mí, no más, cuatrocientas personas corrieron como ratas. Lo cual indica también qué clase de ganado eran.

¿No se ha pegado usted con nadie, entonces?

Hombre... je, je. No... Pocas veces, vamos.

¿Ni ha dado puñetazos en las mesas? En el libro que escribió sobre usted Carlos Sentís, usted reconoce haber dado al menos uno en defensa de Cataluña.

Ah, sí, bueno, ahí ve usted cuándo doy yo puñetazos.

Pero alguno más habrá dado.

Alguno más, sí. Pero pocos. Doy sólo los necesarios porque cuando los doy se rompe la mesa. Quiero decir que yo creo que de cuando en cuando hay que reafirmar la autoridad, y hay muchas maneras de expresarlo. El puñetazo es un símbolo más que otra cosa. Y yo de cuando en cuando procuro dejar claro que, efectivamente, cuando yo creo en una cosa la defiendo hasta el final.

Aparte de esto me han hablado de enfrentamientos con sus alumnos cuando se reintegró a la cátedra.

No, no, no. También ahí hubo uno solo y fue suficiente.

Me han dicho que se pegó con un alumno.

No. Eso es rigurosamente falso. No hubo lugar.

Pero al menos salió del aula dispuesto a pegarse.

Repito que es absolutamente falso. Y le voy a contar lo que ocurrió. Cuando yo volví de ser ministro durante siete años, al día siguiente de dejar el cargo pedí el reingreso en la cátedra, en el 69; no pedí ningún año sabático y me fui a la clase. Y uno de los primeros días me colgaron un cartel absolutamente insultante y yo lo quité, porque en mi cátedra no me insulta nadie. Fuera de ella, quien quiera, si puede.

Y entonces hubo unos murmullos, pero nada. El cartel quedó arrancado y unos cuantos se levantaron y se largaron. Ahí terminó el incidente. Y no he dejado de dar una clase en mi vida, ni una sola, en años muy difíciles. Hubo un día en que tuve que marcharme de clase a un seminario, con una parte de los alumnos que quisieron dar clase y los demás se marcharon. Pero ni un día he dejado las clases, y esto es algo que muy poca gente puede decir, habiendo vivido los años setenta.

Por el rato que llevamos hablando, podría decirle que, a mi parecer, es usted un hombre que emana agresividad. Y no tiene que ser esto necesariamente negativo.

Ésa es su opinión, y no la de mis alumnos. Ahora, yo supongo que usted emplea la palabra agresividad en sentido americano, porque yo a usted no la he agredido en absoluto, ja, ja.

Por supuesto. Pero también es usted un hombre muy a la defensiva. Dice usted: «Por ahí no me van a coger», etcétera.

Desde que usted ha empezado no ha hecho una sola pregunta que no fuera agresiva, señorita, y eso también tiene que reconocerlo. Por tanto, no acepto ese juicio, porque yo también tengo que enjuiciar sus preguntas. Ni una sola de sus preguntas ha dejado de ser agresiva hasta este momento. Ni una sola.

Pero...

Ni una sola. Y, por tanto, yo me he defendido de sus preguntas. Ni una sola ha sido una pregunta cordial y simpática, las cosas como son. Por tanto, no me diga usted eso.

Pero...

Mire, señorita, usted está en su papel y yo en el mío, y, por tanto, si usted me preguntase si a mí me gusta pescar o la música, decir eso hubiera tenido sentido. Mientras usted mantenga ese tipo de preguntas, que yo no he rechazado ni una, no puede negarse a que yo las conteste como las estoy contestando.

Pasemos a otra cosa, pues. Usted siempre ha mostrado cierto orgullo por la brillante trayectoria que ha tenido: ha sido usted un alumno siempre aventajado, ha sacado los primeros puestos de todas las oposiciones...

Pero yo no me he enorgullecido de eso, al contrario. Es más, critico el sistema de oposiciones. Lo que yo he dicho es que no tengo por qué avergonzarme de ello. Eso sí, no puede suprimirse mientras no se mejore. Segundo, que yo no estoy dispuesto a avergonzarme de eso, porque yo no sé cómo lo consiguen otros, pero yo lo conseguí a base de muchas horas de trabajo y muchos esfuerzos.

¿Le puedo preguntar una cosa que pertenece a su intimidad?

Le he contestado a usted todas sus preguntas, sus agresivas preguntas.

Tengo entendido que usted es un hombre muy religioso.

Yo soy un hombre básicamente religioso, no soy ningún beato ni ningún meapilas, ni mucho menos pretendo ser un santo, porque ciertamente no lo soy, pero yo creo fundamentalmente en los valores de la religión cristiana y los practico públicamente y lo he hecho siempre.

Y que en su adolescencia pensó en entrar en el seminario.

No, en el seminario no. Hubo un hermano mío que estuvo en el seminario poco tiempo y se salió.

Y dos hermanas monjas.

Sí, una hermana mía monja que murió en un convento y dos más intentaron serlo, y por razones de salud y del cambio de los tiempos lo dejaron.

Una de ellas, su hermana Ana, que está en Comisiones Obreras ahora.

Sí, una de ellas mi famosa hermana Ana, que de alguna manera ha conservado cierta vocación religiosa toda su vida, y eso explica muchas de las cosas que ha hecho, nos gusten o no al resto de la familia, que ésa es otra historia. Pero ella lo ha hecho por convicciones, por una especie de vocación cuasi religiosa derivada o casi sublimada, razón por la cual yo respeto las cosas que hace, aunque muchas de ellas me parezcan más bien mal que bien. Pero, en fin, sin entrar en esto le dije a usted antes que hasta terminar el bachillerato uno oscila un poco. Y yo tuve un momento no de entrar en el seminario, pero sí unas dudas de vocación religiosa que en ese caso hubiera sido entrar en una orden a fondo. A mí me gustaba mucho la Orden de San Benito. Por ejemplo, visité mucho Samos, un monasterio benedictino del Camino de Santiago, y fue precisamente en Samos cuando llegué a la conclusión de que aquello no era lo mío. Pero lo medité seriamente y lo descarté seriamente, por consejo de un benedictino. Me dijo que eso no era lo mío, ja, ja. Y no lo era, evidentemente.

¿Por qué?

Supongo que todo lo que he hecho después no es muy propio de un padre benedictino. Por ejemplo, la paciencia que es necesaria para estar recoleto durante estos cuarenta años, yo creo que no lo hubiera aguantado.

Y la pedantería a la que antes se ha referido usted...

Repito lo que dije antes, todo profesor tiene algo de pedantería, lo que pasa es que don Miguel de Unamuno distinguía entre pedantes, pedantuelos y pedantodontes, ¿verdad?

¿Y usted en qué categoría estaría?

No digo más. Juzgue usted. Desde luego, lo que no soy es pedantuelo.

**Una pregunta última: parecería que usted está bastante orgu-
lloso de sí mismo, en alguna medida satisfecho.**

No, al contrario. Dije antes una frase, y la repito, que todo lo que uno
es capaz de hacer es despreciable. Al contrario, yo tengo un enorme
sentido de mis limitaciones y precisamente por eso me exijo cada vez
más, porque sé mis fallos. Lo que sí tengo es un gran sentido del deber
y eso creo que no me lo ha negado nadie.

1978

Marco Ferreri

Los abuelos ya están muertos

El sufrimiento empieza cuando se encienden las luces de la pequeña sala. La media docena de personas que hemos asistido a la proyección de *Adiós al macho*, la última película de Marco Ferreri y premio *ex aequo* en Cannes, nos levantamos con ojos huidizos en medio de ese cortante silencio que se produce siempre cuando has de enjuiciar una obra a su autor y no eres especialmente entusiasta de ella. Sentado en el fondo, Ferreri ha permanecido sin rechistar durante toda la proyección: tan sólo al principio se oyó su voz bronca de confusos acentos protestando por unos títulos equivocados. Ahora, traicionado por la iluminación eléctrica, sonríe aparentemente beatífico buscando tu mirada, clavando en ti sus ojos azules y redondos, inexpresivos, impúdicos en su insistencia, mientras tú le devuelves una sonrisa desdichada, esa mueca que intenta significar un «qué bien» vago y genérico, o un «luego hablaremos», o un «encantada de conocerle».

Vicente Pineda, el distribuidor, propone una cena, fija un restaurante, reparte los coches. Nadie ha hablado una sola palabra sobre el filme y Ferreri se mantiene mudo, conservando ese mismo gesto de buda vacío y feliz, ese aire de mormón satisfecho en novenas nupcias. Pensando que *Adiós al macho* me ha gustado en parte y desagradado en otra, que he de hacerle a Ferreri una entrevista y que puede no ser prudente comentar la película ahora, intento ponerme a la cabeza de la reducida expedición y escurrirme inadvertidamente escaleras abajo. Pero para mi espanto, este Marco Ferreri que se mueve con la torpeza de un oso pardo, que anda bamboleante como un marino, que baja los peldaños con titubeo de cojo, se me empareja en el primer tramo demostrando que es capaz de desarrollar, pese a todo, notables argucias motrices. Bajamos en silencio piso y medio sonriéndonos mutuamente con aire refinado y amable, pero al llegar al escalón número veintiocho comprendo que he sido derrotada:

Estooo... Es siempre muy embarazosa esta situación, ¿no? Esto de verte obligada a decir al autor si te ha gustado o no lo que has visto...

(Silencio. Sonrisa. Dos escalones más. Al fin dice: «A mí me gusta mucho». Sonrisa. Silencio.)

Claro... Bueno, además ha tardado usted tres años en preparar esta película, ¿no?, más que ninguna otra en su carrera, ¿no? —aventuro intentando rescatar de mi memoria algún dato de Ferreri que pueda dar pie a una conversación distinta y distendida. Pero su silencio me obliga a proseguir, ya desbarrando—. **Porque, claro, supongo que uno intenta ponerlo todo en sus obras, en cada una de ellas...**

En las películas no se pone todo: simplemente se hacen —calla un momento y después sigue—: Me gusta mucho *Adiós al macho*. Me gustan todas las soluciones de situación y secuencia que hay en ella, todas. Hacía tres meses que no veía el filme y hoy he comprobado que todas las soluciones me gustan, no como en las otras películas...

¿Las otras suyas?

¡Las de todos!

Y de las suyas anteriores, ¿se muestra tan satisfecho?

Las mías ni las miro.

Tenía entendido que usted acostumbra a ir al cine a ver sus filmes para conocer la reacción del público.

Ah, eso sí. Pero sólo atiendo la reacción de los espectadores, no lo que pasa en pantalla. Sin embargo, hoy he visto *Adiós al macho* como mira un dentista los dientes de su paciente. Y en esta película las soluciones son diferentes.

¿A las de sus anteriores películas?

¡A las de las películas de todos! *Adiós al macho* es un derroche de energía, hay trescientas cosas distintas, por eso es *bravísimo* de ver. Es una película formidable.

(Habla un castellano pérfido y engañoso que baila personas verbales, tiempos, géneros y concordancias y que contribuye eficazmente a que su discurso, ya de por sí complejo, alcance a veces gloriosas cotas de impenetrabilidad. Fue un castellano, sin embargo, que debería haber aprendido a la perfección este milanés que llegó a España en 1956 intentando vender los lentes de *cinemascope* de una firma italiana. Aquí establecería contacto con Rafael Azcona, aquí rodó su primera película en el 58, *El pisito*, y después, *Los chicos*, en el 59, y en el 60, *El cochecito*, y sólo en el 61, tras cinco años de estar en España, vuelve a Italia para rodar una decena de películas hasta llegar en el 73 a *La gran comilona*, su mayor éxito a nivel popular.)

¿Y de qué vamos a hablar? —pregunta Ferreri, bien instalado en la mesa del restaurante.

(A un lado está Pineda; enfrente un amable y callado hombre que trabaja en la distribuidora; a su izquierda, una rubia hermosa y dulce que quiere creerse ingenua. «Me gustaría recuperar *Los chicos*, —dice Ferreri—, desde que la censura la prohibió no la he vuelto a ver, se ha perdido la película.» El hombre de la distribuidora interviene, solícito: «Creo que hay una copia de *Los golfos* por ahí, yo se la consigo». «No, no. *Los golfos* no es de él», interviene Pineda. «Sí, hombre —insiste obsequioso el otro—, ¿no es esa que se desarrolla en el Manzanares?» «Que no, que ésa es de Saura», dice de nuevo Pineda con cierto embarazo. Ferreri asiste impertérrito a la confusión. No parece haber nada capaz de modificar la expresión impermeable de este hombre que nunca ríe. Había oído de él que era inteligente, antipático y despectivo; sin embargo, en esta cena es sobre todo un hombre muy cansado. No es definitivamente gordo Marco Ferreri, pero hace lo posible por parecerlo. Su cuerpo blando y almohadillado se protege con un jersey de punto, pese al calor, y por encima de él asoma esa cabeza que tiene perfiles de caricatura, con esa barba sin residuos de bigote que parece postiza. Hay algo en él de artificial, de poco vivo, en su mirada azul sin pestañeos, en su falta de gestos, en su escéptica, quizá tímida amabilidad. Tiene cincuenta años y podría tener cientos. Y, sin embargo, en sus palabras hay también una voluntad ingenua. Como un viejo que intenta ser niño o un niño que juega a ser viejo.)

¿Sabéis? —comenta Ferreri—, acaban de estrenar *El cochecito* en Roma. Y la película aún es válida. Claro que es un poco distinta a lo que hago ahora.

Afortunadamente, supongo —digo yo—. No debe de ser muy alentador hacer lo mismo tras quince años.

¿Y por qué no?

Quiero decir que creo que uno se pasa toda la vida trabajando sobre los mismos problemas, pero tratándolos de forma diferente. Aunque el fondo sea el mismo, la estructura de sus películas es distinta.

¿Estructura? No hay estructura en mis películas. Todo lo que he hecho siempre en cine ha estado encaminado a destruir la estructura, precisamente. Porque la estructura es la rutina, es todo ese entramado de valores falsos en que se vive. Los sentimientos son también un producto de la estructura.

¿No hay sentimientos reales?

Podría haber otra cosa, pero que ya no se llamarían sentimientos.

Pero usted, sin embargo, vivirá cotidianamente esos sentimientos: cólera, angustia, miedo al dolor, alegría, miedo a la muerte...

El miedo a la muerte es algo más complicado... Yo me pregunto —duda Ferreri mientras mastica su merluza—, me pregunto qué se sentía cuando a la muerte no la llamaban muerte. O qué siente un perro al morir. Supongo que se dice, ¿qué me pasa? Nosotros no: nosotros al enfrentarnos con la muerte decimos, ¡ay!, me dejo aquí mis hijos, mi coche, mi casa, qué dolor... Me dejo todas las cosas que están ordenadas formando mi vida. El miedo a la muerte no es por lo que esperas, es por lo que dejas. Es una cuestión de propiedad.

Cuando yo era pequeña —dice la rubia— tenía miedo precisamente de dejar mis muñecas.

(Ferreri pelea calladamente con una espina de pescado, mira a la chica imperturbable y frío, y continúa:)

No es una cuestión de muñecas. Es miedo a dejar todo. Sería muy bello que el miedo a la muerte fuera sólo a lo desconocido. Pero eso no es lo doloroso.

El miedo a dejar esto va íntimamente unido con el deseo de inmortalidad. ¿No se ha sentido usted tentado alguna vez de «dejar una obra maestra para la posteridad»?

Si tienes sentido de la ironía no puedes caer en esa trampa, no puedes creer en esa inmortalidad ni en las obras maestras. Y, además, ¡qué caramba me pueden importar a mí mis películas después de mi muerte! Mi miedo es físico, personal, me asusto yo.

(Hace muchas pausas, medita lo que dice, y tras unos minutos de silencio continúa machacando el lenguaje con su castellano jeroglífico, del que esta transcripción no es más que una traducción aproximada.)

Antes, cuando hice mi primera película, mi vida era casual. Después, cuando llegas a los cincuenta y ya has hecho diecisiete filmes, llegas a construirte una imagen determinada. Y así he llegado a sentir cierta responsabilidad frente a mis películas, me importa saber qué voy a hacer, porque he empezado a plantearme la relación existente entre público y película.

Ya sé que usted odia que le digan que su cine tiene *mensaje*, **pero de sus palabras se desprende que usted cree poder decir algo a través de sus obras.**

No, no es que yo diga algo. Yo soy sólo un elemento en medio de todos los demás.

Pero un elemento con mayor responsabilidad.

No, no. Yo no sé ni lo que soy. Me interesa esa relación que se produce entre el espectador y la película, pero no me siento Jesucristo, no poseo ningún mensaje para decir. Todo lo que busco es meter en mi cine los problemas de todos, los que siento que están en el aire. Y de eso sí me siento responsable, de encontrarlos, de buscarlos.

Sin soluciones, claro está.

Soluciones no, claro. Si alguien encuentra una *solución* seguramente se llama Franco. Las soluciones son muy peligrosas, no se pueden dar. El hombre nunca ha encontrado una solución. El hombre nunca ha vivido. Mira, yo siempre he dicho que la *maravillosa aventura del hombre* no es tal. Nuestra historia es la historia de una mala tentativa de empezar algo, una tentativa que ha sido bloqueada desde un principio.

¿Bloqueada? ¿Por qué?

Porque hemos pensado siempre que el hombre social es definitivo. Si lo fuera, se trataría de una realidad muy reducida, miserable.

De modo que usted piensa que se puede dar un salto hacia un nuevo hombre que no sea el social, que no esté dentro de la estructura rutinaria.

No es que se pueda dar el salto, es que *es-ta-mos* en el salto. Yo soy optimista. Ahora todos quieren comer cocochas y merluzas. El salto ya está hecho.

¿Cómo cocochas y merluzas? —digo sin entender nada.

Sí, sí. Es que una de las más maravillosas virtudes que tiene la humanidad es que parte de los hombres comen y parte no. Pero llegó un momento en el que los hombres que comían vendieron a los demás el deseo de comer. Y esto no se puede conseguir sin entregar parte del poder junto con el deseo. Quiero decir que la estructura se ha tragado a sí misma. Hemos llegado a un momento en el que faltan las posibilidades incluso de conservar una cosa. Si yo fuera un hombre conservador, y puede que lo sea, estaría incapacitado para conservar ese mundo, esas pertenencias que yo quiero. Estamos en el salto, la estructura se deshace.

(Habla un poco con la paciente desgana del que cree que con palabras es difícil llegar a decir algo. Usa imágenes, salta de una frase a otra sin terminar la anterior. No parece tener miedo a que no se le comprenda: quizá piense desde un principio que su discurso es decididamente incomprensible. Como muchos directores de cine, es hombre fundamentalmente plástico, y tiene más fe en la emotividad que en la lógica como vía de conocimiento.)

Todo esto que estamos hablando —dice— es complicado. Alguien que lea esta entrevista puede decir: este tipo está loco perdido. Por eso, cuando hago una película no busco hacer este discurso. Lo único que busco es reflejar ese malestar que vive la gente, expresarlo, que el espectador sienta un vínculo emocional con lo que sale en pantalla. Y la emoción es la antítesis de los sentimientos rutinarios.

Hombre, ya que saca este tema de nuevo, contésteme la pregunta que antes no ha contestado. Por muy rutinarios que sean, en su vida cotidiana usted tiene que utilizar esos sentimientos, ¿no?

¿Yo? No. Yo ahora vivo sólo con una serie de enfados que no tienen nada que ver con los sentimientos. Los sentimientos de hoy son falsos porque están ligados a una estructura que ya no existe. Nos creemos que hemos inventado el coche, pero en realidad el coche nos está inventando a nosotros, nos ha cambiado la vida. Mira, en el mundo el único que ha tenido siempre derecho a la fantasía ha sido el marino, ¿no te parece?

No sé —contesto perdidísima—. El único marino que recuerdo que tenga fantasía es Melville.

No, no. Quiero decir que en toda nuestra cultura, en toda la literatura, el marino ha encarnado siempre al hombre diferente, al que se le permitía todo, que tenía derecho a tener muchas mujeres, a tener una vida apasionada. Era Ulises, por ejemplo, y lo que sucede es que ahora somos todos marinos. Cuando un albañil se compra un *seiscientos* y sale montado en él hacia Alcalá de Henares ya se siente un marino, ya es Ulises. El mundo ha cambiado por completo, por tanto, y, sin embargo, los sentimientos que se siguen utilizando son los mismos.

Y el problema es que no se encuentran las sirenas...

Sí... Lo que resulta curioso, de todas formas, es que la literatura también esté dominada por la estructura. Por ejemplo, Homero. Incluso Homero sólo sabía escribir de imbéciles que dan la vuelta al mundo para volver al final a su casa con la tonta de su mujer. Seguramente Homero pensó que si Ulises no volvía, el mundo podría derrumbarse... Hoy vivimos un momento de desilusión total, absoluta. Piensa que hoy el signo máximo de *la maravillosa aventura del hombre* son los puros Davidoff. Los símbolos de la riqueza, poder y éxito de hoy son ridículos.

El mundo se derrumba... ¿hacia dónde? ¿Qué puede salir de todo esto?

Hay una cosa que me irrita muchísimo, que me vuelve loco. Y es que cuando hablas de que la estructura se cae, la gente piensa que ya no habrá más hoteles, ni más ferrocarriles, ni más hospitales, tienen miedo de que sea volver al *salvajismo*. Y se empeñan en continuar con la farsa. Por ejemplo, se empeñan en hablar del problema de la relación entre hombres y mujeres. Todo el mundo discute eso, todo el mundo se interesa, es su más grande preocupación: las relaciones con el sexo contrario. Y, sin embargo, si tú colocas a un hombre y a una mujer desnudos en una isla desierta, y les aseguras que quedándose allí van a quererse siempre muchísimo, que van a amarse y entenderse hasta la muerte, pero que a cambio tendrán que llevar una vida dura y difícil, con mosquitos, escasez de comida, todo eso, comprobarás que se niegan a quedarse. Muy pocos hombres, muy pocas mujeres aceptarían esa situación.

Yo me quedaría —interviene la rubia con gran convicción.

¿Tú? No sabes lo que son los mosquitos —dice Ferreri.

Sí que lo sé, los odio —insiste ella.

No, no. Tienes una idea romántica de los mosquitos. Estás acostumbrada a los mosquitos de la civilización, agotados con tanto DDT.

De modo que nosotros no tenemos recuperación.

Pero nosotros, ¿qué somos? Sólo un momento en la historia.

Pero es ese momento lo único que me importa en realidad.

Bueno, si haces una comparación con otras épocas verás que nos ha tocado vivir un momento muy bello.

Pero usted vive con una mujer desde hace muchos años, ¿no? Y, sin embargo, no se iría con ella a la isla.

No. No me iría, no.

¿Y por qué vive con ella? ¿Le une un sentimiento rutinario?

Yo me dejo llevar por la vida, como supongo que hacemos todos, y al final buscas y escoges aquello que piensas que es bueno para ti y rechazas lo que juzgas malo. Yo no digo que un hombre y una mujer no puedan mantener una relación, si están bien juntos. No se habla por los que están bien, sino por los que no lo están. Todos nosotros estamos en realidad con un pie dentro de la estructura y otro fuera. Imagínate que yo soy, por ejemplo, un hombre fuertemente reaccionario, un buen burgués que desea hacer su servicio militar, estudiar algo, tener un empleo fijo, casarse, dejar a la mujer en casa y salir solo y engañarla, pegar algún coscorrón de cuando en cuando a sus hijos, y esperar que ellos lleguen a ser doctores o ingenieros. Bueno, pues aun en el caso de que yo quisiera tener esta vida, en estos momentos esas aspiraciones son imposibles de mantener. Estamos viviendo unos valores inexistentes, que nunca llegaron a ser realidad. Porque antes la concepción del mundo por la que nos regíamos era sólo una promesa, y al convertirse en realidad se ha deshecho. Pero todo esto es inútil hablarlo, poco a poco irá saliendo.

Usted no lo habla, pero sí intenta reflejarlo en su cine.

Yo lo que quiero conseguir con mis películas es que el señor que vaya a verlas salga manteniendo las mismas formalidades, diciendo «buenos días» y «buenas tardes» como antes, pero comprendiendo un poco más el derrumbamiento que vivimos. Porque se están muriendo las últimas madres, porque los abuelos ya están casi todos muertos, ¿entiendes?

Se acaba el orden.

Efectivamente. El orden tendría que ser la expresión más acabada del bienestar del hombre, pero de hecho el orden siempre ha sido coercitivo, relativo, nunca heroico. Y frente al orden que se derrumba, nosotros lo único que podemos hacer es vivir en el desorden. En realidad, todas las cosas nuevas que han enriquecido a la humanidad han nacido del desorden.

Pero usted es comunista, ¿no?

Sí.

Y militante, además, ¿no?

Sí.

Toda organización de partido, tal como se conciben hoy los partidos, lleva consigo un orden.

Seguro que es un orden, sí. Pero los que están en el partido han de comprender que hay una burocracia que es necesario mantener por el momento. Y, por otra parte, la administración del partido no es lo mismo que la conciencia de la gente.

Sí, pero para que usted pueda mantener su conciencia en el desorden es necesario que otros compañeros suyos estén en la burocracia. Es usted un privilegiado.

Sí, pero cuando empiezas a fastidiar a la burocracia del partido ese privilegio acaba. Y va en aumento el número de gente que resulta fastidiosa para la burocracia, y me estoy refiriendo a militantes de base, no es necesario que sean artistas ni nada parecido.

Me resulta curiosa esa mezcla que usted tiene de individualista feroz y hombre de fe en un porvenir colectivo.

Claro está: por los años que tengo, por mi formación, soy una persona que pertenece de lleno a la generación individualista. Pero respecto a la fe, ¿por qué no? ¿Por qué no tener fe en los hombres? No se trata de creerlos buenos ni nada de eso. Se trata de creer que colectivamente se pueden crear nuevas cosas. Y sí, en esto tengo mucha fe, a veces llego a hablar como un cura.

¿Y mientras se llega a eso?

Mientras tanto se vive en un desorden creativo. Pero, ¿por qué estás buscando siempre la felicidad?

¿Es una pregunta que me hace?

Sí, sí. Mira, tú eres una mujer que escribe entrevistas. Las cosas han cambiado mucho, hace unos años tú estarías en un ropero de beneficencia, o en la Cruz Roja... La situación es cada día mejor, no hay más que mirar hacia atrás. Y, sin embargo, tú no te conformas: tú quieres escribir, quieres ser feliz... Tú lo quieres todo.

Claro.

Eso es imposible. Los tiempos son tan cortos... ¿Qué edad tienes?

Veintisiete.

Y yo cincuenta. A los cincuenta años no se cree en la felicidad, a los veintisiete sí.

Yo no hablo de una felicidad como objetivo absoluto, eso está claro que no existe.

Pero mira, a los cincuenta, por muy bien que te vaya, sólo te quedan veinte años de vida. Por tanto, proyectarse hacia delante es estúpido. Hay algo que me produce una rabia terrible, y es el hecho de que hemos vivido en un orden que no ha calculado esto, esto de la vida y la muerte. Es un orden que no respeta al hombre, que no respeta a la juventud, en donde no hay sitio para los viejos. Hablabas de que si yo quería expresar algo o no a través del cine... Pero si ahora no sigo haciendo cine, ¿qué quieres que haga? Ya no vivo en un momento dinámico. El pasaje del hombre es muy corto y la juventud es también una realidad física, no lo olvides.

(Hemos salido del restaurante y Ferreri camina torpemente por las calles recién regadas y vacías. Cansino y triste, parece casi humano. Y por un momento algo cálido y entrañable traspasa su hieratismo de buda, su fría coraza de defensa.)

Y eso, ¿da miedo?

Sí..., da miedo. Pero es mejor tener miedo y buena salud y todos los glóbulos rojos y blancos necesarios que no tener buena salud y carecer de miedo.

Yo creo que a eso no se acostumbra uno nunca...

¿A qué?

A la vejez, a la muerte.

Oh, sí. Te acostumbras fatalmente.

No es acostumbrarse: es dejarse arrastrar.

No, sólo sufres si piensas en ello.

¿Y usted piensa?

(Se para, saca un pañuelo gigante, rojo y blanco, del bolsillo, se suena con estruendo, observa el resultado con cuidadoso y concentrado ceño, y después alza unos ojos inocentes, desprovistos de expresión, meticulosamente ajenos, y añade muy bajito:)

Por supuesto que yo pienso.

1978

Jomeini

Los últimos días del exilio

Y si el sha se marcha hoy o mañana, como dicen, ¿cuándo volveréis a Irán?

Inch'Allah, que significa «Dios dirá».

Y al contestar esto, Harad, un muchacho barbado y moreno que hace de traductor, deja escapar una sonrisita un poco maliciosa, un mucho esperanzada.

En Neauphle-le-Château, este pequeño pueblecito a setenta kilómetros de París, en donde el ayatolá Jomeini ha establecido su cuartel general —el vértice místico de la lucha de liberación—, se viven horas particularmente afanosas y agitadas. Hoy, cuando hacemos el reportaje, se sabe ya que el sha ha perdido, que se marcha. Llegan las últimas noticias: en Irán se forma un Consejo de Regencia con presidencia de Batjiar. Por tanto, en Neauphle-le-Château se constituye un consejo revolucionario provisional, integrado por personajes de la oposición elegidos por Jomeini. Y es que en Neauphle se conspira, se suspira y se reza. Y hay una atmósfera de emocionada fiesta en el entorno.

El pueblo está sepultado por la nieve Las últimas semanas han sido muy frías, y los hielos han convertido el terreno en una peligrosa pista deslizante. A ambos lados de la estrecha carretera están los dos chalets que la oposición iraní ha alquilado. A la derecha, una casita pequeña en donde vive el ayatolá. Enfrente, un chalet mayor y desvencijado en donde se agrupan los colaboradores y adonde llegan los muchos iraníes venidos de todo el mundo para ver al ayatolá y compartir el esfuerzo de la última lucha. En medio, en tierra de nadie, sobre la carretera, la policía francesa —dos autobuses llenos— vigila día y noche: hay que asegurar la vida de Jomeini, y la Savak, la policía política del sha, ha sido siempre muy activa.

Cinco veces al día el imán sale de su retiro, cruza la carretera, entra en el chalet de enfrente y dirige los rezos. Son los únicos momentos en los que sus seguidores pueden verle, y así le esperan cada día durante horas, de pie sobre el helado suelo, a la intemperie. Los recién llegados que aún no han gozado de la presencia del ayatolá se distinguen por su mayor nerviosismo, por su maravillada y sobrecogida expresión: palean las nieves con pies congelados y resoplan columnitas de vapor en silencio. Antes, al principio, cuando Jomeini llego a Neauphle a primeros de octubre, la temperatura era aún tibia y los rezos se hacían en el pelado jardín del chalet comunal. Ahora han montado una gran tienda sobre la tierra para protegerse del frío, es una tienda de lonas azules rayadas en blanco que tiene algo de circense. A la entrada, un entarimado de madera perpetuamente mojado y erizado de cristales de hielo pretende hacer más grata la obligación de descalzarse. Porque es necesario, claro está, quitarse los zapatos antes de entrar a la tienda o al chalet, y así has de descalzarte mil veces al día y en cada ocasión los calcetines se te mojan un poco más y a las pocas horas de tal trajín consigues tener los pies empapados e insensibles.

Usted tiene que ponerse un pañuelo, ahora se lo traigo...

Por ser mujer he de cubrir mi cabeza durante todo el tiempo que vaya a permanecer entre ellos. Sólo me será permitido descubrirme al salir del jardín y llegar a la carretera intermedia, que es aún francesa: en los chalets se vive el mundo islámico. El amable muchacho que me ha advertido de ello vuelve corriendo con un pañuelo marrón en la mano. Intento ponérmelo a la manera occidental. «No, no —me dicen—, tiene que taparse el pelo, echárselo. hacia delante.» Hay que ocultar la frente, que no se vea ni un cabello, que los laterales del rostro queden bien cubiertos, hay que otear el exterior a través de este improvisado túnel de tela. Y en la esquina del pañuelo hay una etiqueta que dice. «Miss Helen, made in France.»

Es difícil entender desde una perspectiva occidental el fenómeno de Irán. Es difícil comprender una revolución que se mueve bajo banderas religiosas y saber en qué consiste exactamente esa república islámica por sufragio universal que Jomeini quiere implantar. Como el propio ayatolá nos diría después, «la religión en Occidente es la religión de san Jesús. Tal como ha sido concebida se limita a un terreno personal y no tiene ninguna relación ni intervención con la vida cotidiana. En el islam, sin embargo, la religión interviene en todas las actividades del hombre, ya sean políticas o sociales. El islam tiene opiniones precisas sobre cómo han de ser los gobiernos de un pueblo. No se puede comparar, en este sentido, la religión occidental con la oriental. El islamismo interviene en todos los asuntos del hombre y los reglamenta de forma progresista».

Es, pues, otro mundo y como tal hay que juzgarlo: «Yo sé que todo esto y que la figura del ayatolá deben resultar muy chocantes para vosotros —dice Jalil—, pero tampoco he encontrado en Occidente ningún modelo de sociedad envidiable; dejadnos probar el nuestro».

Jalil tiene veintiséis años, lleva cinco viviendo en San Francisco, California, en donde estudia Física, y sin poder esperar más ha dejado interrumpida su carrera para trasladarse junto al ayatolá y después junto a su pueblo. «No podía aguantar tan lejos, no podía.»

Es un hombre alto, de barbas rubias y ropas contraculturales, vaqueros desgastados, amplios jerséis. Escuchándole hablar, unas iraníes le han preguntado en inglés: «¿Y usted de dónde es?». «De Irán», ha dicho él. Y ellas, aún sin creérselo: «¿Y habla usted farsi?». A partir de ahí han comenzado una larga, gorgojeante y gozosa conversación en su lengua, dichosos de reencontrarse bajo la pátina de culturas extranjeras.

«El sha ha traicionado la historia, la tradición y la cultura de Irán —dice Jalil—: ha vendido nuestro país a los americanos. Recuerdo que cuando era chico oí al ayatolá hablar contra el sha. Decía entonces: al quitar los velos a la mujer no la estás liberando, la estás mandando a la prostitución, y luego ha sido así. Yo creo en Jomeini, creo en él.»

Está hablando Jalil del año 63. El sha hizo por entonces un simulacro de reforma agraria, dio el voto a la mujer y occidentalizó por decreto las costumbres. Bajo el aliento espiritual de Jomeini hubo en Irán fuertes revueltas, muertos, cárcel y torturas. A partir de entonces el ayatolá hubo de marchar al exilio, primero dos años en Turquía, después trece en Irak. En aquellas revueltas, precisamente, fue detenido y torturado el padre de Mohamed.

Mohamed tiene veinticuatro años, lleva cinco en Londres estudiando Ingeniería. Hace unos días, sus padres fueron a buscarle a Inglaterra y ahora, todos juntos, han acudido a Neauphle a la llamada del imán. Mohamed es creyente y practicante, y piensa que la religión chiita es magnífica, mejor por supuesto que la secta sunnita, que es la mayoritaria en el islam: tan sólo hay un país predominantemente chiita en el mundo mahometano y es Irán, con un 90 por ciento de adeptos. Lo cierto es que la doctrina chiita mantiene que la razón predomina sobre la tradición, lo que puede suponer mayor flexibilidad en el dogma.

Pero al hablar sobre esto con Jomeini, al preguntarle si él, como supremo ayatolá, tiene por tanto posibilidad de cambiar el dogma, ha contestado: «No, en absoluto, porque la doctrina islámica es la doctrina de la razón y no habrá ningún cambio en ella. Aunque, por supuesto, en algunos casos concernientes a la vida cotidiana se puede llegar a un entendimiento». Es decir, que en pequeños detalles cabe el *edj tehad* o consejo del sabio. No todo el mundo es digno de dar *edj tehad*; sólo aquellos santos varones que han alcanzado el reconocimiento del pueblo pueden aconsejar, sólo los ayatolás. Y se es ayatolá si se reúnen varias cualidades, si se es sabio, si se es puro, si se es piadoso, si se conocen los problemas del pueblo y de tu tiempo. Y así, Jomeini, haciendo uso de su dignidad, de su derecho al consejo, al *edj tehad*, ha dirigido y dirige la revuelta del pueblo iraní, encabezando la lucha contra el sha.

Pero son las doce del mediodía y es hora de rezos. La tienda está llena de gente en cuclillas a la espera de su imán, y fuera, sobre las laderas como cristales del jardín, se mantienen en precario equilibrio muchas personas, los más nuevos, los recién llegados, que esperan con ansiedad la visión del líder. Hay un pequeño revuelo, luego un silencio denso: viene Jomeini. Callado, mirando al suelo, el ayatolá sale de su casa, cruza la carretera con pie pausado. Lleva manto oscuro, babuchas de cuero y calcetines de lana gris, y su turbante es negro, color reservado para los descendientes de Alí, el yerno de Mahoma, su discípulo. Atraviesa Jomeini las filas de sus seguidores con expresión hermética: Mohamed, el estudiante de Londres; Jalil, el físico de San Francisco, unen sus voces fervorosas a los gritos rituales de rigor.

El ayatolá es un anciano erguido, de barbas blancas y rostro severo. Sus cejas son abruptas, enredadas y negrísimas, y rodeado del fulgor de la nieve, la palidez septuagenaria de su cara tiene algo de falso y enfermizo, como si su rostro fuera de cera, una careta sin vida, tiznada a la altura de las cejas.

Una vez se ha introducido en la tienda, los mirones del exterior entran en febril actividad. Se agolpan en la puerta quitándose los zapatos, se apresuran a entrar para acompañar los rezos. Sobre las alfombras del interior hay arrodilladas unas sesenta personas, en filas compactas y perfectamente rectas, cara a la Meca, con el ayatolá al frente. Los hombres, delante; las mujeres, detrás, con los niños. Casi todos visten ropas occidentales, menos ellas, que sobre pantalones o chaquetas muy europeas han colocado unas túnicas hasta los pies. Son grandes lienzos estampados con flores mínimas e ingenuas que las cubren por completo, dejando apenas una abertura para la cara.

Alguien me da en el hombro, musita algo en farsi: es un hombre; de su mano cuelga un hilo de cuentas. Tras un momento de duda deduzco que quiere pasar delante de mí, soy una mujer e inadvertidamente me he puesto entre las filas de los hombres. He de retroceder.

Comienzan los rezos. Un ayudante de Jomeini, de pie ante todos, dirige los cantos. Los fieles, arrodillados, se inclinan hacia delante, apoyan la cabeza sobre una piedra pulida que tienen ante ellos o sobre sus rosarios de cuentas. La ceremonia dura media hora escasa: es exactamente la mitad del ritual que ordena el Corán, la doctrina indica que si estás en situación de viaje y en un lugar en el que no piensas pasar más de una semana puedes reducir los rezos a la mitad. Y desde hace aproximadamente quince días Jomeini ha acortado sus oraciones. Tal es su convicción de triunfo, tan seguro está de marchar a Irán antes de una semana.

«Me emociona siempre verle», dice reverentemente Mohamed el londinense, mientras observa cómo se aleja Jomemi. Y se quitan unos a otros la palabra de la boca para describir al imán, para hablar de su bondad, de su rectitud, de que no posee nada material ni nunca ha poseído. El ayatolá es un mito, una figura intocable, mucho más que un hombre: «Yo no siento nada preciso respecto a esa mitificación, —explica el propio Jomeini—; podría decir simplemente que los hombres que son servidores del pueblo y a los que el pueblo reconoce esta servidumbre, suelen contar con el cariño de su gente, si el pueblo considera que este hombre está llevando adelante sus intereses. Yo aconsejo a la próxima generación que ame a su pueblo, que lo sirva y que considere por encima de todo los beneficios y el bien del pueblo».

Pero el ayatolá Jomeini vive en Neauphle-le-Château como un dios encarnado en anciano ceñudo y cosecha admiraciones y obediencias por parte de todos. O casi todos.

«Yo no soy creyente. Y en Irán, los que mueven de verdad el país, los estudiantes, los intelectuales, no son precisamente los creyentes.»

Esto lo dice un hombre de media edad, de ojos líquidos, enfundado en un abrigo azul marino e impecablemente encorbatado. Es un ingeniero, trabaja en Irán y no quiere dar su nombre: «Tan sólo soy un portavoz del Frente Nacional». En las luchas de Irán, por supuesto, hay comunistas, socialistas o socialdemócratas, como los del Frente Nacional.

Sin embargo, es Jomeini y su autoridad religiosa lo que galvaniza al país, él es el único capaz de lanzar a la calle a millones de iraníes, aunque el elegante ingeniero sostenga que sólo son creyentes el 60 por ciento de los ciudadanos. Tres cuartas partes del pueblo iraní pasan hambre, viven en la miseria, carecen de posibilidades vitales y culturales. Tres cuartas partes del pueblo iraní comprenden y obedecen al ayatolá, y sólo a él. Y esto lo saben los comunistas, los socialistas, los socialdemócratas del Frente Nacional. Como dice el encorbatado personaje, «nuestro pueblo tiene una fuerte tradición religiosa; establezcamos primero una república islámica. Después ya irá evolucionando la mentalidad de la gente».

Este ingeniero es, evidentemente, un ministrable. Todos los días —y aún más estos últimos días— el ayatolá es visitado por elegantes, cultos y europeizados personajes recién llegados de Irán, con noticias, con consignas, con decisiones. Son los ministrables, los futuros dirigentes del país, tejiendo su tela de araña de estrategias. Se distinguen perfectamente de los demás porque se deslizan con especial discreción por el entorno, porque permanecen poco tiempo en los hotelitos y porque son todos iguales: hombretones que rozan los cuarenta años, de labios espesos y pelo negro peinado al agua, de abrigo azul marino cruzado, corbata de seda y pantalones grises, lisos o rayados. Parecen llevar el uniforme del político.

Así es este mundillo que rodea al imán: los ministrables, la policía, los periodistas, sus secretarios, que son serios y sesudos, sus colaboradores, que son jóvenes entusiastas que forman la infraestructura del movimiento, que barren la casa, que tiran declaraciones a ciclostil, que pintan con cal, sobre un trapo negro, esa leyenda que se ve en el lateral de la tienda: «Es mejor morir que aceptar la humillación». Y aún quedan por mencionar los fieles, los crédulos, los esperanzados que llegan cada día a Neauphle como en peregrinación. Todo este movimiento efervescente, en suma, te hace pensar en un montaje, en un montaje por otra parte lícito y útil, como si en el 78 la oposición iraní hubiera decidido una labor conjunta, y buscando un líder que pudiera arrastrar a la lucha a todo el pueblo, hubiera coincidido en la necesidad de potenciar a ese ayatolá Jomeini hasta entonces desconocido internacionalmente, pero respetado en su país, un hombre anciano y digno que había sabido mantener sus convicciones en el exilio, y así hubiera lanzado la figura del ayatolá como bandera de la revolución, como enseña emocional y publicitaria.

Y el ayatolá, mientras tanto, reza y reza en su pequeña casa cercada por la nieve. Y tal parecería que Dios le escucha, pues sus rezos han sabido infundir valor suficiente al pueblo iraní para derrocar al sha, a ese Reza Pahlevi que subió al poder en el 41 y que desde entonces ha gobernado dictatorialmente su país por medio del terror y la tortura.

La supuesta modernización del sha fue una modernización para los clanes imperiales, para las familias poderosas, mientras el pueblo seguía en la miseria privado de su propia cultura. Ahora, la tradición que él quiso borrar le ha vencido y el sha pisa por última vez los alfombrados salones de palacio, se apresura a sacar sus riquezas de Irán —ha evadido ciento cincuenta mil millones de pesetas—, cierra maletas interminables y prepara sus botas de esquí para el traslado.

«En los dos últimos meses —dice el hombre del Frente Nacional—, han muerto en Irán treinta mil personas.» En los últimos meses, día tras día, doce millones de iraníes se han lanzado a la calle. Han sido aporreados, ametrallados, han regado las aceras con su sangre, para volver a salir, horas más tarde, a ofrecer simplemente su fe contra el fuego del ejército. «Entre el propio ejército hay gran división —dice el ministrable—; sé de soldados y oficiales que han muerto a manos de sus compañeros.»

Jalil, el estudiante de San Francisco, exclama con rostro iluminado: «Es la primera vez que un pueblo se lanza a la calle por motivos puramente políticos y no económicos. Una y otra vez, cada día, el pueblo se ha enfrentado con el ejército; es emocionante, es tremendo».

Lo es. Por eso es tan difícil de juzgar, desde aquí, el proceso iraní, folclorizado de rezos, de misticismo, de pañuelos con los que has de tapar tu frente. Jaljani, discípulo de Jomeini, un religioso que viste de gris y negro en ropajes flotantes y ciñe blanco turbante, explica que el único fin de todo este movimiento es el de dar el poder al pueblo. El Gobierno se elegirá por votación, y la república islámica tendrá libertad de prensa, de opinión, respetará todo tipo de creencias religiosas y contará con todos los partidos. Lo que se quiere es recuperar la soberanía popular, poner realmente en funcionamiento la Constitución de 1909, limpiar Irán de manos extranjeras, arrebatar el petróleo a los americanos. Lo que se quiere es vivir en paz e independientemente, ni la Unión Soviética ni Estados Unidos, una simple república amistosa que se mantenga dignamente. Y cuando esto se consiga, el ayatolá volverá a Irán y allí seguirá aconsejando espiritualmente al Gobierno y al pueblo, gran ayatolá Ruhollah Jomeini. Setenta y ocho años, voz del Corán, guía de chiitas.

Se caen. Constantemente está cayendo gente al suelo, la tierra helada parece un metal pulido. Los periodistas se desparraman con estrépito de cámaras por los suelos, *crash*, *crash*; los hombres de turbante y grandes mantos se desploman con sordo golpe amortiguado por las ropas, *plof, plof;* los seguidores resbalan en su aturullamiento por conseguir una buena posición para ver al imán, *cataplún*. Y luego se levantan sonrientes, sacudiéndose manos y pantalones; ¿qué es una caída en la nieve comparada con el momento que se está viviendo?

Uno de los colaboradores de Jomeini acaba de darse una recia costalada justo en la puerta del ayatolá y al ratito, con eficiencia y rapidez secretarial, reaparece con un pequeño pico y rompe el reciente hielo. Es necesario mantener el estrecho sendero que une la casa con la tienda perfectamente limpio, no vaya a ser que en uno de los rezos Jomeini resbale y deje su anciana y sagrada cabeza estampada en el camino. El ayatolá ha de vivir hasta completar su obra.

Tras los rezos del mediodía es la comida, y con hospitalidad musulmana, todo el mundo está invitado a participar en ella. Antes daban queso: ahora, como hace tanto frío, se distribuye una sopa humeante sobrenadada por lagos de aceite y verduras. Y el pan, esas barras interminables de crujiente pan francés, las *baguettes*. En el hotelito comunal hay una habitación destinada al uso de todos, allí se sientan los militantes, los secretarios, los recién llegados, los periodistas, todos escrupulosamente descalzos. Es una habitación cuadrangular, empapelada en flores, desprovista de muebles y cubierta con alfombras, al modo iraní. Con otros inquilinos debió de ser un dormitorio, pues en la pared aún quedan dos apliques de luz en tul rojo y rizado

Hay mucha gente, mucho movimiento, se está constantemente entrando o saliendo de la habitación. En una esquina están los hombres; en otra, las mujeres. Las mujeres son todas jóvenes, muy jóvenes y hermosas, de nariz recta, labios gruesos, dientes agresivos y óvalo perfecto. Visten pantalones y ropas occidentales y se cubren la cabeza con pañuelos de tonos oscuros. Están enfrascadas en su trabajo, todas escriben afanosamente arrodilladas y apoyadas en el suelo. Quizá hacen resúmenes de prensa o copian comunicados. Llenan con bellos caracteres árabes interminables hojas en blanco, mientras los niños corretean a su alrededor y los hombres conversan en el rincón de enfrente.

«Pero en el Corán la mujer está supeditada al hombre —les digo—: según la doctrina, la mujer es un ser impuro.» Y ellas contestan que no, que en el Corán todos son iguales. «Y además —añade una muchacha con ingenuo orgullo—, ahora las mujeres en Irán son muy activas, van a las manifestaciones con los niños.» Le digo que el hecho de que sean ellas y no los hombres quienes lleven a los niños ya supone una diferencia, pero la muchacha habla poco inglés y no me entiende.

Entonces interviene Jila. Jila es una mujer de veinticuatro años, muy guapa, madre de dos niños pequeños que trotan descalzos sobre las alfombras —el crío con el pelo al aire, la nena con un pañuelo minúsculo cubriendo la cabeza—, es psicóloga y hace nueve años que vive en Alemania. «En estos años he tenido contacto con diversas clases sociales de la sociedad alemana, con trabajadores, profesionales liberales, comerciantes medios, y he podido darme cuenta de que la liberación de la mujer occidental no es tal. En Occidente todo se rige por el dinero, por lo económico, y la liberación de la mujer ha de pasar también por ahí. Sin embargo, las mujeres alemanas que he conocido estaban sometidas a una doble esclavitud: por un lado, trabajaban en condiciones de explotación en un sistema capitalista, y, por otro, tenían que encargarse tras su trabajo de las faenas domésticas, de los niños, de todo...» Jila habla con fluidez y apasionamiento. A nuestro alrededor se han agrupado las demás mujeres: quizá no entienden lo que ella dice, pero cabecean en señal de asentimiento y de vez en cuando me dedican una sonrisa luminosa.

«En nuestra sociedad —añade Jila— no ponemos el énfasis en lo económico, sino en el perfeccionamiento del hombre. Prueba de ello es que entre nosotros cuanto mayor es una persona más respetada es y mayor valor tiene, porque es más sabio, mientras que en Occidente los ancianos son relegados y no sirven para nada porque ya no producen. Claro está que nosotras, las mujeres iraníes, hemos luchado y tenemos que seguir luchando por nuestra liberación. Pero no admito que las occidentales estén más avanzadas que nosotras. En Occidente, por ejemplo, la mujer no está nada politizada. Y sin embargo, nosotras cumplimos un papel político de primera línea y nuestro juicio es respetado y tenido en cuenta.»

Y mientras habla recuerdo las últimas fotografías del Irán actual, la imagen de esas mujeres de ropas flotantes y frente cubierta que pelean en las esquinas calzadas con zapatos de tenis para poder correr mejor, es éste un Irán sorprendente y en ebullición sin duda.

De algún lugar en el interior de la casa surge la voz parpadeante de una radio. El locutor habla en farsi, quizá sea una emisora iraní. Alguien entra y dice que los soviéticos han regado de tropas las fronteras con Irán, dispuestos a intervenir en el país si los americanos intentan algo por su parte. La imagen de un Vietnam desgarrado por voluntariosos salvadores ajenos se cierne un momento en el ambiente, pero están todos demasiado felices como para no ser optimistas. «Quizá esto sea lo que decida el último levantamiento popular», dice uno.

Y se espera. Mientras tanto hablo con Nader. Nader tiene cuarenta años, el rostro rasurado, gafas de miope y una gabardina color miel. Vive desde hace mucho en París y en su apariencia hay algo conocidamente religioso, parece un hombre del Opus o un cura jesuita. Nader dice que sí, que la mujer es un ciudadano de segundo orden en el islam —la descendencia importante es la de Alí y no la de la hija de Mahoma; Nader mismo es descendiente de Mahoma por línea femenina—, pero que en Occidente tenemos ideas muy equivocadas respecto a todo esto. En la mujer descansa la responsabilidad cultural de la familia. Por eso, y desde siempre, muchas mujeres iraníes han sido profesoras. La hembra manda en la casa, en la educación de los hijos, la abuela puede regir a toda una extensa familia y sus consejos son órdenes.

¿El aborto? Bueno, es más factible en el islam que en el cristianismo, puesto que para el cristianismo el feto tiene alma y para el musulmán no. ¿La anticoncepción? El Corán no dice nada al respecto, pero Nader cree que la anticoncepción en Occidente sólo sirve para favorecer la promiscuidad sexual, la frivolización de las relaciones, y que eso no le interesa nada. «Pero la anticoncepción libera a la mujer de su papel solo materno», le digo. Y Nader explica que también eso es diferente en Irán, que allí las familias llegan a tener cincuenta miembros, que es la mujer, sí, quien da a luz, pero el cuidado de los niños es comunal, de tal forma que la madre no ha de verse esclavizada en la casa, puede salir, dar clases, hacer lo que le venga en gana.

¿Las relaciones sexuales? En el islam lo que se busca es la perfección del hombre. Por tanto, las relaciones sexuales, tan importantes, han de ser tomadas seriamente, no con frivolidad. No hay tabúes; en el colegio, junto a los fundamentos del Corán, los niños aprenden lo que es el sexo. Pero tampoco hay relaciones gratuitas: las parejas han de ser estables.

¿Y si el matrimonio sale mal, y si no se congenia? «Entonces —dice Nader—, está el divorcio, que es muy fácil: sólo requiere el consentimiento de ambos cónyuges.» ¿Y no está mal vista una mujer separada? «No —responde—; yo conozco a una anciana que estuvo casada siete veces, algunos de sus maridos murieron, de otros se separó porque no podían tener hijos. En fin, es algo normal.» Y, sin embargo, cuando después planteo al ayatolá Jomeini una pregunta sobre el papel de la mujer, el imán contesta: «La sumisión de la mujer de que habla el Corán no quiere decir servidumbre. Pero hay terrenos en los que el hombre concibe mejor los problemas que la mujer. Y es mejor que la mujer no se oponga a este tipo de supremacía, pues oponerse estaría en contra de su prestigio, de su dignidad y de su reputación como mujer. La mujer es libre y tiene el derecho de participar en todos los asuntos, pero el islam ha prohibido las cosas que atacan su dignidad y su castidad».

Y se espera. Los iraníes esperan la caída definitiva del sha, tan inminente; los colaboradores de Jomeini esperan la vuelta a casa, los ministrables esperan su nombramiento en el consejo revolucionario que regulará el referéndum y nosotros esperamos que Jomeini nos conceda una brevísima entrevista.

Es difícil ver al imán. Está viejo y ocupado, y en estos días finales, sobre todo, su tiempo se reparte entre los rezos y las decisiones políticas. Cada madrugada, a las dos y media, se levanta para orar, y su jornada termina a las once de la noche. Como es un mito, sus secretarios personales son el único vínculo de Jomeini con el exterior. Para hacer una entrevista has de escribir un cuestionario: «No más de cinco preguntas», dijeron. Hice nueve. El cuestionario es traducido por escrito al farsi y luego es estudiado por los secretarios. A las pocas horas de haberlo entregado viene Harad, el traductor, y me pide que lo acorte y que quite las preguntas personales, «a las que nunca contesta». Quedan seis preguntas, pero aun así es imposible verle el primer día. Hay que volver al siguiente, rogar o implorar a los atareados iraníes, que se deshacen en disculpas y en amables sonrisas. Al fin nos avisan al caer la tarde: el ayatolá espera.

Todos corremos, sus secretarios se afanan, el traductor muestra su agitación. Antes de entrar, tras descalzarme, me piden que oculte más mi cara con el pañuelo, «que no se vea nada del pelo». Entramos en el pequeño cuarto, también alfombrado, también vacío de muebles. En un rincón, junto a una piel de borrego sin curtir, está sentado el imán con las piernas cruzadas, las manos en el regazo, una sortija de plata con una piedra oscura en el meñique derecho. Jomeini mira fijamente un punto indeterminado del suelo, frente a él. La escasa luz del interior llena su arrugada cara de sombras, y sus cejas siguen pareciendo un añadido extraño al cuerpo. No levanta los ojos del suelo, no nos mira ni mira a sus colaboradores. Habla con voz pausada y extrañamente joven, como de hombre de cuarenta años. Y entonces comienza la pantomima: en cuclillas, con la cabeza inclinada para que no sobresalga a la del ayatolá, he de decir mis preguntas en francés. Uno de sus secretarios, arrodillado junto a mí, lee posteriormente la traducción hecha al farsi. El ayatolá contesta con su voz sin tonos que parece agua y Harad, el traductor, toma nota de sus palabras acodado en el suelo. Vuelvo a decir otra pregunta en francés, vuelve a leerla el secretario en farsi y así sucesivamente. Todo resulta bastante absurdo: ni sé lo que Jomeini está diciendo, ni importa lo más mínimo lo que yo diga, si hago la pregunta o cuento un chiste, puesto que el secretario no sabe francés y en cualquier caso se limita a leer las preguntas traducidas. Pero hay que cubrir las apariencias. Y el ayatolá, mientras tanto, habla y habla, sin mover un músculo, sin parpadear, serio y lejano, inhumano en su apariencia. Al terminar —¿diez minutos quizá, con todo?— desaparece sin decir palabra tras levantarse con inusitada agilidad: su mutis, por lo rápido, resulta casi mágico, como si rescatara en su huida el secreto de sí mismo.

Atardece. Hoy hay más policía que ayer, quizá por la crítica situación que se atraviesa. En Neauphle-le-Château se espera que la radio, de un momento a otro, anuncie que el sha ha abandonado Irán. Pero aunque Reza Pahlevi se vaya, se seguirá luchando si Bajtiar sigue empeñado en presidir un consejo de regencia. Así lo ha dicho Jomeini: «Continuará nuestra lucha hasta que el sistema monárquico desaparezca por completo, hasta que haya un Gobierno elegido por el pueblo, hasta que se establezca una república islámica».

Hace frío, y muchos de los que han venido para acompañar al gran imán dormirán sobre las alfombras de la casita comunal, aguardando el triunfo. Y mientras, rezarán con Jomeini sus plegarias, acortadas según la ley coránica por la idea de no permanecer más de una semana en este sitio. Irán les espera, al mismo tiempo próximo y lejano. Como dice Harad. *Inch'Allah.*

1979

Josep Tarradellas

Honorable, algo regio y casi genial

Hace ya dos años de aquel junio memorable en el que Tarradellas pisó por primera vez la Moncloa. Entró en el palacio balanceando su corpachón espeso, se presentó ante Suárez con rostro enigmático y dijo:

—Buenos días, soy el presidente Tarradellas.

—El presidente soy yo —repuso don Adolfo.

—Yo soy el presidente de cinco millones de españoles.

—Y yo de treinta y seis —insistió Suárez.

Entonces Tarradellas calló un instante sin descomponer su gesto impenetrable y después añadió con aplomo:

—Me parece que con usted no me voy a entender.

Y dio media vuelta y se fue. Estaba ya el honorable traspasando la puerta de la antesala con andares majestuosos, pero firmes, cuando le retuvieron los ujieres, los secretarios, los emisarios de Suárez. Recomenzó de nuevo la entrevista, y, bajo el peso de tan desafortunado inicio, la charla estuvo cuajada de desasosiego y desencuentros. Pero luego, al salir el honorable del palacio y encontrarse ante el acoso de la prensa, pintó una delicada expresión de complacencia y de beatífica paz en su rostro, dibujó sus rasgos achinados de inocencia, y contestó a los periodistas que la entrevista con el presidente Suárez había transcurrido en un ambiente de perfecta cordialidad y entendimiento, que la Generalitat sería restablecida en breve. Y mientras tanto, los emisarios de Suárez, los secretarios, los ujieres, corrieron despavoridos ante el presidente para informarle de las insólitas declaraciones que ante su misma puerta estaba haciendo aquel hombretón imprevisible.

Esta anécdota no es más que una de las muchas que conforman el mito del muy honorable Tarradellas. Es una versión de su primer encuentro con Suárez que, verdadera o falsa, merecería ser en cualquier caso cierta, porque a través de ella queda retratado el honorable, ese octogenario Tarradellas ladino y sinuoso, un hombre que sabe jugar fuerte y se complace en hacerlo, que reviste de venerabilidad sus acerados colmillos.

Dentro de dos días se cumplen dos años de su regreso a Barcelona, y dentro de cuatro se celebrará el referéndum autonómico. Lleva Tarradellas veinticuatro meses al frente de la Generalitat, y a lo largo de ellos ha provocado tensiones, pasmos y algún susto. Él es el presidente, el muy honorable, pero en su manera de mandar hay algo regio, pespuntes de monarca absolutista. La Generalitat, con él, tiene ribetes de corte y de milagro, y bajo sus canas y la sobriedad de sus arrugas Tarradellas esconde quizá una autoridad profunda, amor al mando.

Cuando llegamos a la Generalitat, Tarradellas ha tenido que ausentarse breves momentos para la toma de posesión del jefe de policía. En la misma puerta nos está esperando José María Ureta, de la oficina de prensa, «porque el presidente está preocupadísimo por su retraso, me ha pedido que les reciba, es un hombre extraordinariamente puntual y le desasosiega enormemente esta tardanza». José María, que es muy joven, como casi todos los colaboradores del presidente, nos enseña el palacio mientras tanto, una maravilla gótica de mil salas. En el salón de la balconada, un retrato del rey con el príncipe pende encima de la placa a los caídos, ocultándola, y en un pedestal, en donde antes estaba el busto de Franco, luce ahora un bronce de san Jorge y el dragón. Más allá, comunicada con la Generalitat por un puente, está la residencia particular de Tarradellas. Es en ese pasadizo, entre sus celosías, donde el honorable se asoma en las noches de triunfo del Barça, cuando una victoria de fútbol supone una concentración espontánea de enfervorecido pueblo, y el honorable, en pantuflas, pijamas crema y batín de terciopelo verde con un pañuelo exangüe asomando por el bolsillo, improvisa un discurso de júbilo desde el puente.

Pero ha vuelto ya el presidente, y entramos en su despacho flanqueados por Ernesto Udina («quédate, Udina, porque no tenemos secretos», le dice el honorable), un joven menudo y con bigote, responsable de la oficina de prensa. Tarradellas se levanta de su silla con trabajo, es una enormidad de hombre de huesos endurecidos por los años, su columna vertebral parece haber soldado y todo él escora hacia la derecha, como un gran buque agujereado que inicia con lentitud y dignidad un inevitable hundimiento. Así es que sonríe encantador y afable, se sienta en un sillón, y Antonio le pide que cambie de sitio, por favor, por necesidades de encuadre fotográfico:

Sí, sí, claro... ya ven ustedes, obedezco... Dicen que Tarradellas es presidencialista, que manda mucho, eh. En *El País*, como dice el señor Cebrián todos los días. Les pueden contar ustedes que Tarradellas no manda nada, que me dicen que cambie de sitio y obedezco...

(Cómo habla Tarradellas. Tiene una voz profunda y una vocalización indescriptible. Su castellano está a medio camino del francés del exilio, del catalán natal y de una masa informe de consonantes que se le apelotonan: cambia las sílabas, se come la mitad de las palabras y resulta heroico comprenderle. De hecho, dicen que en sus discursos públicos no se le entiende nada, cosa que, por otra parte, no mengua el fervor de la concurrencia. Porque la izquierda no le quiere y la derecha le mira con recelo, y, sin embargo, el honorable rezuma popularidad y provoca éxtasis. Todos los fines de semana, Tarradellas acostumbra a salir de expedición por Cataluña. Va en coche, y obliga al séquito a ir por carreteras, evitando autopistas: desea pasar por los pueblos, en parte para recuperar el paisaje de su recuerdo (cortado por el exilio), en parte para ser abrazado, vitoreado, estrujado por sus conciudadanos. Para hacer patria, en suma.)

Usted está en contra del Estatuto por la izquierda, y, sin embargo, todo el mundo le tacha de conservador.

Ah, yo soy muy reaccionario, sí; *El País* ha dicho múltiples veces que yo soy de la UCD, eh, que hago la política de la UCD en Cataluña, así es que yo soy muy partidario de la UCD, de Suárez, quizá de Blas

Piñar, eh, si quieren ustedes, pero esto me da igual, ¿no?, porque ahora dicen en Madrid lo contrario, ¿no?, dicen que me levanto, que hago la política de Herri Batasuna, y quizá mañana me dijeran que yo era el hombre de los comunistas, porque jamás, jamás, firmé un documento contra los comunistas en cuarenta años, ¿no?; entonces han dicho que soy de la CNT, de la FAI, han dicho muchas cosas, la gente no tiene en cuenta que no soy de nadie, no tengo diputados, no tengo partido, soy si acaso de Tarradellas y mis intereses son los del país.

(Y sin dejar añadir pregunta, sin escucharla, continúa:)

Porque a mí me votaron para ser presidente de la Generalitat todos los partidos, los comunistas, los socialistas, y ahora estoy aquí con la aprobación de todos, que todos aprobaron mi política y la aprueban constantemente, porque no sé que ninguno de estos partidos haya dicho que no está de acuerdo conmigo; si usted lo sabe, yo le agradeceré, porque yo no lo he oído nunca; los periódicos cuentan muchas cosas, y el que más cosas extraordinarias cuenta es *El País*, ¿no? claro que siempre se equivocan, ¿no?; pero, en fin, somos buenos amigos y yo soy demócrata; no me enfado, se lo aseguro, ni contesto nunca, porque yo tengo la idea de mantener la unidad de Cataluña.

Pero le han hecho muchas críticas, desde la izquierda, los consejeros, de todas partes.

Oh, todo el mundo me critica, mucha gente, pero me alaba mucha más gente que me critica, supongo. Porque los que critican no me lo dicen a mí, y mire usted, para criticar hay que decirlo cara a cara o por escrito, y hasta ahora sólo hay una o dos personas que usted conoce, pero somos cinco millones, y tendría que venir usted conmigo un día, ver las multitudes que me reciben, pero, en fin, no tengo que hacer mi propaganda, ¿no?; además, con el periódico de ustedes, ¿no?, que me están diciendo todos los días muchas barbaridades, mis amigos de *El País*, eh, y bah, créame, no las leo, mire usted, no las leo, pero ni una de ellas se ha confirmado.

Está usted a la defensiva.

Yo no me siento atacado por usted; usted me manda, sí me ha dicho que me sentara aquí y lo he hecho, ja, ja, pero mire, sabía que de momento usted no tenía coraje de plantear problemas que tiene en el interior de usted y que va a plantear antes de que finalice la entrevista, y entonces me he adelantado, no tenga complejos, usted puede preguntarme todo lo que quiera, que le voy a contestar todo, quizá me equivoco en mis contestaciones, muchas veces me equivoco, como todo el mundo, ¿no?, pero cuando hablo de la política de la Generalitat no me equivoco, porque mi pensamiento es el de todos los partidos que están en el Gobierno, y nadie ha dicho lo contrario, y si usted me demuestra que me equivoco, dígamelo.

Es una...

Ahora, lo que dice la gente, la gente dice muchas cosas de mí y de todos, y ahora le voy a hablar de otra cosa que acaso la preguntaría usted y me adelanto también, ¿no?; mire usted, yo estoy muy agradecido a los partidos que, como he dicho antes, nunca me han puesto ninguna dificultad ni nunca han votado en contra mía, y en esto jamás haré yo bastante para decir gracias, ¿no?, pero, usted, si me preguntara usted de qué estoy más contento, quizá me lo pregunte, le diré que mi gran satisfacción, mi gran victoria, es la de haber conseguido que no se rompa la comunidad entre catalanes y no catalanes, porque, evidentemente, en Cataluña había un miedo en los emigrantes, ¿no?, y esto es lo importante, que en Cataluña no ha habido nunca conflictos, ¿no?, y esto sin jactancia me satisface; porque si se hubiera roto esta comunidad, esto estaría peor que Vizcaya, y perdone que no le deje hacer la interviú que usted deseaba, contándole todo esto...

¿Sabe usted que en el archivo de *El País* tiene dos separadores de documentación? Más que Carrillo, tanto como Felipe. ¿Le halaga esto?

No, no, es que ustedes, en *El País*, mi amigo Cebrián, mi amigo Ortega, pues, y Polanco, me tienen simpatía, y por eso tengo tanto archivo, ¿no? Espero que usted también la tendrá después de esta entrevista, ¿no?

Pero ocupar sitio en un archivo es ocupar sitio en la historia, y dicen que usted ambiciona pasar a la historia.

No, ambición personal francamente ninguna, jamás he tenido, primeramente yo soy de una familia muy humilde, de obrero, ¿no?, que cuando era joven, pensar en ser concejal de mi pueblo, que es de cuatrocientos habitantes, hubiera estado muy contento, así que esa ambición no existe. Ahora, ambición de que Cataluña sea lo que debe ser, ésta la tengo plena, plena ambición de toda mi vida, y de que en estos momentos se consolide la democracia en España. Pero ambición personal, un señor que tiene mi edad, y se la voy a decir: ochenta años y doscientos treinta y siete días...

¿Los cuenta?

Ah, claro, como los soldados...

(Locuaz y simpatiquísimo, el muy honorable charla y charla sin esfuerzo, diciendo justo lo que le interesa decir bajo el informe torrente de sus palabras. Hoy muestra una expresión abierta, a veces aniñada, difuminada de ingenuidad. Pero tras los párpados achinados está su mirada, entre irónica y reticente, siempre en guardia. De cuando en cuando levanta la vista hacia Udina, para pedirle muda ayuda cuando se le atranca una palabra, o para verificar en algún punto que la cosa marcha bien. Tiene Tarradellas unas manos grandes y desarboladas, moteadas de pecas y de venas talladas, con las uñas crecidas y amarillas, unas manos como garras o quizá de escultura yacente y sepulcral, con las que se repeina de cuando en cuando los escasos y finos cabellos blancos con gesto coqueto y automático ante las fotos. Debe ser también coquetería lo que le impulsa a ofrecer al objetivo su lado bueno, el izquierdo, porque la sien derecha está marcada por una peca marrón de perfil desmesurado. Un día llegó un curandero de Sabadell a la Generalitat, asegurando poseer el secreto medicinal que libraría al presidente del borrón honorable de su peca: había que frotar dulcemente la mancha con papel de lija, y después, al brotar la primera sangre, aplicar salfumán sobre la herida. Y es que la Generalitat, ya está dicho, tiene algo de corte milagrosa, y a menudo llegan madres enfervorecidas que traen a sus niños para que sean pasados por las marmóreas manos del honorable, o ancianos con los ojos húmedos de recuerdos que depositan en conserjería un pequeño regalo para Tarradellas.

Pero le pregunto a Tarradellas si le molesta que fume, y él se apresura a contestar:)

No, no, fume usted... ni me molesta que venga en pantalones...

De eso quería hablar. Porque decíamos al principio que usted tiene una apariencia conservadora, con una vida familiar muy estable...

Sí, sí; la única mujer que he querido yo es mi mujer, llevamos cincuenta años de casados y tuvimos de relaciones ocho años; ahora se casan en ocho días... Mire, le voy a decir una cosa que tampoco me pregunta, pero que le diré, que yo enjuicio a los hombres políticos después de haber conocido a su mujer; ah, sí. Y no me he equivocado hasta ahora. Yo creo que el político, ¿no?, yo mismo, he triunfado por dos cosas que parecen anecdóticas, ¿no?; he triunfado porque tengo una mujer inteligente y porque tengo buena salud. Porque el político no puede tener mala salud, porque se pone agrio, se pone de mal humor, no rinde, no tiene el rigor, y su juicio no es preciso, y no quiero decir que el mío sea siempre preciso. Y es evidente que mi madre y mi mujer han influido mucho en mi vida, por su ejemplo, eh, y por su espíritu de sacrificio, porque la mujer de un político debe sacrificarse, porque es duro aguantar a un político. Yo he sentido que mi mujer, a la que quiero mucho, eh, pues ha aguantado, y sin el aguante de ella quizá yo no sería lo que soy, porque siempre voy con ella, y a veces pues tengo muy mal humor, eh, muy mal carácter, ahora soy muy simpático con usted, naturalmente, pero a veces tengo mal carácter por los problemas, las preocupaciones...

(Y metido en el tema, se lanza a contar una «anécdota», «una tontería que me ha pasado, como ejemplo»:)

Mire, ya sabe usted que he residido en Francia, en Suiza, en todas partes, y en una ocasión, era una Navidad en el año 1940, yo entonces me cuidé mucho de la emigración de los españoles a México, por eso me han detenido catorce veces en Francia, a este conservador y reaccionario, eh; Franco pidió mi extradición, en fin, ya sabe. Pero en estas Navidades resulta que recibí un telegrama de México, que firmaban más de cuatrocientas personas, felicitando las Navidades, y lo miré, lo dejé sobre la mesa, y mi señora lo leyó y a la media hora dice, oye José, falta fulano de tal. ¡Me indigné! Porque yo ya me había dado cuenta, pero al decírmelo ella no pude evitar mi indignación, mi enfado porque ese amigo no firmó el telegrama. Bueno, pues ésta es la influencia de la mujer, o con una mirada, a veces dicen cosas y te miran y piensas: he metido la pata. Porque la mujer en general tiene más tiempo para pensar, conoce más las pequeñas cosas. Y claro, hay mujeres que conociéndolas veo después al político y me digo: éste no va, éste no funciona, porque su mujer o su compañera, lo que sea, o es tonta, o es muy lista.

Y si es muy lista, también es peligrosa, claro.

Je, je, según el marido que encuentra, ¿no?, porque hay una compenetración... Yo, como mi vida con Antonia ha sido tan dura, tan durísima, que claro, es muy difícil no estar ligado con las mismas satisfacciones, los mismos peligros. La gran satisfacción que tengo en mi vida, mire usted, cuando voy por los pueblos, es que cuando salgo a la que aplauden más es a Antonia, más que a mí. ¿Es verdad o no es verdad? —Se lo pregunta a Udina y éste asiente en silencio—. Y al principio salíamos juntos, pero ahora ella dice que no, que no se da cuenta, y entonces se ha inventado un truco, y entonces me deja salir a mí primero y luego sale ella, y entonces gran ovación, ja, ja, ¿a que es verdad?; y el otro día me hizo un truco, que salió primero ella que yo y que el alcalde, y le dije: Antonia, eso no puede ser, ja, ja.

(Y hablamos de las discrepancias que ha despertado su gestión entre los políticos catalanes, de que algunos le consideren personalista y autoritario, que se enfadaron porque les sentó en torno suyo por orden alfabético, como el profesor a los alumnos:)

Ah, pero eso es normal, lo hacen en todo el mundo...

Sí, pero se enfadaron.

Sí, se enfadaron por una cosa, porque, mire usted, nosotros no hemos gobernado nunca, y Castilla hace cuatro siglos que gobierna. Aquí la gente no sabe gobernar, no es que yo sepa mucho, pero, en fin, goberné cuatro años y medio, tengo cierta experiencia, y además, que todo lo que he pedido en Madrid, todo lo he obtenido, los acuerdos Suárez-Tarradellas se han cumplido a la letra, todos los acuerdos, y no es que yo sea más listo que el señor Suárez, sino que cuando voy a Madrid voy muy pre-pre-prevenido, porque ellos saben mucho más que nosotros, porque ellos saben decir no, y los catalanes nunca dicen no en política, solamente dicen no cuando se trata de dinero. Y quizá yo no diga siempre sí, a veces digo «no», un no muy claro y muy preciso, y choca. Cuando yo voy a Madrid, voy pensando que ellos tienen la razón y no yo, y entonces ¿qué me pasa?, que me pongo siempre en guardia pensando que me van a engañar.

Dicen que es usted muy orgulloso.

No, tengo muchos defectos, pero el orgullo no; lo que pasa es que, mire usted, los hombres que tenemos un metro noventa, eh, y unos brazos así, eh, los hombres que cuando se van a poner en una mesa resbalan porque queda muy abajo, eh, en fin, el hombre que tiene cierta altura, generalmente no es muy simpático a la gente, porque la gente es pequeña, y entonces un hombre pequeño como el amigo Udina —Udina calla impertérrito—, ¿no?, que hace un gesto y dice tal cosa, su brazo no llega... yo, cuando extiendo el brazo tienen que apartarse porque les doy una bofetada, eh, y entonces digo ¡no!, y todo el mundo, pues, suena mucho, no puedo decir ¡no!, porque suena mucho. Udina, por ejemplo, dice «no» y no molesta a la gente —Udina sigue callando—, y esto me pasa por ser alto, porque en España, en general, el castellano y el catalán son de media altura, los vascos no, tienen hombres altos, y pasa una cosa: yo dije en Madrid hace dos años que Euskadi era el cáncer de España, pero también dije que había que pactar con la ETA, y es que si no se pactaba entonces no se podría pactar jamás, como ahora, que el problema vasco es gravísimo y no veo solución, francamente. Porque esto es la vejez de la política, y ahora me dirá usted: «Este hombre me viene ahora con De Gaulle»; pues sí, voy a salir con De Gaulle, porque cuando lo de Argelia, que era más grave que lo de aquí, dijo De Gaulle en un discurso famoso: «Jamás pactaré con ellos si no ponen las armas en el vestíbulo», pero decía esto y al mismo tiempo estaba pactando con Ben Bella, con todos, y eso es lo que hay que hacer.

Ya me habían dicho que usted querría ser De Gaulle.

Yo he tenido admiración por De Gaulle porque yo soy de izquierdas y pobre, y en Francia le votaban los pobres y la gente de izquierda, cosa que no saben los españoles. ¿Sabe que había más de dos millones de obreros que le votaban? Pero aquí lo comparaban con Franco, porque está claro, aquí no leen los periódicos franceses, porque la gente no lee.

También los alemanes votaron a Hitler.

Sí, pero esto... Yo conozco mucho Alemania y los obreros votaban a Hitler porque se morían de hambre, pero después lo derribaron y se mató... pero este tema es muy delicado.

(Dicen que cuando hay problemas, Tarradellas convoca el Consejo de noche y vence a los oponentes por agotamiento, porque él aguanta más que nadie, que es hombre acostumbrado a dormir poco y asombrosamente resistente. Tan resistente y tenaz que no cabe duda de que vive como si fuera eterno, y a sus ochenta años sigue teniendo secretos proyectos de futuro y una ladina paciencia de hombre con porvenir ilimitado.)

Volviendo al principio de la entrevista, y a lo de que usted era un conservador...

Eso, eso, empiece la entrevista, por favor.

... Usted prohibió llevar pantalones a las mujeres...

No, yo al llegar aquí encontré un estado de espíritu de la gente que me parecía que no era correcto; mire, mi señora, en casa, jamás se ponía faldas, y usted ha venido aquí y no la he hecho detener por los mozos de escuadra, ¿eh?; está tranquilamente aquí y no..., pero me parece que eso de los pantalones, la corbata, y el «tú», yo no tolero que nadie me hable de «tú», eh, en Madrid eso es muy corriente, ¿no?, cuando un señor me manda una carta hablándome de «tú» no contesto, porque es una cosa de intimidad. Mire, aquí está Udina, que es una de las pocas personas que yo trato de tú.

Pero Udina le trata a usted de usted.

Ah, naturalmente, si no, no le contestaría. A mí me parece que a este país le convenía... yo vengo de un país donde la gente es muy educada, Francia, y creo que los modos es algo muy importante, eh, este desbarajuste que hay en España me pareció mal, yo recibo a gentes que vienen en pantalones y sin corbata, pero no me gusta...

Y también obligó a los presentadores de la televisión catalana a salir estrictamente vestidos.

Ah, no, aquello era una cosa más grave, porque en la televisión de Madrid la gente va bien afeitada, bien vestida, bien arreglada y ciertos presentadores de aquí salieron en la tele metiéndose los dedos en la nariz, mal vestidos, hablando mal, rascándose, diciendo cosas impertinentes, las mujeres feas, más que feas, y mire, cuando uno se presenta ante dos millones de personas tiene que tener un poco de respeto a los espectadores.

¿Es una falta de respeto ser fea?

No, no me interprete mal, no es eso, pero me parece mejor que sean potables, ¿no? Y hay que ser inteligente, evidentemente.

(Hablamos de su vida de trabajo incesante y de la posible esclavitud de lo que él llama «la pasión política» y añade que)

Mire, no es una vida tan sin diversiones, yo soy un gran lector de poesías, perdone usted, y también me gusta mucho la música, esto le puede parecer una pedantería, pero Paul Valéry dijo que una palabra sola abre el horizonte a muchas cosas, y un solo poema puede dar muchas ideas, siempre he llevado conmigo unos volúmenes de versos; esto suena a paleto, pero no lo digo para darme importancia, la verdad. Pero eso sí, no he escrito nunca.

¿Y no le tienta escribir unas memorias?

Ah, esto sí, tengo bastantes cosas apuntadas, esto sí.

¿Y para cuándo lo hará?

Ya veremos, cuando deje esto de aquí, que espero que sea pronto, después de las elecciones de Cataluña; yo lo dije esto hace veintisiete años; cuando nadie quería ser presidente de la Generalitat, naaaaadie, se acordaron de Tarradellas, que siempre era el hombre que estaba en los momentos difíciles y graves, siempre, y dije que la aceptaba, pero que dimitiría en el momento en que hubiera un Parlamento que eligiera al presidente, y esto es lo que haré, yo siempre cumplo lo que digo, las cosas esenciales.

Creo que hay mucha gente que tiene miedo a sus memorias.

No, no soy un vendedor de azafrán, los políticos en general son vendedores de azafrán y yo no lo soy. Y me va a perdonar la frase, señorita, pero no soy hombre de puñeterías; no sé si esto es castellano...

Hablemos de lo que usted llama «su pasión política». A usted le gusta mandar.

Claro, y a usted también, no me diga que no, a las mujeres les gusta más mandar que a los hombres, dicen que no, pero bien que mandan..., mi señora siempre dice: «Yo soy una víctima, él manda». Tch, tch, nada de eso. Lo que pasa es que los hombres somos unos vanidosos y nos creemos que somos guapos e inteligentes y que la mujer es tonta y la podemos mandar, se equivocan, más inteligente es la mujer en general, y entonces te esperan en la esquina, y tú vas pasando y diciendo: «Yo, el más guapo, el más listo», y pafff, te dan la bofetada. El hombre en general hace de gallo y no debería.

(Tiene un sentido del humor tan fresco y punzante que sólo es comparable con su habilidad conversadora. Aplastada bajo el torrente de palabras, tengo la sensación de que me está mintiendo en todo lo que dice, como cuando asegura que no detiene a nadie porque lleve pantalones —al parecer despidió a una secretaria por este motivo—, o que jamás ha firmado nada en contra de los comunistas: la prensa ha reproducido cartas autógrafas suyas en las que denunciaba, por ejemplo, la penetración del PSUC en la abadía de Montserrat. Un conocido poeta catalán ha dicho del honorable que «es hombre que miente tanto que cuando dice una verdad se ruboriza». Pero sus posibles mentiras, en todo caso, parecen ser periféricas para él, y no afectar en nada el núcleo central de su concepto de dignidad, de esa peculiar y escrupulosa dignidad que él mantiene con orgullo.)

Parece usted un hombre muy puritano, con un sentido íntimo muy estricto de su comportamiento...

Sí..., claro, que a veces me he equivocado también; un día me invitaron a una cena los políticos más importantes del país; yo estaba en el exilio en Perpignan y claro, como tengo esta manera de hablar, verdad, y la gente no me conoce a fondo, estábamos a los postres y entonces uno me dijo: «Señor presidente, usted, que es muy inteligente, que acierta siempre, nos gustaría saber su pensamiento sobre las elecciones». Y yo contesté, debo decir primero que yo me equivoco, sí, mire usted, yo me equivoco muy a menudo, hoy mismo me he equivocado, y el hombre me pregunta: «¿En qué?». En venir a cenar con ustedes, dije, me levanté y me fui al hotel.

Luego dice que no es orgulloso.

No es orgullo, esto es ser correcto, porque no se puede decir esto; quiere hacer una adulación y es casi un insulto, yo me equivoco, me he equivocado muchas veces en mi vida, desgraciadamente, y he acertado otras, pero es insolente el plantearlo así, ¿no? A hacer gárgaras.

Hablaba usted de que los hombres son gallos. Usted más bien es un león.

No, no, león no, eso es la altura; soy un hombre muy emotivo, muy de casa, de familia, tradicionalista en el sentido de gustarme conservar la tradición, eso es muy de payés...

(Pero ya termina la entrevista, y el presidente, con rígido bamboleo, baja al patio de los naranjos para hacerse fotos. Su salida es acogida con gran revuelo de ujieres, secretarios y guardas uniformados, los mossos de escuadra. Pide el honorable que me den unos libros sobre la Generalitat en castellano y catalán y diez personas se movilizan al tiempo, corren desalados a traer los gruesos volúmenes. Tras posar ante la fuente, Tarradellas insiste en hacerse una foto conmigo.)

A ver, deje usted eso.

(Y señala los libros: unas manos uniformadas se apresuran a quitármelos. «Y eso también», y alguien me arranca el bolso y la chaqueta. «Es que por lo de los pantalones paso, pero con todos esos bultos ya me niego», musita el honorable a mi lado, mientras posa con sonrisa imperceptiblemente rota por sus palabras. Después, rodeado del ansioso enjambre de subalternos, el honorable pregunta si tenemos coche, mientras el séquito se esfuerza denodadamente en adivinar sus deseos.

«No puede ir usted así de cargada», dice el presidente señalando por segunda vez los volúmenes: un ujier me los arrebata de nuevo en contra de mi voluntad y tras breve forcejeo. «Que les lleven en coche», está ordenando mientras tanto Tarradellas sobre las cabezas de su gente, y un coro de asentimientos urgentes se eleva en derredor. Ya nos despedimos, el honorable gira su corpachón con dificultosa maniobra y comienza a subir las escaleras. Nosotros nos dirigimos hacia la salida, el ujier que lleva los libros va dos pasos por delante. «Oiga, déjelo, devuélvame eso, no se preocupe», le digo. El hombre mira por encima de su espalda con el rabillo del ojo, me hace un gesto cómplice: «Espere, espere, que aún nos ve el honorable», y dos metros más allá, al abrigo del quicio de la puerta, me da los volúmenes con sonrisa de alivio, ese mismo alivio distendido que parecen sentir todos una vez que el presidente ha desaparecido de la vista. Tras el alboroto confuso y cortesano, en el patio de los naranjos vuelve a reinar la calma. Allá dentro, en alguna dependencia gótica, queda el presidente, último De Gaulle vivo de la historia, soberbio león de aguda mente, caballero y malandrín al mismo tiempo: un Tarradellas que roza lo genial.)

1979

Lucía Bosé

En su casi paz

Ya sabes, esos diarios que escribes a los dieciséis o diecisiete años, bueno, pues un día los quemé todos; me dije: «¿Para qué tener estas cosas?». Pero Mauro Bolognini me quitó uno y lo guardó, y hace poco me dijo: «Yo tengo un testigo de tus dieciocho años» —finge tono solemne y misterioso—, y yo, ¿qué tendrá, qué tendrá? —inquieta—; Mauro, dímelo —implorante—. «Pues un diario que estabas quemando y que te quité...»

(Lucía Bosé tiene las arrugas mejor asimiladas que he visto nunca. Y hay muchas en su cara, arrugas, arruguitas y arruguillas que quizá otrora nacieron como hoyuelos, porque ya se sabe que el destino de todo hoyuelo es el de traicionarnos y convertirse en pliegue con los años. Qué hermosa está Lucía Bosé, con ese rostro tan marcado de vida, desplegando con sabiduría su capacidad de seducción, de la que a no dudar es muy consciente. Viste un informe y disparatado jersey azul marino, con un ratón Micky en la pechera; horada su oreja izquierda con cuatro agujeros adornados de cuatro pendientes, hace tintinear los muchos collares que lleva enrollados en el brazo, sonríe y toma el sol.)

De cuando en cuando quemo todo, porque me molesta vivir del pasado, de los recuerdos. A mí lo que me interesa es el futuro, siempre el futuro. Hay veces que me saca de quicio la Tata, porque ella vive de recuerdos, ¿se acuerda usted? —nostálgica—, no. Tata, no quiero recordar —tajante—, y entonces cada vez que es el cumpleaños de mis hijos me hace parir otra vez, ¿se acuerda usted?, son las diez, ya tenía los

113

dolores fuertes, está por nacer —emocionada—, ay, Tata, déjame en paz, no quiero recordar, déjame —con exasperación—, ¿tú sabes lo que es tener que parir cada año de nuevo?, ja, ja, ja... ¿La Tata? Uf, lleva toda la vida con nosotros, estaba ya con mi marido, ha criado a los niños.

(Hace una tarde espléndida y estamos en el jardín, en el gran jardín de Somosaguas, muy verde en esta madrileña primavera. Los dos perros merodean nuestros sillones y hay un sosiego absoluto en el ambiente, como un sopor de agosto.)

¿Que por qué sigo interesando a la gente, a pesar de no hacer entrevistas, de vivir casi recluida? Pues no sé, pero yo creo que tienen el recuerdo mío a través de mi marido, que siempre está actuando, a ése sí que le encanta todo lo que sea interviú, todo lo que sea publicidad, y no lo esconde, o bien a través de mi hijo, ahora. Y entonces, claro, parece que apoyándome en mi marido o en mi hijo sigo manteniendo ese interés. Yo siempre digo que pasaré a la historia como mujer de Dominguín, fíjate qué maravilla, ja, ja, ja, y ahora como madre de Bosé, pero no digo esto con rencor, al revés, me encanta.

Es curioso, siendo usted una mujer inteligente...

Al contrario, soy muy inculta y poquísimo inteligente, de verdad.

Y buena actriz, dejó su carrera para convertirse, como usted ha dicho, en esposa de Dominguín y ahora en madre de Bosé.

Bueno, es que yo siempre he dicho que hice cine por equivocación. No es que haya abandonado mi profesión por ser una madre o una esposa, porque además no me gusta ni ser esposa ni ser madre; me gusta ser amiga. Yo hice cine de casualidad. Nunca estuve convencida de lo que hacía, sobre todo por una cuestión de salud: parece extraño, ¿no? Es decir, yo hubiera querido ir a más, una vez que estuve dentro del cine, pero nunca pude hacer más porque estaba enferma del pulmón. Por ejemplo, nunca pude hacer teatro porque tenía sólo un pulmón, tuve tuberculosis, me operaron, y tuve paralizado un pulmón desde los diecinueve a los veinticinco años, que fue cuando me casé. Era una cosa que me daba vergüenza decir, me inventaba todas las excusas posibles: «Yo no hago teatro porque...» —con voz engolada—, todo con tal de no decir la verdad, que me daba una vergüenza terrible; en aquella época ser tuberculosa era, no sé, algo como...

(Una muchacha morena, joven y guapa, sale de la casa cantando a voz en grito. Al fondo, junto a la piscina, un hombre canoso, con una mujer mayor apoyada en su brazo, cruzan el césped calmosamente.)

Así es que siempre me encontré incómoda en mi trabajo, y entonces me casé, y dije: «Dejo todo, quiero casarme, quiero tener hijos». Y en el fondo estaba encantada de esta vida; pero, claro, llegó un momento en que noté que me faltaba algo, que me faltaba el arte, porque ser sólo madre y sólo la mujer de un torero, pues no... Además, aquella era una época, no sé si te acuerdas, de fiestas, de cócteles, que no me iba. Lo acepté porque, como mujer de Luis Miguel Dominguín, tenía que hacerlo, pero ¿tú me ves a mí en cacerías, con una escopeta, a caballo...? Yo creo que hice todas esas cosas como para forzarme, ¿no?, para ver si de verdad estaba hecha para esa vida o no. Y entonces comprendí que no, que el matrimonio no era la cosa definitiva de mi vida. Aunque si me tuviera que volver a casar lo haría otra vez con el torero; con eso no quiero decir que...

(Por detrás de Lucía, sobre el bien cuidado césped, un quinceañero atraviesa el jardín como una flecha a lomos de una moto, llenando el silencio de un ruido horrísono, sin que la Bosé se vuelva siquiera a mirar.)

Yo había dejado el cine durante trece años, y cuando me separé de Luis Miguel volví de nuevo. Pero, claro, después de trece años, encontré otro cine, otras cosas, fue un poco duro para mí. Hice bastantes películas entonces, era el año 1968, creo; hice bastantes porque tenía que vivir, tenía que ganar dinero. Porque yo volví al cine para rehacer mi vida: no quería ser mantenida por mi marido ni tener una vida cómoda no merecida; así es que necesitaba sacar esta casa adelante.

Y, de alguna manera, me gustó más mi profesión cuando volví, más que antes; yo no sé si era la salud la que me retenía cuando comencé.

Después de trabajar mucho, a finales de los sesenta ha vuelto a medio abandonar el cine.

No, no lo he dejado; lo que pasa es que no me gusta hacer cuatro o cinco películas al año. Ahora que trabaja mi hijo puedo permitirme el lujo de hacer una cosa al año, máximo dos, pero no más, porque quiero también dedicarme a estar en Somosaguas, quiero disfrutar un poco de mi casa, de mis cosas, del jardín, de la huerta, dedicarme a leer, plantar lechugas, cavar las patatas con mi madre, recoger los siete huevos de nuestras siete gallinas.

(Cuando habla, Lucía parece estar jugando a las charadas. Ríe mucho, gesticula, actúa, exagera: parece gustarle mucho hablar y hace de su charla un espectáculo, una representación. Finge tonos de voz de unos y otros, cambia el gesto imitando a las personas. Su belleza podría ser de esfinge si consiguiera permanecer algún instante quieta, lo cual es improbable. Sus arrugas, está claro, son de vitalidad.)

Me acuerdo que un día iba por la calle y me encontré a Viola, a Viola le debo el cambio de mi vida, porque iba por la calle, se para y me dice: «Pero, coño» —adusta y enfurecida—, con ese lenguaje que tiene Viola, «pero, coño, cómo estás, estás muerta» —de nuevo adusta y enfurecida—, así, exactamente esta palabra. Yo me quedé... —y pone cara de sorpresa, de temor, de pasmo, la cara con que se quedó—. «Pero Viola, ¿cómo que estoy muerta?» —lastimera—. «Mira como andas, con esa cara, con esa pinta, estás muerta del todo, eres una traidora de tu arte» —furiosa—. Yo me quedé..., me vine a casa y me dije: Viola no es un imbécil, no es un señor que te dice una cosa por decir, lo ha dicho porque me ha visto, porque un pintor ve las cosas, ¿no?, es como un vidente. Así es que me dije: pero tiene razón, yo estoy muerta, ¿qué hago yo aquí? Y entonces fue cuando decidí romper con todo, fui a mi marido y le dije: «Se acabó, vive tu vida y yo vivo la mía». Y después inventaron todo lo que han inventado, porque han dicho de todo, pero no es verdad, porque aquello prácticamente lo decidimos los dos y nos separamos así. Yo me la jugué, lo reconozco. Le dije a mi marido: «Quiero salir de esto sola, volver a lo que yo era antes». Fue muy duro para mí, porque me encontré sola en un país extraño. Pero soy bastante bruta, las cosas fáciles a lo mejor me acobardan, aunque lo dudo, porque no me acobarda nada, pero cuanto más difíciles son las cosas más me empeño en solucionarlas sola. Y me entró una fuerza tremenda. Fue increíble, porque al día siguiente de separarme de mi marido me llamó Portabella y me propuso una película, *Nocturno 29*, y al terminar esa película me propusieron otra en Italia, y luego otra... Y yo digo siempre que alguien me protege, porque en los momentos más difíciles siempre encuentro una luz.

(Vuelve a pasar el quinceañero motorizado bajo los magnolios envuelto en un zumbido y ahora provisto de una gorra de visera y de una especie de maleta, como si marchara de viaje a algún lugar remoto dentro de las tapias del jardín.)

Recuerdo que en aquella época estaba rodando un día una escena, en Italia, a las cinco de la mañana, y había un diluvio... Y el director me dijo que tenía que correr bajo la lluvia. ¿Tú sabes lo que es correr a las cinco de la mañana bajo aquella lluvia, ya no con dieciocho años, y hacerlo una vez, y otra, y otra más? Estaba empapada y hubo un momento en que estaba corriendo y me dije: pero quién me manda a mí hacer esto —tono de desesperación—... Y de repente me dije: ¿cómo que quién me lo manda hacer? Mira, antes que volver a lo de antes, después de todo lo que he pasado —eufórica—... Y apreté a correr de tal manera que hasta el director me dijo: «Pero ¿qué te pasó por la cabeza que de repente saliste como un rayo?». Y yo corría como una loca bajo la lluvia, con un entusiasmo que no te puedes imaginar.

Dice usted «después de todo lo que había pasado» ¿Fue muy duro?

Sí, muy duro, porque piensa que en mi época yo fui la primera en separarme, y separarme además de un monstruo; hasta mis amigos me

decían: «Pero ¿cómo has osado decir tú no a un Luis Miguel Domin-
guín?» —con gestos desmesurados y voz reprobatoria—, ¿comprendes? Y me cerraron todas las puertas. Y yo encantada, eh, para qué te
voy a decir lo contrario, yo encantada de que me cerrara esa gente
todo tipo de puertas y ventanas. Porque yo era una pecadora, yo era
de todo en esa época, no te puedes imaginar; me dijeron de todo: que
era una borracha, que era una drogadicta... No sé qué tiene que ver
una separación con todas esas cosas, la verdad. Y después me encantaba porque venían estas amigas muy decentes, claro, feas y gordas
como eran, ya lo creo que eran decentes, y entonces me decían: tú me
dirás, con treinta y cinco años, guapa, separada y del-ga-da —con voz
aguda, cursi y malévola—, ja, ja, ja, esa frase siempre se me quedó en
la memoria, y delgada, decían, como si fuera un pecado ser delgada...
Así es que antes todavía de hacer nada ya me daban completamente
por perdida, y entonces, en un cierto momento, me dije: ah, sí, visto
que lo dan ya por hecho, entonces hay que divertirse.

(Lucía Bosé ha representado durante años el escándalo, la perversión,
lo prohibido. La estrecha sociedad española de fines de los sesenta la
condenó, pero mantuvo al mismo tiempo una secreta admiración por
ella, casi un orgullo: el orgullo patrio de poseer en el país un personaje sofisticado y supuestamente inmoral, capaz de competir con otras
especies europeas. De otro modo, no se entiende la fascinación morbosa que Lucía ha provocado en el ciudadano medio durante años, la
necesidad de imaginarla en pleno desenfreno, de inventarle horrores y
desmanes, amores múltiples y orgías de sexo ambiguo en el jardín de
su casa, en este jardín tan doméstico y tranquilo que pasó a representar
el paraíso del vicio. Lucía se convirtió en la pecadora oficial de España,
elegante, hermosa, displicente. Una pecadora envidiada y temida, una
pecadora necesaria: porque toda moral exige transgresores.)

Fue un escándalo horroroso, sí; pero, mira, como yo no vivo de la
gente, me da exactamente igual lo que se diga. Claro que nunca se
atrevió nadie a decirme las cosas a la cara, porque saben que puedo fulminar; vamos, las injusticias no las tolero, me vuelvo una leona,
eso y que me toquen a mis hijos, bueno, la tigresa de Bengala, que es

como me llaman aquí en casa, porque dicen que no mato, pero que doy zarpazos.

Y todo empezó cuando la nombraron *miss* Italia, cuando usted tenía dieciséis años.

Fíjate, y aquello fue una broma, parece mentira. Había un concurso fotográfico de selección para el premio de *miss* Italia, y unos amigos mandaron mi foto sin que yo lo supiera. Y mi foto fue la que ganó, así es que un sábado compré el periódico, todos los sábados lo compraba, porque era cuando venían las novelas, y miro y veo: Lucía Bosé, de Milano, ha ganado el concurso. Mira, me quedé... Pero ¿ésa soy yo...? Bueno, llegué a mi casa y me dieron una paliza descomunal, porque entonces ir a un concurso, pues... Mi familia era de obreros, ni eso siquiera, porque toda mi familia era de campesinos, mis padres fueron los primeros que se trasladaron a la ciudad. Y fue un escándalo en toda la familia, me dieron una paliza, porque entonces no se hablaba, se pegaba, y hacían muy bien, ja, ja, ja. Ahora hablamos demasiado. Y yo decía: no tengo la culpa. Me dieron tal paliza que los vecinos, que eran los padres de mis amigos, le dijeron a mi madre: no tiene la culpa, fue una broma, ella no sabía nada. Pero, claro, me invitaban a ir al concurso, y entonces mi hermano, el que ahora vive conmigo, me dio tal bofetada que me puso el ojo así —y señala con la mano una considerable turgencia—, y me decía: si vas al concurso a esta casa no volverás jamás —con tono de ultimátum—. Y mi madre se picó entonces con mi hermano, porque decía que era ella en todo caso la que tenía que decidir, y así, por el enfrentamiento entre los dos, fue mi propia madre la que me llevó al concurso. Y lo gané.

(Así es que Lucía vivió un año con un contrato como *miss*, cien mil liras al mes y la obligación de hacer giras publicitarias. Le hicieron una prueba para cine, «pero no salió entonces nada». En este momento llega la Tata a la casa con una brazada de revistas y le advierte a Lucía que tiene que leer no sé qué artículo, para desaparecer después en la penumbra de la casa.)

Entonces Giuseppe de Santis buscaba una chica para su película, y Visconti le dijo que por qué no me hacía una prueba. Es increíble, porque esta película, *Non c'è pace tra gli ulivi*, tenía que haberla hecho la Mangano, y se quedó embarazada, y por eso tuvieron que buscar una chica en una semana, porque la Mangano estaba vomitando y todo eso. Y por eso empecé en el cine como protagonista, antes de saber siquiera si el cine me gustaba o no. Hice una prueba, salió; Raf Vallone hizo una prueba, salió, y los dos éramos dos párvulos. Nos encontramos y nos odiamos en seguida los dos, ja, ja, ja; fue inmediato, una especie de antipatía increíble. Así es que empecé esta película, y de repente me di cuenta de lo irresponsable que era, metida de protagonista sin tener ni idea. Y mi vida cambió, me fui a Roma a vivir sola; con dieciocho años, yo quería ser libre y tuve el coraje de irme sola, sin ninguna ayuda. A veces, si tienes el coraje necesario para hacer las cosas, las cosas salen bien. Hay que echarse a volar; si te rompes una pierna, ya se te curará. Por eso yo, a mis hijos, les doy cada empujón...; hala, a volar, no tengáis miedo. Si te caes, ya te levantarás; adelante.

Si no hubiera sido por el cine, ¿se hubiera marchado también de su casa?

Sí, sí; aunque no era algo normal en aquella época, pero yo sentía la necesidad de hacer algo.

¿Escribir, quizá, ya que escribía aquellos diarios?

No sé..., me gusta mucho escribir; sé que lo hago bastante mal, pero me gusta; para mí es como un desahogo; lo hago casi todos los días. Pero escribo mal, ya digo.

Tiene usted tendencia a decir que hace mal todo, que es inculta, que no sabe escribir. Hay un tipo de modestia que es propia de las personas muy orgullosas.

Yo no sé si soy orgullosa, no me gustaría. Pero, eso sí, lo que me gustaría es saberlo todo. Yo creo que la sabiduría es como un traje en el que estás cómoda, ese traje que te sirve para todo. Lo más importante para mí es alcanzar esa sabiduría, ese equilibrio que te hace ver las cosas, que te hace comprenderlo todo, lo blanco y lo amarillo, lo bueno y lo malo. Pero este equilibrio es dificilísimo, porque veo que estoy encerrada en mi casa, que es mi isla, y ni aun aquí consigo el equilibrio, porque el teléfono suena continuamente, porque a la Tata le da el ataque, porque las fans llaman a la puerta, porque llega mi hijo enfadado... Y si sales de aquí ya te puedes morir, claro.

Usted apenas sale...

Casi nunca salgo, pero de cuando en cuando lo tengo que hacer, porque..., bueno, soy paloma mensajera de mi hijo, camarera, cocinera, realizadora, secretaria, telefonista, con él soy todo, pero siempre de segundo grado, porque de primero siempre está el mánager oficial, la secretaria contratada, todo eso; yo soy la segundona, ja, ja, ja, pero esto, todo esto me es suficiente; yo he elegido esta vida; nadie me la ha impuesto. Yo de la vida no espero más que alcanzar la paz, el equilibrio, la tranquilidad. No espero nada más.

(Una muchacha joven y guapa, rubia y con el pelo casi al cero, aparece en la puerta de la casa y se apoya en el quicio con aire lánguido. «Me voy a la montaña», le dice a Lucía en italiano. La chica lleva botas de tacón alto y un sofisticadísimo y liviano atuendo a lo punk pasado por alta costura.)

Y la muerte... A mí la muerte no me da miedo en absoluto, porque como creo que soy inmortal... Ja, ja, ja... No me da ningún miedo, porque he vivido tanto y tan bien, y he tenido tantas cosas buenas y malas, que aunque me muera, no importa. Y además, yo creo en la reencarnación, ja, ja, y como sé que voy a tener otra vida mejor, pues lo que hago es prepararme. Porque ése es el defecto de la gente, que no prepara su muerte, sólo prepara su vida. Y yo la acepto cada día, porque llevamos dentro la vida y la muerte, son dos hermanas inseparables, hay que amarlas por igual.

Usted tiene cuarenta y nueve años, ¿no?

Sí, cuarenta y nueve... Y mira, la madurez es estupenda. Si a mí me dijeran ahora que podía volver a algún año pasado, volvería a los cuarenta. De los cuarenta para acá han sido los años más maravillosos, más estupendos, más maduros de mi vida. Pero yo creo que llegas a esto si a los veinte los preparas. Porque todo lo que haces a los veinte, lo que proyectas, lo que piensas, lo que decides ser, se realiza cuando alcanzas los cuarenta. Ahora, si tú a los veinte no te interesas por nada, si no piensas, si no tienes inquietudes, los cuarenta serán fatales. Yo creo que para una mujer hay dos edades vitales: los veinte y los cuarenta. Los veinte, cuando eres una mujer, y los cuarenta, cuando dejas de serlo para entrar en otra cosa que es mucho más importante.

¿Deja de ser una mujer?

Biológicamente, me refiero... La mujer siempre tiene miedo a hablar de la menopausia. Bueno, la mujer y el hombre, porque el hombre es peor todavía en esto. Pero parece como si diera vergüenza hablar de estas cosas. Yo encuentro que si la mujer lo acepta, que no es exactamente esta la palabra, porque no es una cuestión de aceptar, de renunciar, sino que es algo que te llega naturalmente, y que habría que asimilar también con naturalidad. Bueno, pues si la mujer lo asimila, se entra en otro nivel de vida aún mejor. Pero la mayor parte de las mujeres se agarran a las cosas. Dicen: «Ya no soy joven, ya no soy mujer». Es absurdo.

La cuestión está, quizá, en no considerar la menopausia como una frontera, a partir de la cual tengas que renunciar a vivir.

Por supuesto. Yo no quiero renunciar a nada, quiero llegar a las cosas naturalmente. He llegado a los cuarenta años, no soy ninguna santa; me he separado de mi marido y me he enamorado otras veces, he tenido amores, no he renunciado nunca a nada y lo he encontrado natural. Pero no sé, de repente, a los cuarenta, sin renunciar, he tenido un cambio que me ha llegado no sé cómo. Sin renunciar, insisto, porque con la renuncia se vuelve de nuevo a los mandatos...; no tienes que hacer esto, no tienes que hacer lo otro —con un dedo amenazador y voz autoritaria—, y entonces estás reprimida, y un día explotas..., ja, ja, ja; es así, ¿no? Así es que, ¿por qué renunciar? Pero al mismo tiempo, si hay una cosa que no necesito, ¿por qué forzarme a hacerla? Te dicen: «Tienes cuarenta y nueve años, aún eres joven, ¿por qué no tienes un...?». Pues no lo sé, no tengo tiempo, no es que no me apetezca, es que no es el momento. No he renunciado; quizá algún día entre en casa un señor maravilloso y a lo mejor me vuelvo loca por él, pero ahora no lo necesito. Mira, es lo mismo que el tabaco. He dejado de fumar porque estaba muy mal, completamente intoxicada, llegaba a desmayarme, me dolía la cabeza. Y llegó un momento en que me dije: «O dejas de fumar, o sigues así, hecha polvo». Y lo dejé. No fue una renuncia, fue algo natural, necesité dejarlo.

(La muchacha morena y guapa del principio aparece de nuevo y atraviesa la escena gorjeante y dando saltitos de pura juventud, mientras el motorista loco da una vuelta a la piscina entre explosiones y desaparece por el foro.)

¿Qué es el amor? Ja, ja, ja; es como un sarampión, que como no pongas una luz encima de tu cabeza, lo mismo te deja ciega... Yo he sido muy enamoradiza, sí, pero nunca he sido esclava porque, sobre todo cuando he trabajado, siempre ha sido más importante para mí el trabajo que el amor.

Y sin embargo, se retiró usted trece años del cine por un amor.

Pero era más un amor a la familia, porque quería casarme, porque quería tener hijos, no sé... Mira, siempre ha sido más importante para mí un amigo que un amor; lo necesito más, porque un amigo está siempre allí, y un amor... Tengo cantidad de amigos hombres, amigos nada más, con quienes nunca ha habido nada, y estoy feliz con ellos; con un amigo puedes viajar, puedes compartir cosas, puedes estar un año sin llamarle y no pasa nada; con un amigo, todo. Y con un amor, en cambio, uf... No me has llamado, no me has dicho te quiero, antes me mandabas flores y ahora ya no —poniendo tono de insistente y pesado reproche—... Y todos caemos en eso, eh, porque también yo he caído en esas cosas, y después te ves a ti mismo y te dices: «¿Pero yo soy ésa? No es posible». Es como si dentro de ti hubiera otra persona, que te empuja a hacer cosas que tú no quieres. Y así, dices: «¿Vamos a cenar o no vamos a cenar? Te tengo dicho que a mí me gusta ir a este restaurante, pero tú siempre te empeñas en ir al otro; por cierto, hoy no me has dicho ni una vez te quiero» —imitando una nerviosa impertinencia—... Ja, ja, ja... Es ese bicho que llevamos dentro y que nos sale; tú intentas detenerle, le dices: «Vete para dentro, cállate, ¿por qué dices esa tontería?», pero es más fuerte que tú y terminas diciendo lo que el bicho quiere, todas las tonterías; desciendes a un nivel de bajo cero. A mí me da una rabia increíble. ¿A ti no? Después me daría contra las paredes. Pero ¿por qué habré dicho eso; por qué habré dicho eso; por qué habré dicho eso? —con aire atormentado—, pero es que sale el maldito bicho, ese «Alien», como yo digo, que corría por todos los sitios como loco cada vez que me enamoraba. Y cuando no te enamoras, claro, te va todo perfecto, perfecto siempre: te dicen que te quieren hasta la saciedad, hasta que tú empiezas a decir: «Pero qué pelmazo, que se calle ya; otra vez diciéndome te quiero»... Ja, ja, ja... Por eso prefiero a los amigos, porque con ellos todas estas cosas no suceden.

(La Bosé posee un sólido sentido común y un fuerte carácter. Pese a ello, parecería que hubo muros que no pudo derrumbar: eran otras circunstancias, otra época. Durante años fue sólo ama de casa, y como ella dice: ha pasado de ser esposa del torero a convertirse en madre del cantante. Tiene esa peculiar inseguridad en su propia valía —«No soy nada inteligente; soy tan inculta...; escribo muy mal; no sirvo para dirigir cine porque no sé; no entiendo nada de política», todo ello dicho muy en serio, muy creyéndolo—, que sólo se puede encontrar en algunas mujeres. Pero es una persona que parece estar acostumbrada a pensar mucho. Así, pensando, ha llegado quizá a comprender su vida como la mejor posible, y hoy planta patatas en su refugio, dispuesta a encontrar la calma, autorrelegada a lo doméstico. Es una vida simple y transparente la de esta Lucía Bosé que encarnó el abismo y el misterio.)

La gente se enfada tanto, se cabrea tanto con las cosas... Yo creo que la vida, la sabiduría en la vida se alcanza proponiéndoselo uno, afrontando las cosas sin mal ceño. Hay que ser más fuerte que las cosas, y si te lo propones, llegas a ser capaz de superarlo todo. Últimamente yo es que ni me inmuto.

1980

Indira Gandhi

La soberbia de la heroína

Los despachos burocráticos de la India, los despachos oficiales, poseen todos una característica chocante: al otro lado del escritorio, frente al titular del cargo, se alinea un disparatado número de sillas, seis o siete, en rectilínea formación, bien pegadas al borde de la mesa: como si todos los asuntos tuvieran que tratarse ante un tropel de interlocutores, como si en vez de ser un despacho oficial fuera un aula parroquial para enseñar catequesis, pongo por caso. No dejó de intrigarme tal derroche de ordenada sillería y deduje, en apresurada y esquemática meditación, que debía de ser una prueba de las diferencias entre Oriente y Occidente: nosotros, que cultivamos el individualismo, ofrecemos un único sillón al visitante, mientras que en la India, en donde prima lo colectivo, hasta las audiencias privadas son en masa. Pero fue cuando nos recibió Indira Gandhi cuando comprendí de manera práctica el significado de la colección de sillas: para mi sorpresa, con nosotros entró Sharada Prasad, el asesor de información de la primera ministra, y luego un señor taciturno que llevaba un magnetófono entre las manos, y después otro señor, también silencioso, provisto con un bloc de notas, y el caso es que éramos muchísimos, y todos nos sentamos rígidos y alineados frente a ella: nunca había hecho una entrevista con tanto personal delante. Así es que el caballero enmudecido de mi izquierda aprieta el botón de su grabadora, y el callado caballero de la esquina se abalanza sobre su cuaderno, pluma en mano, como galgo en tensión esperando la salida. Y comienza la entrevista. «La verdad es que casi le tengo un poco de miedo —digo—, porque he oído que usted es una mujer dura, seca.» Indira Gandhi redobla entonces su sonrisa cauta, pero acogedora, con una amabilidad que raya en gesto maternal, como diciéndome que la suspicaz desconfianza que parece demostrar la presencia de su amanuense y de su técnico en magnetófonos —que recogerán la entrevista por partida doble para sus archivos— no es más que un espejismo.

Hija única de Nehru, Indira participó desde niña en la lucha contra la dominación británica. Su padre, su madre, su tía Laksmi, toda su familia entró repetidas veces en la cárcel. La Indira niña tuvo que permanecer largas temporadas sola con los criados mientras sus parientes permanecían en prisión. Su infancia debió de ser muy solitaria: «Mire —dice ella—, no conozco prácticamente a nadie que no esté solo; pero algunas personas lo expresan de una manera y otras de otra. Hay un montón de personas que corren de una fiesta a otra y que, sin embargo, están absolutamente solas en su interior. Yo creo que no tengo ese tipo de soledad que los occidentales describen. Es cierto que hubiera querido que mis padres hubieran estado mucho más tiempo conmigo, pero todos estábamos envueltos en algo que ya consideraba muy importante, y si guardo alguna queja de aquella época es la de no haber tenido edad suficiente como para participar en los acontecimientos tanto como participaron ellos». La Indira niña, dicen los biógrafos, no jugaba, sino que mimetizaba los discursos políticos de los mayores ante sus criados: «Pero es que yo no estaba interesada en jugar. Hice todo aquello que realmente deseé: monté a caballo, trepé a los árboles... Pero nunca estuve interesada en juegos ni en fiestas. Tampoco mis hijos han ido después a fiestas, aunque han tenido la oportunidad de hacerlo». A los trece años formó la «brigada del mono», un cuerpo infantil de resistencia contra la dominación inglesa: «Tratamos de encargarnos de los trabajos prácticos y enojosos del movimiento de liberación, para que los adultos tuvieran tiempo de dedicarse a cosas más importantes: cocinábamos, cosíamos banderas, poníamos sellos, escribíamos sobres..., todas esas pequeñas cosas». Después marcha a estudiar a Suiza, luego a Oxford. En Inglaterra se afilia al Partido Laborista, conoce a Einstein, comienza a estudiar la carrera de Historia, aunque no la termina: «No nos cuestionábamos nuestro futuro: estábamos inmersos en la lucha por la liberación y no podíamos pensar en nada más. Además, creíamos que no alcanzaríamos a ver la liberación de la India, pensábamos que íbamos a pasarnos la vida en la cárcel. Cuando fui a prisión, la impresión general era que iba a estar siete años dentro, porque entonces o bien entrabas por pocos meses, o bien, si estabas más de un año, debías permanecer siete...». En las cartas que, siendo niña, recibía de su padre en prisión, Nehru la comparaba con Juana de Arco. Y es fácil imaginar a una Indira adolescente, embriagada de futuro heroico y carcelario, soñando ser la doncella de Orleans: «Yo nunca he soñado con ser Juana de Arco... Ésas son cosas que saca la prensa, que la gente se inventa... Yo simplemente admiraba todas las luchas de liberación».

Me habían dicho que era como un látigo, como el filo de un cuchillo, como una burbuja de mercurio, fría, enigmática y resbaladiza. Me habían dicho que últimamente, tras la muerte de su hijo Sanjai, su carácter se había endurecido aún más. Que la habían visto en una exposición internacional golpeando con su bolso de digna dama a unos fotógrafos cuyo acoso quizá le pareciera impertinente. La India es un país remoto, una nación gigante compuesta de mil razas, de mil tradiciones y culturas, un mundo vasto y diferente, y yo había oído que Indira se posaba sobre esa inestable enormidad con pie de emperatriz aún sin imperio, con mano de dictadora que no posee dictadura, con talante de reina por unción divina: ella era la Madamji, la señora. De modo que cuando nos cancelaron la primera cita —conseguida tras casi un año de negociaciones— comencé a temerme lo peor, una dilación interminable. Cuatro días después, sin embargo, nos recibió. A la hora en punto, sin hacernos esperar. Pero con una estricta advertencia: la entrevista sólo duraría cuarenta y cinco minutos.

Después dio usted una prueba de carácter al casarse, en 1941, con un abogado llamado Feroze Gandhi. Él era parsi, es decir, no era indio, y toda su familia se opuso a la boda. Supongo que usted se casó enamorada...

Claro, por supuesto que me casé enamorada. De otra manera, ¿cómo podría haberme casado? Su familia se oponía, mi familia se oponía, la mayoría de la India estaba en contra...

(En la India, aún hoy, los matrimonios por amor son muy raros. La costumbre mayoritaria es la del matrimonio concertado por los padres, y los novios apenas se ven, o no se ven en absoluto, antes del día de la boda. Por ello, la unión de Indira con Feroze fue un escándalo.)

Y, sin embargo, cuando su padre fue primer ministro, tras la independencia de la India en 1947, usted escogió venir con él a Delhi, como su ayudante, y su matrimonio se rompió.

(Al oír esto, a Indira le relampaguean los ojos y se le endurece la sonrisa, aún sin perderla: un pequeño gesto colgando de las comisuras.)

Mi matrimonio nunca se rompió, ¿sabe? —contesta calmosa y tensa—. Ésta es una de las cosas que la prensa ha construido, un bulo. Tuvimos discusiones, como todas las parejas tienen, supongo, pero nunca hubo una ruptura. Cuando vine aquí —y señala el modesto despacho oficial, que utilizó también su padre— solía pasar la mitad del año aquí y la otra mitad en Lakhnao —la ciudad en la que vivía Feroze—. Después mi marido vino a Delhi y se quedó con nosotros... Sí, vivíamos bastante tiempo separados, pero era sólo una cuestión de circunstancias; mi marido era un hombre tan activo como yo en la lucha por la independencia, y acordamos que era nuestro deber el ver que el Gobierno funcionara, el hacer lo que pudiéramos.

(El hecho es que, en aquella temprana decisión, Indira escogió la política, y quizá por ser mujer tuvo que pagar con su vida conyugal.)

Mi marido no me hubiera amado si yo no hubiera tenido intereses políticos; eso era algo que los dos compartíamos. Mire, dos personas, cuando viven juntas, siempre tienen dificultades de convivencia. No creo que en mi caso estas dificultades fueran mayores que lo normal.

(Pero, tras una breve estancia en Delhi, Feroze se marchó de nuevo a Lakhnao, y hasta su muerte, ocurrida en 1960, vivieron más tiempo separados que unidos.)

Fue entonces, recién casada, cuando la metieron en prisión. Pasó usted un año allí.

Es muy difícil describir estas experiencias a la gente. Si has estado en una guerra, sólo puedes hablar de las experiencias de esa guerra con personas que también hayan pasado por trances semejantes, porque, de otra manera, no puedes imaginarte lo que es. En esas circunstancias tu mente no se encuentra en un estado normal, sino que estás arrebatado por la atmósfera... Para nosotros, ir a la cárcel era un honor. Si no ibas a la cárcel, te decías: hay algo equivocado en mí porque no me detienen, será que no estoy haciendo lo suficiente. Por tanto, mientras estuve presa viví en esa atmósfera... Yo no sé qué hicieron los demás, pero yo me aislé del exterior... Supongo que alguna gente podía decirse mientras estaba en la cárcel: me gustaría tanto poder comer tal cosa, o... me gustaría tanto poder hacer esto o lo otro... Yo no; nunca me sentí así. Estaba..., no voy a decir que contenta, contenta no es la palabra, pero no estaba descontenta de estar en prisión.

Pero ¿cómo se combina esa actitud guerrera con la *ahimsa*, con la teoría de la no violencia de Gandhi, del que usted era discípula? Porque en 1962 usted movilizó a su pueblo contra China, por ejemplo...

No, al contrario, nosotros no hicimos nada, nos cogieron sin prepararnos. Ya habíamos tenido nuestra primera guerra cuando Pakistán invadió Cachemira; aquello fue en vida de Gandhi todavía, y él estuvo de acuerdo en que teníamos que defendernos. De hecho, entonces no teníamos ni ejército, y si la gente no hubiera formado sus propias milicias hubiéramos perdido Cachemira. Tras aquello pensamos que debíamos hacer algo respecto al ejército, que debíamos esforzarnos en tener un ejército en condiciones. Pero estábamos concentrados en el frente occidental, y cuando los chinos nos invadieron en 1962 no teníamos absolutamente a nadie allí..., no controlábamos aquella posición en absoluto, y ésa fue la razón por la que en realidad perdimos. (El día anterior a la entrevista se había celebrado en la India el Día de la República, una fiesta patria, con gran desfile militar. Entre cientos de miles de espectadores, Indira paseó en coche descubierto —pañuelo a la cabeza, sobrio abrigo de paño gris, dos vaivenes de mano y dos sonrisas a cada lado de la calle, en minucioso ritmo— y pudimos contemplar el despliegue de armamento: tanques, tanquetas, aviones, helicópteros, misiles nucleares de fabricación propia, ametralladoras, cañones. Todo un repertorio de armas mortíferas, una demostración del poderío bélico de un país preparado para la guerra. Y, al final, unos hermosos elefantes con gualdrapas oro y púrpura que eran como el nexo con la India de leyenda, quizá con la India de la *ahimsa*.)

Nosotros nos oponemos a la lucha, y nunca hemos atacado a nadie; en la larga historia de la India jamás hemos atacado a ningún país extranjero. Pero el concepto de la no violencia es algo mucho más amplio; no sólo está relacionado con las armas, sino con la manera de pensar. Durante nuestra lucha por la liberación fuimos enseñados a no tener miedo y a no golpear. Gandhi decía que no se debía ser violento ni en la manera de pensar. Y por ello hacemos todo lo posible por evitar la violencia, intentamos resolver nuestras diferencias por medio de negociaciones y discusiones.

(Desde la independencia, Indira siempre estuvo cerca del Gobierno. Primero, como «anfitriona oficial», ayudando a su padre. Cuando Nehru murió, en 1964, su sucesor, Shastri, nombró a Indira ministra de Información. A la muerte de Shastri, en 1966, asumió el cargo de primera ministra. Indira, entonces, intenta llevar a cabo un programa de reformas de tipo socialista. Choca con los elementos derechistas del Partido del Congreso, al que pertenece, y las presiones reaccionarias echan abajo parte de sus proyectos. Aun así, nacionaliza bancos y compañías de seguros, impulsa la «revolución verde». En 1971 consigue una aplastante victoria en sus primeras elecciones. En 1972 gana la guerra contra Pakistán y se crea el Estado de Bangladés: es la cúspide de su poder, de su popularidad. A partir de entonces, la situación se deteriora rápidamente. Su hijo Sanjai (el menor, el otro, Rajiv, nunca se ha dedicado a la política) consigue la concesión para fabricar los Maruti, los «coches indios» del futuro. El proyecto es muy ambicioso, la concesión está poco clara, los créditos bancarios no parecen ajustarse del todo a la legalidad; se expropian terrenos para la construcción de la fábrica y, lo que es peor, no llega a construirse jamás un solo coche. Indira es acusada de nepotismo, y el malestar crece. A principios de 1975, el Tribunal Supremo declara que unas recientes elecciones parciales han sido falseadas a favor del partido de Indira. Entonces ella declara estado de emergencia. Era el mes de junio, y la emergencia duraría veintiún meses. Encarcela a los líderes de la oposición, cierra periódicos, procesa a periodistas... La campaña nacional de planificación familiar, comenzada antes de la emergencia, adquiere bajo ella ribetes alucinantes: Sanjai se encarga de la tarea y dos millones de varones son esterilizados obligatoriamente.)

Ya sé que usted ha declarado recientemente que los conceptos de izquierda y derecha no quieren decir nada, pero...

No es sólo cosa de ahora; es que nunca pensé que ésa fuera una división válida. Quiero decir: hace mucho tiempo sí creí que significaba algo, pero ahora nos encontramos con que... Mire, ¿qué es lo que está pasando, por ejemplo, en China? ¿Y qué está pasando en la Unión Soviética? ¿Y qué es lo que está pasando con los que se llaman de izquierdas en la India, que no tienen dudas ni remilgos para juntarse con la extrema derecha en muchas ocasiones? Incluso ahora están unidos a la extrema derecha.

Pero haciendo esta salvedad, los observadores políticos occidentales coinciden en decir que usted ha ido pasando lentamente, en los últimos diez años, de unas posiciones izquierdistas a unas posiciones derechistas.

Pero la política es la misma; estamos haciendo ahora la misma política que hacíamos antes, de modo que ¿cómo pueden decir eso? La única diferencia es que antes nos apoyaba el Partido Comunista y ahora, en cambio, los comunistas están apoyando a la derecha. Y por ello están haciendo correr bulos, historias, que no tienen ninguna base. Mire, lo que me parece incorrecto es colocarle una etiqueta al socialismo. Nuestro socialismo significa traer una mejor vida a la gente pobre, elevar su nivel. Ahora bien, nosotros haremos todo lo que sea necesario para conseguirlo, aunque para ello tengamos que usar medidas que sean consideradas derechistas, o medidas que sean consideradas izquierdistas. Usamos la palabra socialismo porque está más cerca de lo que deseamos hacer. Pero socialismos hay muchos: los rusos dicen que son socialistas; los suecos, también, y los laboristas ingleses. Hay que encontrar el propio camino. Y no puedes decir que quieres hacer las cosas como las está haciendo la Unión Soviética, por ejemplo. Nosotros no aprobamos eso, no queremos ese tipo de país. No queremos copiar a nadie.

(Tiene sesenta y tres años, pero aparenta más edad. Posee un perfil trágico de rasgos afilados, los ojos se le desploman y son muy húmedos. El mechón blanco de su pelo —que fue prematuro— está hoy a punto de conquistar la totalidad de su cabello, cubriéndolo de canas. Cuando murió Sanjai en el pasado junio, en un accidente de aviación, se decía que Indira había perdido las ansias de vivir, que paseaba incansable su jardín en noches insomnes, que su cabeza había encanecido de repente. La Indira de hoy es, desde luego, una mujer cansada. Casi parecería frágil y anciana si no fuera por esa impasibilidad de acero que la sostiene. El escribano escribe, el encargado del magnetófono graba y yo sigo preguntando.)

Pero lo cierto es que el estado de emergencia no parecía casar con su trayectoria política anterior. Por ejemplo, siendo usted ministra de Información abrió la prensa a la oposición. Y después, en la emergencia, cerró los periódicos.

(Indira juguetea, mientras contesta, con dos anillos de plata, únicas joyas que lleva puestas.)

Mire, en la época de la guerra mundial estuve en Europa, y en ninguna parte había libertad de prensa. ¿Por qué? Porque el país estaba enfrentándose a una crisis muy importante, y tanto el Gobierno como la gente se dieron cuenta de que no podían permitir que se propagaran ideas que podían debilitar al país. Bien, nosotros afrontábamos entonces la misma situación. ¿Por qué no hay otro país en vías de desarrollo que sea una democracia, como el nuestro? ¿Se lo ha preguntado alguna vez? La cuestión es que llega un momento en que la vida misma de la democracia corre peligro. Nuestra emergencia puso de nuevo a la democracia en sus raíles. Estoy convencida de que si no hubiéramos tenido ese estado de emergencia, la democracia hubiera terminado en la India para siempre. Sólo teniendo un tratamiento de choque temporal seríamos capaces de recuperar la democracia. Y por ello lo hicimos, y dijimos que la emergencia estaba sólo en función de ese propósito. Pero nuestros periódicos aquí no son periódicos normales, la mayoría pertenece a las grandes industrias. Y están básicamente en contra de lo que queremos hacer. No desean que el nivel de vida se eleve. La libertad está muy bien, está muy bien que puedas escribir lo que quieras. Pero no puedes cambiar las noticias, y aquí se cambiaban las noticias. Eso no es libertad, sino libertinaje. Y además, conozco algo sobre los Gobiernos de los llamados países libres, y puedo decirle que ninguno de ellos tiene una prensa enteramente libre.

(La India tiene casi setecientos millones de habitantes. El 49 por ciento, según estadísticas de 1978, está bajo la línea de la pobreza, y cada año cinco millones de personas se añaden a esa inmensidad de miserables. La fuerza de la tradición, la mezcla de culturas, el peso de las diversas religiones, convierten a la India en un complejo país que se escapa a las categorías occidentales y en el que, desde luego, es absurdo aplicar los conceptos de «izquierda» y de «derecha» tal como los entendemos. Pero aun así, es difícil comprender el rigor del periodo de emergencia.)

Quizá en un país como el suyo sea útil tomar alguna vez una medida drástica... Pero lo que me parece prácticamente imposible es encontrar el equilibrio, el no caer en el autoritarismo.

Ya sé que es difícil; por eso terminamos con el periodo de emergencia y convocamos elecciones.

¿Pensaba usted que las iba a ganar?

No, yo sabía que afrontaba un gran riesgo, pero aun así las mantuve.

Las perdió, y los ganadores, la coalición Janata, comenzaron a pasar factura.

El proceso que abrieron contra mí no empezó de inmediato, pero la policía empezó a venir a mi casa desde el primer momento; se le prohibía a la gente que viniera a vernos... Occidente les aclamó como demócratas, pero ellos hicieron todo aquello de lo que se me acusó durante la emergencia, pero sin tener la ley de emergencia promulgada. También arrestaron gente e hicieron expropiaciones sin compensación ni aviso, y cerraron periódicos, y arrestaron a periodistas... pero no se habló de nada de esto.

(Es de imaginar la amargura del momento: una mujer de trayectoria tan orgullosa como Indira, teniendo que soportar registros policiales y detenciones y la expulsión del Parlamento. Sin embargo, una vez recuperado el poder, Indira Gandhi no ha tomado medidas represivas contra los Janata.)

Usted, entonces, se dedicó a viajar por el país. En muchos sitios era aclamada. Pero en otros, como en Madurai, fue apedreada.

En primer lugar, yo siempre he viajado mucho. Y además, aquello de Madurai fue una pequeña manifestación. Todo Madurai estaba en las calles para recibirme, con frutas, con flores. Pero un partido había pedido permiso para montar una manifestación en mi contra. El Gobierno me consultó, y yo dije, cuando fui primera ministra lo permití, de modo que ¿por qué no lo voy a permitir ahora? Entonces alguna gente se les unió a los de la manifestación, gente de dentro de la coalición Janata. Y nos atacaron. Mire, era una carretera muy larga, desde el aeropuerto a Madurai hay muchos kilómetros. Y todo estaba lleno de gente a mi favor. Sólo fue en una pequeña plaza en donde la gente nos atacó, y cuando pasamos esa plaza de nuevo encontramos masas de personas dándonos la bienvenida. Ese tipo de ataques no fueron sólo en Madurai, creo que tuvimos un total de cinco o seis, y eran realmente ataques a mi vida; no se trataba de simples pruebas de desaprobación. Y creo que el Gobierno Janata, no como Gobierno, pero sí como individuos dentro de él, tuvieron participación en todo esto.

Y luego la metieron en la cárcel y pasó usted una semana en prisión.

Sí... Me sentí muy feliz de poder descansar un poco. Descansé mucho y volví con mucho mejor aspecto, y relajada. Y, de paso, aproveché para leer unos cuantos libros.

(Le brillan los ojos de despectivo desdén al decir esto.)

Usted comentó en una entrevista que todo el mal que le intentan hacer se vuelve al final contra sus enemigos... ¿Tan segura está de sí misma?

Sí, porque no estoy haciendo nada para mí. Cuando te esfuerzas en objetivos personales, entonces te preocupas de si los consigues o no los consigues. Pero yo no quiero conseguir nada. Siento que es esto lo que queremos para la India, sé que no podremos alcanzarlo en lo que me queda de vida, sé que lo único que puedo hacer es intentar esforzarme en dirección hacia ello. Es igual que cuando escalas una montaña: no todos van a poder llegar a la cumbre, pero todos trabajan juntos. De modo que alguna vez alguien alcanzará la cumbre. Ésta es la razón de mi comportamiento, y nadie puede impedírmelo. Puedo trabajar en ello desde dentro y fuera del Gobierno.

(Sharada Prasad, el asesor de Indira, interviene para decir que sólo me quedan diez minutos. Poco tiempo. Hay que hablar de la muerte de

Sanjai. Porque, pese a los excesos, Sanjai era un hombre muy popular en la India, con cientos de miles de seguidores, una masa de jóvenes que querían modernizar el país de una forma acelerada.)

¿Quién puede sustituir a Sanjai?

(E Indira baja la cabeza, simula leer un papel oficial, pierde la sonrisa.)

Nadie —contesta tajante.

¿Y cómo se las arreglará con los jóvenes, con todos esos jóvenes que le seguían?

No estoy divorciada de la gente joven... Lo que pasa es que Sanjai fue capaz de dirigir las energías de la juventud hacia cosas más constructivas. Antes, los jóvenes poseían una gran capacidad destructiva, ¿sabe...? Quemaban autobuses, librerías... Sanjai supo conseguir que un gran número, que un número creciente de ellos se interesase en actividades muy positivas. La manera que tuvo Sanjai de enfrentarse a sus propias dificultades y el coraje con que lo hizo, siempre en solitario, hizo que surgieran muchos seguidores suyos. Ahora no tenemos a nadie como él. Pero probablemente saldrá un nuevo líder. Y si no sale tendrán que trabajar como grupo.

(Ahora, tras la muerte de Sanjai, la figura de Indira, siempre solitaria, parece aún más carente de apoyos. Se lo digo.)

Depende de lo que usted quiera decir por solitaria, porque nunca me he sentido sola. Tengo más amigos alrededor del mundo de los que supongo que nadie pueda tener. Son de todas las nacionalidades, de todas las edades. Y han estado conmigo durante lo bueno y lo malo, me han apoyado siempre.

(Me avisan de que el tiempo se ha acabado. «Ya le dije —comenta amablemente Indira, refiriéndose a su asesor—, que este tiempo no iba a ser suficiente para usted.» Toca a un timbre de su mesa, entra un secretario con una carpeta de despachos oficiales, comienza a firmar papeles sin mirarme. Yo sigo preguntando, sin embargo, y ella me contesta afable y cortésmente, sin dejar de firmar, mientras el asesor, el escribano y el grabador rebullen en su asiento, nerviosísimos.

Además de estar rodeada de amigos, está usted rodeada de enemigos.

Pero eso no me importa, no me molestan los enemigos. Yo voy a hacer algo, y voy a hacerlo sin tener en cuenta a los amigos o a los enemigos. Y cuando estás absorta en algo, no puedes sentirte sola en absoluto. Mire, las personas más solitarias son aquellas de las que se piensa que deben ser las menos solitarias.

Porque no tienen objetivos.

No sólo eso, sino que lo que sucede es que carecen de lo que nosotros llamamos recursos interiores. ¿Se da usted cuenta? En la vida no importa lo que tienes, a menos que tengas algo dentro de ti. Lo del exterior no significa nada. Yo tengo algo dentro de mí, y la filosofía india nos enseña a tenerlo. De modo que si estoy sentada sola, me encuentro feliz conmigo misma y no me importa la soledad. Y si estoy sentada con amigos, me siento absolutamente feliz de estar con ellos. Y si estoy con enemigos, tampoco me resiento contra ellos, no siento ni amargura ni odio contra ellos.

¿Y no tiene nunca dudas?

No. Porque ni tan siquiera me importa el fracaso, ¿comprende? Mi filosofía es: debo hacer el máximo, debo dar el máximo y más allá de mi máximo. Y eso es suficiente. Fracasar y triunfar no está en mis manos.

(Indira ha de marcharse, me veo obligada a terminar. Al cortar mi grabadora y ponerme en pie, observo que Indira ha cambiado de expresión: se le ha borrado la sonrisa, como quien corre una cortina en su rostro. Revuelve papeles en su mesa, apresurada. Ni siquiera se despide de mí, ya no me ve, atrapada en sus urgencias. Y viéndola así, breve y enérgica, se me ocurre que no hay mayor soberbia que la de querer someterse modestamente a un destino histórico.)

1981

Montserrat Caballé

La cenicienta de la ópera

Nos abre la puerta una criadita joven de aire asustadizo: «¿Tienen cita, tienen cita?», pregunta, turulata. «Sí, sí.» La chica desaparece silenciosamente y nos deja en mitad del recibidor, recibidor de casa más bien modesta, pese a la previsible fortuna de la *diva*; recibidor de ventana a patio mortecino, recibidor adornado de fruslerías de una estética antigua: espigas de cristal polvorientas y algo rotas, cuadritos de cromos enmarcados. Ni una silla, ni un cenicero. Esperamos a pie firme en la penumbra con complejo de cobradores de la luz en pos de un ama de casa un poquitín morosa. Y entonces entra ella, el ama de casa, la *diva*, la soprano magnífica, la Caballé de exuberante anatomía, meneando su frondosidad carnal dentro de un traje informe estampado en ramajes. La ceja altiva, el paso agobiado, el morro enfurruñado, la mano gordezuela azotando el aire con irritado gesto. «Buenos días», masculla; y su voz, en este tono bajo y coloquial, tiene unas aristas agudas y pitadas, una especie de flato vocálico de mujer gruesa que no deja adivinar la potencia, la riqueza, la delicadeza infinita de su voz profesional. Da una media vuelta desdeñosa y nos deja para irse dentro de la sala, con un muchacho extranjero que, al parecer, es músico. Montserrat habla con él en un inglés fluido y fácil: «Es que me vienen a hacer una entrevista —cuenta, quejosa, en tono hastiado, y se vuelve hacia nosotros pasando al castellano—: ¿Qué duración va a tener la entrevista? «Me temo que va a ser larga», contesto. «¿Qué duración?», silabea de nuevo, furibunda, con altivez glacial. «Por lo menos una hora.» «¿Una hooora? —pita ella con escandalizada pamema—. ¡Yo *no* puedo, uuuna hora!» Bajo la nariz tiene una verruga oronda, esférica, y se le riza el

141

labio de indignación y despecho. Se vuelve hacia el músico y despo-
trica un ratito en su perfecto inglés: «Quieren uuuuna hora, qué locura; yo no he hecho *nunca* entrevistas de una hora». Y el muchacho
contesta sumiso: «Yes, yes, yes». De nuevo hacia nosotros: «¿Cuántas
páginas va a ocupar?», y no pregunta, sino que en realidad ordena.
«Pues... —reflexiono en voz alta—, tiene que ocupar como doce fo-
lios...» «¡Que cuántas páginas del periódico va a ocupar!», brama ella en
agudos sostenidos. «Cuatro. Del suplemento.» La imagen de tal despliegue de papel parece calmar un tanto sus ansias asesinas. Frunce la boca
con mohín pueril, refunfuña tibiamente ante el inglés: «Si yo lo llego a
saber antes; yo no he hecho nunca, nuuunca, una entrevista de una
hora. La más larga que he dado ha sido de veinte minutos. Una hora,
¿dónde se ha visto? ¡Ni tan siquiera estuve tanto tiempo con los del
Reader's Digest!», clama con delectación, proyectando un hociquillo al
aire, como resaltando lo inconmensurable del disparate, la pretensión
exorbitada, su paciencia. «Esperen —concluye al fin, hacia nosotros—;
pero, desde luego, no puedo concederles tanto tiempo.» Entonces el
chico se sienta al piano y ella empieza a tararearle, muy bajito, fragmen-
tos musicales, impartiendo profesionales y rápidos mandatos: «You
play; tururú, turururé, turururú, and I sing here: ahahá, ahaháhaha, ahá».
Y el otro, bajo sus gorgoritos en sordina, gorgoritos de oro, gorgoritos
divinos de mejor soprano del mundo, contesta incesantemente: «OK,
OK, OK». «Y aquí tocas turuturururú, rurú, en este solo de piano, y
luego entro yo; ahahahá, ahhhhhh, ah, ah, ah.» «OK, OK, OK.» Al cabo
termina su trabajo, despide en la puerta al chico con ese aire de gene-
rosa resignación de quien va a enfrentarse con unos pelmas, se vuelve
hacia nosotros y nos franquea el paso hacia el salón, señalándonos el
sofá con un gesto de su ceja depilada y levantisca.

Y, de pronto, el paisaje de su rostro cambia. De pronto, se le dibu-
ja en los mofletes una serena y afable cortesía doméstica. De pronto,
nos pregunta, obsequiosa, si queremos tomar algo, y lo dice con una
amabilidad de ama de casa, de platito con pastas a las seis. Nosotros, en
un arrebato de dignidad infantil, rechazamos la oferta bebestible. Ella,
en cambio, pide un café muy dulce, porque desde su infancia, dura,
enfermiza y carente, desde su tuberculosis, le quedó una falta de glu-
cosa que le obliga a consumir azúcar todo el rato.

Observa Montserrat cómo dispongo sobre la mesa los pertrechos grabadores y exhala un suspiro avieso y diminuto: «Ay; menos mal; va a grabar usted la entrevista».

¿Por qué ese *ay; menos mal*? ¿Por miedo a tergiversaciones?

Bueno, lo puede usted tergiversar, pero así sabe seguro, por lo menos lo saben usted y su conciencia, lo que yo he dicho de verdad —en tono picajoso y molestón.

¿Por qué está usted tan a la defensiva?

Noooo; yo soy así... —y lo dice suavona, endulzando mucho la voz, confitando el gesto.

Quiero decir tan a la defensiva ante las entrevistas.

No, mire: yo tengo mucho trabajo y poco tiempo para perder... y usted también trabaja, esto es trabajo para usted, pero para mí me quita horas. Lo hago con mucho gusto, porque dicen que he quedado, y además mi hermano me avisó de que era así, que usted me había llamado cuando yo estuve enferma con esa especie de bronquitis extraña en Madrid...

Sin embargo, y aunque dice usted que nunca ha dado entrevistas de más de veinte minutos, yo he leído entrevistas suyas larguísimas.

No; no es verdad.

Sí. Por ejemplo, una que le hizo Terenci Moix.

Terenci me ha hecho dos entrevistas, y, sinceramente, creo que duraron veinte minutos.

Está bien, dejémoslo. Hablando de Terenci; le hizo usted algunos comentarios sobre los críticos con cierta ironía...

Nunca me he metido con los críticos —responde, rápida, componiendo un leve puchero de disgusto.

Bueno, recuerdo que comentaba la afición de un crítico a verla siempre en sus actuaciones para ponerla después fatal.

Ahhhh... era quizá a nivel anecdótico... Lógicamente, hay gente a la que le gusta Kubala y gente a la que no... En el canto debe suceder lo mismo, ¿no? Si no le gustas cantando a alguien le debe reventar ir a verte al teatro, ¿no? Lógicamente, si esa persona se ve obligada a ir por su profesión, debe de ser una tortura. Y si va porque quiere, pues debe disfrutar mucho poniéndote mal.

Lo decía por esa actitud defensiva. ¿Usted se considera bien tratada por la opinión pública?

Yo estoy fuera de todo eso.

Nunca se puede estar totalmente fuera.

Yo sí —glacial.

Pero debe ser dificilísimo intentar mantener, como parece que usted mantiene, esa actitud de *antidiva* cuando se es la mejor soprano del mundo.

Yo no soy la mejor soprano del mundo. Pero llevo muchos años cantando, veinticuatro, y tal vez lo que en los primeros años de carrera nos puede interesar mucho, o nos puede afectar, o creemos que es importante, a medida que pasan los años, si tienes la suerte de que el trabajo te vaya bien y logras un reconocimiento por parte de los colegas y la gente para la que trabajas, pues entonces ya no aspiras a más.

Es muy curioso: en todas sus entrevistas usted siempre insiste en quitar importancia a su trabajo; en decir que no es la mejor. Siempre se defiende de la...

No; yo no me defiendo de nada —enfurruñada.

Digo que se defiende de la vanidad, que no quiere caer en el vértigo de ser la mejor soprano del mundo.

Eso lo dicen los demás; no yo.

¿Ve cómo se defiende?

Porque no tiene nada que ver conmigo lo que la gente dice, eh... Usted... Mire, usted va muy cómoda vestida, y yo, a mi modo, también. Desgraciadamente, tengo este cuerpo tan gordo, y no puedo ir tan cómoda como va usted. Pero dentro de como estoy, pues procuro ir a mi aire, y entonces me dicen: «¿Por qué no vas más elegante vestida?». Ay, por Dios, que me dejen en paz.

Pero a ver si me explico...

Si la he entendido muy bieeeeen...

Quiero decir que el entorno de una gran cantante de ópera es un entorno de particular vanagloria. Se nota incluso en el hecho de que se les llame divas; se nota en la fascinación especial que producen en los homosexuales, fascinación sobre la que se han escrito incluso ensayos. Y entonces, en un entorno de tal divinización, puede dar miedo perder la perspectiva.

A mí no me da miedo nada. Ésas son cosas que piensa la gente, y a mí que la gente piense así me abruma, porque le dan importancia a una cosa que no la tiene. Porque mi trabajo no tiene importancia; es un trabajo como otros. Yo amo mi trabajo, pero el que yo lo ame es normal. Eso es lo que se ha desfasado en nuestra época. Ahora, el amor al propio trabajo se considera una cosa especial. Y, perdone, pero no estoy de acuerdo con la gente que por trabajar bien piensa que hace algo especial.

(Asunto difícil éste, el de hacerle una entrevista a Montserrat Caballé. Permanece agazapada en sí misma, a medias cachazuda, a medias recelosa, siempre a la defensiva, con retranca, con una suspicacia global y sin perfiles. Sienta su exuberancia en el canto del sofá y pasa, sin solución de continuidad y con una volubilidad pasmosa, de la suspicacia puntillosa a una expresión de candidez bondadosísima. En esos momentos de repentina dulzura se le guirlacha la boca, el mirar se le vuelve torcaz y toda ella se convierte en una matrona afectuosa que habla con deje de zureo. Para pasar inmediatamente a la desconfianza, a ese recelo menudo y yo diría que un poco cabezota.)

Yo no me mantengo en guardia, eso es lo que usted no entiende; yo es que soy así. Nunca he pensado en la vanidad.

Pero hay vanidades lícitas. Por ejemplo, cuando usted tuvo su primer gran éxito, en Alemania, y empezó a llorar junto a su hermano, ¿no experimentó una sensación de justa vanidad?

No, no. Yo me puse a llorar porque lo primero que le dije a mi hermano fue: «Parece que empezamos a ir adelante en la carrera. Por fin nuestros padres van a poder descansar». Eso es lo que dije. Llámele vanidad o lo que quiera; es usted muy libre.

Parece que usted piensa que vengo decidida a atacarla, y no es así.

Yo no pienso nada. Usted piensa mucho. Haga preguntas y no piense tanto. Le estoy contestando como soy yo. Si no lo quiere oír dígame lo que quiere que le conteste.

Precisamente es eso lo que quiero: saber cómo es usted.

Pues yo soy así, le guste o no le guste. —Y mira desafiante, arrugando el entrecejo.

Dijo usted: «Por fin nuestros padres van a poder descansar». Sé que ha tenido usted una vida muy difícil, una vida que por su dureza parece sacada de un cuento de Dickens. Tuvo tuberculosis de pequeña; por falta de posibilidades económicas dejó los estudios de Música y comenzó a trabajar siendo aún niña... Cosía usted pañuelos, ¿no?

Sí, y cogía puntos de media —de nuevo se le ha distendido el semblante en una ingenua y azucarada remembranza—. Todavía hoy, si se me rompe una media, bueno, ahora ya no, porque después de la flebitis llevo siempre estas medias de goma, pero antes llevaba siempre la aguja, y es muy cómodo que puedas coger un punto de la media, si se te rompe en mitad de un viaje.

Usted empezó cogiendo puntos a los once años o así, ¿no?

Sí; empecé a trabajar a los once o doce y estuve haciéndolo hasta los diecisiete o dieciocho... No fueron muchos años, la verdad, porque después, aunque seguí trabajando, me pude dedicar mucho más tiempo a estudiar.

Cuando usted tuvo que dejar los estudios, un tío suyo, que era vigilante nocturno, le sugirió que escribiera a una familia barcelonesa.

Sí, los compañeros de trabajo de mi tío le dijeron que escribiéramos una carta a estos señores, que eran unos mecenas de hospitales y todo esto. Y lo hicimos, y respondieron, y me ayudaron.

Y esa familia le costeó los estudios.

Sí. Recuerdo que cuando fuimos a las oficinas de la casa Bertrand i Serra, don José Antonio quería ofrecernos, más o menos, lo que costaban los estudios durante todo el año, y mamá dijo: «No, no; porque estamos verdaderamente necesitados, y si yo tuviera en el armario todo ese dinero lo utilizaría para otra cosa y no quiero, esto tiene que ser para mi hija...». Son recuerdos muy bellos.

Después se fue seis años a Alemania, y fue una época muy difícil. Llegó a decirle a su hermano, que la acompañaba, que no continuaba, que lo dejaba, que no podía más.

Sí...

Hasta que un día, cumpliendo ese destino de heroína de cuento de Dickens o de Cenicienta, que parece usted tener, tuvo un gran éxito en Nueva York gracias a una sustitución de última hora. Esto de las sustituciones son como una leyenda en el mundo del teatro, ¿no? La primera actriz, la soprano que se pone enferma, el éxito gracias a esa casualidad...

Sí; eso es como una leyenda, pero esas cosas pasan. Claro que cuando pasan casi ni te las crees, porque piensas eso: que se trata de un cuento de Dickens. Es después, cuando todo ha pasado, cuando te das cuenta de que ha sido realidad.

Usted se casó más bien mayor: a los treinta y un años. Supongo que antes no tuvo tiempo para pensar en lo sentimental, que tuvo que dedicar todas sus energías a triunfar.

Cuando estudiaba, yo debía tener dieciocho o diecinueve años, estuve casi medio novia con un chico de Barcelona, pero se acabó muy pronto, porque para él esta cosa de cantar era un mundo perdido. Ésta era una mentalidad muy de aquella época. Después, más tarde, yo estuve enamorada, pero no logré casarme con la persona que quería, y digo no lo logré porque creí más oportuno dedicarme a mi profesión. Seis años después conocí a mi marido, y entonces no me lo pregunté; comprendí que tal vez era entonces cuando había dado con la persona apropiada, porque con los anteriores siempre hacía preguntas: «¿Le quiero o no le quiero?», y con mi marido no me tuve que preguntar nada.

Quizá se lo tuvo que preguntar antes porque los primeros eran reticentes a que usted siguiera con su carrera, y si se hubiera casado con ellos puede que hubiera arruinado su vida profesional.

Bueno, lo que pasa es que aquel primer hombre, al que yo quise mucho y era muy buena persona, tenía esta idea del mundo del teatro. Hoy ya no se piensa igual, pero entonces parecía como si se tratara de una cosa muy fea, muy tabú, muy mala... Yo, como sólo he encontrado personas muy buenas en el teatro, personas estupendas, quizá porque les ha costado mucho llegar y con las dificultades se aprende, pues... En el teatro me he encontrado siempre con gente sana, gente sana por dentro, en la forma de pensar; son eso que hoy llaman *libres*, pero que mi marido y yo llamamos *ser verdad*, gente sin pamplinas, sin cumplidos.

Me resulta curioso que, por un lado, piense usted como piensa, admirando y compartiendo ese afán de vivir libre, como usted dice, y que, por otro lado, ofrezca usted, aparentemente, una imagen de lo que se entiende por convencionalidad, con una vida familiar de pautas tradicionales, asistiendo todos los domingos a misa con sus dos hijos y su marido.

¿Usted entiende por tradición el hecho de acudir a misa?

Hombre, pues una costumbre tradicional sí es.

¿Usted no cree que es normal, que entra dentro de los campos de la normalidad, que una persona pueda hacer lo que quiera en la vida?

Por supuesto que sí. Yo no he dicho nunca que fuera un comportamiento anormal, sino todo lo contrario.

Yo creo que una persona puede hacer libremente lo que le apetezca siempre que no dañe al prójimo. ¿Que por mi forma de pensar parece que tendría que salir y después no salgo? ¿Que todo eso puede ser una contradicción entre los dos aspectos? Pues puede ser verdad, pero esta vida me da un equilibrio personal y profesional.

Por otro lado, hay un dato en su vida que es precisamente muy poco común: el hecho de que su marido, que, al parecer, era un tenor muy bueno...

Cantaba bien.

Que su marido, digo, se retirara de la profesión, ¿lo hizo en alguna medida por usted, para facilitar su carrera?

No. Mi esposo se retiró porque tuvo una enfermedad muy grave, cosa que nunca hemos dicho públicamente. Pero, gracias a Dios, ya está bien. Y además está muy contento, y yo también.

La verdad es que no resulta común, por desgracia, que un matrimonio funcione bien cuando ella es una triunfadora, y en el mismo campo que el marido... En este sentido, son ustedes una excepción admirable.

Yo creo que al hombre le van mal las cosas y a la mujer también cuando no son ni bastante hombres ni bastante mujeres. Porque los machistas, cuando hablan mucho de ello, es que de machos no tienen nada, y la mujer, cuando defiende mucho el feminismo, es que de feminista, nada.

¿Qué es ser feminista para usted?

Ser libre, hacer lo que se quiere, trabajar en lo que se quiere. Cuando alguien habla mucho de defender los derechos, creo que empieza por no tenerlos. El que los tiene no tiene que defenderlos. Ahora, ayudar a los que no los tienen me parece muy bien; que se creen esos grupos feministas para las acomplejadas o los acomplejados me parece estupendo.

Yo diría que no es una cuestión de complejo. Creo que hay muchas mujeres que no tienen esos derechos que usted dice: no es fácil que se los concedan.

Yo esto no lo creo.

Pero si la mujer ha estado discriminada, incluso legalmente, hasta la Constitución…Y estoy hablando sólo de la letra, de las leyes. Porque de hecho sigue estando discriminada: se contrata antes a un varón que a una mujer, se promociona antes a un varón que a una mujer; hay diferencias salariales por el mismo trabajo… Sería interminable el recuento.

Mire: yo le voy a decir una cosa: cuando una mujer, y perdone la expresión, puede irse a la cama con un hombre, puede hacer todo lo demás. Y como esto hoy día es la mayoría, lo encuentro una excusa muy pobre. Es como lo de la legalización del aborto, es una excusa muy pobre; ya se sabe, cuando una va a la cama, lo que le va a pasar; no nacieron ayer. Hay infinidad de métodos hoy día; métodos válidos, legales, para que esto no suceda. Pretender hacer una ley del aborto porque no son capaces de hacerlo sin la ley o porque les da miedo, es un poco de cobardes.

No se trata de que no se atrevan a hacerlo sin una ley, sino que, de hecho, se llevan a cabo abortos en condiciones dramáticas.

Bueno, a mí me parece muy bien que una persona que no desee tener más hijos porque ya tenga varios y no los pueda mantener use los métodos necesarios para no quedarse embarazada; los métodos hoy día son para eso; no podemos buscar la excusa de que no existen.

Muchas mujeres no tienen ni siquiera información suficiente al respecto ni posibilidades de acceso a los métodos anticonceptivos.

Entonces, las famosas feministas que las informen.

Eso es precisamente lo que hacen.

Mire, yo considero que un crimen es un crimen, venga de la parte que venga; y aunque venga por haber estado en la cama, es un crimen. Nunca participaré de un aborto.

¿También considera usted un crimen la pena de muerte?

¡A las cuatro semanas el corazón late y nadie tiene derecho a pararlo!

Lo que pasa es que en el asunto del aborto lo que hay que distinguir es el tema de la animación del feto. Porque el corazón late, sí, pero también late el corazón de un perro y usted no se opone a que se le mate.

Sí, de acuerdo, pero da la casualidad de que yo noto una pequeña diferencia entre un niño y un perro.

Efectivamente, pero no estamos hablando de niños, sino de un feto de cuatro semanas. Habría que saber si ese feto de cuatro semanas es una persona o no, si tiene más vida animada que un perro o no.

La excusa del feto es para mí una excusa muy indigna y muy pobre.

Dejemos eso. Decía usted que estaba en contra de todo crimen. También, entonces, en contra de la pena de muerte...

Seguro; cualquier caso de pena de muerte, desde el aborto a la eutanasia.

Pero, para precisarlo mejor, ¿también está en contra de la pena de muerte *legal*, de la pena capital?

Cualquier muerte. Hablo de seres humanos, no de leyes. Para mí, el no matarás es sagrado; es una ley de la que muchos se ríen, pero es una ley de Moisés, y yo, como creyente que soy, la respeto mucho. Yo creo que nadie tiene derecho a eliminar a otra persona. Los hay, ciertamente, que se apoyan en la ley para ello y los hay que no, pero cuando digo que estoy en contra de la pena de muerte, desde la eutanasia hasta el aborto, creo que ya está clara mi posición.

El próximo mes de noviembre cumplirá usted los veinticinco años...

Sí... Veinticinco años de carrera, claro. Ja, ja, ja.

Y en abril ha hecho usted cuarenta y ocho años. ¿Cuántos más cree usted que le quedan por delante en plenitud de forma?

No sé. El otro día la Nilsson cantó en París con un éxito fabuloso, y la Nilsson tiene sesenta y tres años. Yo no pretendo cantar hasta los sesenta y tres. Ja, ja, ja. Pero creo que me quedan todavía cinco o diez años por delante, ¿no?, trabajando en forma.

Y después, ¿qué? ¿Descansar?

¿Descansar? Noooo, ¿por qué? Hemos venido a este mundo a trabajar, ¿no?, no hemos venido a pasarlo bien. Yo espero poder entonces hacer algo más... Ahora sólo divierto a la humanidad en un cierto sentido; yo espero poder ser más útil en algún campo más adelante.

¿Tiene pensado algo en concreto?

¡Huy! Infinidad de cosas... No sé, ser útil, útil para algo; no me refiero a la música, me refiero a una utilidad práctica; tal vez para ancianos, para niños, para jóvenes... Para jóvenes me gustaría mucho.

¿Una institución, una fundación?

Sí, algo así, es una cosa que me gustaría mucho, porque lo de los jóvenes realmente me apasiona y apena y... Dicen que cada uno lleva un granito de arena a la montaña del mundo, ¿no? Bueno, pues a mí no me gustaría marcharme sin haber puesto mi granito.

¿Considera usted que no ha puesto ninguna arenilla hasta ahora?

¿Cantando? No, por Dios.

Bueno, estoy de acuerdo con usted en que considerar el arte como un privilegio es algo erróneo, pero de ahí a considerarlo una miseria, como parece usted pensar...

Noooo, ja, ja, ja, una miseria no; yo quiero mucho a mi trabajo y lo hago con mucho amor; bueno, esto lo saben todos. Además... Bueno, imagínese que a veces me llaman, me escriben o me dicen: «Mire usted: yo nunca me había sentido inclinado hacia la música, o estaba deprimido, o tenía grandes problemas y escuchándola me he animado o se me han olvidado por un momento...». Y entonces sientes que has servido de algo, que has ayudado en algo, aunque sea en poco.

Parece tener usted un concepto de servicio al prójimo en cierta medida sacrificado, un poco misional.

Ahhh, pero ¿querer ayudar al prójimo es algo especial?

Lo decía por esa actitud de «no hemos venido a este mundo para pasarlo bien», por ejemplo.

Yo, de sacrificada, nada; porque ayudar al prójimo, en el fondo, es para mí un egoísmo personal. Porque me doy una satisfacción a mí misma, porque eso da una finalidad a mi ser. Yo hago mi trabajo porque me gusta, pero también lo hago por los demás. Pretendo ser útil, y si no lo soy más es porque no puedo.

(Y diciendo esto, la beatitud se le desparrama por el rostro. Aunque al instante, cuando corto la grabadora dando por terminada la entrevista, engrose el labio, zumbona y combativa, y comente: «Consiguió usted su hora, ¿eh?, consiguió usted su hora», pasando una vez más de lo melifluo a lo arisco. Viéndola así, relajada al fin, tras acabar la charla, oronda, guardando esa voz divina entre sus carnes, siendo lo que es tras ese sobrevivir durísimo de enfermiza y hambrienta chiquilla de posguerra, pienso que, con todo, hay algo entrañable en su personalidad respondona y suspicaz, batida en los quebrantos. Algo entrañable que radica no en sus relámpagos melosos, sino precisamente en su refunfuñe de matrona: porque quizá en sus enfados haya algo más cándido, más cierto, que en sus gestos, tan inestables, de inocencia.)

1981

Julio Cortázar

El camino de Damasco

Físicamente, su cualidad más distintiva es la rareza. Porque Julio Cortázar posee un cuerpo filiforme, interminable, provisto de accidentados saledizos: esos brazos que revolotean en su camino tronco abajo; esas piernas, dignas de un arácnido, que nunca acaban de plegarse de tan largas. Los tobillos también tienen su enjundia, porque se empeñan en destacar, impúdicos, picudos, lamentables, por debajo de un pantalón definitivamente corto. Cruza Cortázar el restaurante en donde hemos quedado con un desencuaderne acompasado, que debe de ser lo que su cuerpo entiende por andar, y se desploma a cámara lenta en una silla rinconera, con el muro cubriendo sus espaldas. Al sentarse, dobla las piernas con la misma parsimonia con que se iza un puente levadizo, y las rodillas suben, suben, hasta hacerse omnipresentes. Una vez conquistado el asiento, Cortázar rebulle un instante, afinando su acomodo. Después abre sus ojos verdes, pestañea, sonríe complacido y ruge un poco.

Ayer le vi en el cóctel que dio su editorial...

¿Sí?

La habitación estaba llena de gente ansiosa de conocerle: sesenta personas con sesenta ideas preconcebidas de usted, con sesenta imágenes de Cortázar distintas. Parecían leones esperando a un cristiano... Usted, que tiene apariencia y fama de tímido, ¿no se angustia con estas cosas?

Pues no, mira: no es una paradoja ni una coquetería; lo que sucede es que me pongo en el lugar de muchos de los que se acercan y... Muchos de ellos son más tímidos que yo, y se acercan con una gran angustia. Hay personas que me han visto fugazmente, incluso, en otro lugar, y dudan de que yo les reconozca, no se atreven a decir nada; en el fondo, creo que sufren más que yo; de modo que la partida está pareja.

(Cortázar tiene un ritmo vital ralentizado. Gesticula mucho, finge voces distintas, asoma el morro entre las barbas en imitaciones bufonescas, prolonga las vocales. Pero todo lo hace de forma tan pausada que sus ademanes adquieren teatralidad, una prosopopeya propia de narrador medieval en plaza pública, las dimensiones fabulosas del cuentero. Incluso su figura parece sacada de un cuento para niños: su rareza resulta familiar, y, a poco que te fijes, le recuerdas, le reconoces como el ogro de las leyendas infantiles; un ogro, eso sí, sensible y bondadoso, ajeno a cualquier tipo de perfidias. Y, como para corroborar esa tendencia a la ogrería, el escritor sufre un frenillo peculiar, el célebre frenillo cortaziano, que le hace raspar las erres en soterrada gárgara con una especie de pacífico, amistoso rugidillo.)

Empecemos por un tema casi tópico en usted: la dualidad entre el político y el escritor, la dificultad que se evidencia en algunas de sus obras en unir lo literario con la finalidad política.

Sí, sí; yo sé que la dificultad está en eso, en esa tentativa de lo que yo llamo convergencia entre el discurso político y el discurso literario, dándole a la palabra discurso valoración de escritura. Desde luego, es difícil, porque el discurso político es el lenguaje destinado a la comunicación, es la prosa en su acepción más prosaica, mientras que la literatura es la utilización estética del lenguaje. Acercar esas dos vertientes y tratar de armonizarlas es un problema que no sólo me preocupa a mí, sino que está preocupando a muchísimos escritores, sobre todo, a los latinoamericanos.

Pero quizá en usted se note más, parecería casi una obsesión. Quizá se salga de lo puramente literario y arranque de su propia historia. Usted empezó escribiendo una literatura muy estetizante. En su primer libro, publicado bajo el seudónimo de Julio Denis, decía usted cosas como «Hoy el horizonte tenía un color mallarmé». Quizá el conflicto sea mayor en usted que en otros escritores que no hayan practicado nunca una literatura tan hiperindividualista.

Sí, eso es cierto; pero esa etapa superestetizante la liquidé muy pronto, y cuando empecé a escribir cuentos eso se nota cada vez menos. El problema fundamental es que para mí lo fantástico es un elemento de elección, lo ha sido desde mi infancia, es mi coto de caza. Y lo fantástico exige un lenguaje en donde los elementos no estetizantes, pero sí estéticos, estén utilizados a su máxima potencia, porque tienes que extrañar, desconcertar, descolocar al lector. Por eso el proceso de unión es penoso y difícil. Si eres un animal literario como yo lo soy, por vocación y por naturaleza, es relativamente fácil entregarse a la escritura, y las dificultades están en ir subiendo, digamos, por el camino de la perfección literaria. Pero si descubres un día, de golpe, que tienes una responsabilidad extraliteraria, pero que la tienes, sobre todo, porque eres escritor, ahí empieza el drama. Porque, ¿cuál es la razón de que un artículo político mío sea muy comentado, muy reproducido, muy leído? No es porque yo tenga el menor talento político, que no lo tengo, sino porque, tras muchos años de escribir sólo literatura, tú lo sabes muy bien, tengo una gran cantidad de lectores. Entonces, mi responsabilidad como argentino y como latinoamericano frente a los problemas pavorosos que tienen nuestros países es aprovechar ese acceso a miles de personas. Yo sé que hay pérdidas, lo sé muy bien; sé que si me dedicara sólo a literatura ese libro con el que estoy soñando quizá estuviera terminado ya. Pero como tengo la intención firme de escribirlo, no todo está perdido.

No quisiera parecer impertinente, pero creo notar en su respuesta una especie de deseo de justificación, de autoconvencimiento.

Pero, claro, claro que tengo que convencerme y justificarme a mí mismo. Porque yo tengo todo lo que creo que caracteriza a un ser humano más o menos común, es decir, tengo debilidades, renuncias, caídas y cobardías. Tengo ese deseo de volver a mi casa literaria y decirles a los demás compañeros: bueno, ese trabajo de tipo ideológico o práctico háganlo ustedes, que es, en definitiva, lo que saben hacer, y déjenme a mí en paz con mi literatura. Y estoy todo el tiempo luchando contra esos sentimientos.

Esto suena un poco a masoquismo judeocristiano. Quiero decir, que como escribir le parece demasiado fácil, supone que debe ser algo malo.

Escribir no es nada fácil.

Pero le resulta más placentero que hacer política.

Sin duda; sí, me complace más, me halaga más, es más hermoso, porque no se trata de un deber.

A eso me refiero. Quizá por ese culposo sentimiento de responsabilidad que vivimos en nuestra cultura usted siente que lo placentero ha de ser más pecaminoso, y que lo otro, la dedicación política, ha de ser mejor, puesto que es más dura.

No, no; esas reflexiones como calvinistas, luteranas o algo por el estilo, tocan ya el dominio de lo moral. No, mira: yo trato de analizarme y autocriticarme de la manera más lúcida en ese terreno, porque es un terreno muy peligroso, en el que montones de gentes se fabrican buenas conciencias con excesiva facilidad. Y lo que sucede es que yo no podría escribir una novela ahora si mientras lo estoy haciendo abro el periódico y me encuentro con que está sucediendo una cosa en Chile, en Uruguay o en Argentina; una injusticia ante la cual yo puedo tener una intervención de alguna eficacia, aunque sea una eficacia mínima, porque no me hago ilusiones respecto a los poderes de la literatura y la palabra. Pero ¿tú sabes lo que significa para mí el hecho de que, después de una ofensiva de telegramas, cartas, artículos, presiones sindicales, de todo, se consiga que sea puesto en libertad un individuo que iba a ser ejecutado o que estaba siendo torturado? Esto justifica una vida. Si yo sigo, y seguiré, en este terreno es un poco por la recompensa de tipo humano. Porque, bueno, después puedo escribir un cuento sin sentirme tan desdichado, sin sentirme con tan mala conciencia.

Quizá esa mala conciencia aumente proporcionalmente respecto al éxito como escritor. Quiero decir, que usted me parece un hombre de moral estricta, casi diría escrupulosa, y quizá se sienta sobrepasado por su enorme éxito, por su consagración como escritor.

Te voy a hablar muy claramente: me molestan las sacralizaciones tipo Elvis Presley o Marilyn Monroe, porque creo que son absurdas en el campo de la literatura; creo que ahí entra en juego un fanatismo que no tiene nada que ver con lo literario. Pero, dicho eso, por otro lado, no tengo ninguna falsa modestia. Yo sé muy bien que lo que llevo escrito se merece el prestigio que tiene, y no tengo ningún inconveniente en decirlo. Y puedo añadir algo que pondrá verde a mucha gente, porque lo considerarán de un narcisismo y un egotismo monstruoso: lo cierto es que, haciendo el balance de la literatura de la lengua española, y considerando el total de los cuentos que he escrito, que son muchos, más de setenta, pues, bueno, yo estoy seguro de que, en conjunto, cuantitativamente, he escrito los mejores cuentos que jamás se han escrito en lengua española. Ahora imagínate la cara que va a poner la gente si publicas eso...

Y lo voy a publicar, claro.

Me importa un bledo, porque es verdad, y porque además agrego a eso lo siguiente, y también lo vas a publicar, porque si no me enojo contigo: que, cualitativamente, conozco cuentos individuales que, en mi opinión, son mejores que cualquiera de los míos. O sea, que eso de la sacralización y la fama, cuando consiste sólo en las tonterías y los oropeles, me disgustan; pero tengo, sin embargo, una conciencia muy clara de lo que he hecho y sé muy bien lo que significó en el panorama de la literatura latinoamericana la aparición de *Rayuela*. Yo sería un imbécil o tendría una falsa modestia repugnante si no dijese esto.

(Transcritas, sus respuestas parecen más agresivas de lo que en realidad son. Porque Cortázar muestra cierta tendencia al refunfuñe; pero es el suyo un malhumor afable, juguetón, como utilizado a propósito para no desmerecer en el catálogo de ogros. Protesta constantemente por la duración de la entrevista; devora con fruición escalopines; se apoya de tanto en tanto, con la mirada, en la presencia de Carol, su compañera —rubia, inteligente, joven—, que está sentada frente a él; habla, gruñe, sonríe, gargariza sus erres atrancadas, intenta parecer terrible y ofrece, sin embargo, una imagen de ingenuidad indescriptible.)

Usted se exilió a Francia hace muchos años. Dejó su país, quemó las naves, se marchó sin un duro a París. ¿Por qué?

Yo me fui de la Argentina no tanto por el hecho de que hubiera cosas que me molestaban de Argentina, que las había, sino porque Francia representaba para mí, en esos momentos, un polo de atracción enorme. Yo tenía ya más de treinta años, y había agotado, en la medida de mis posibilidades, el panorama que me podía ofrecer la cultura nacional que me rodeaba. Siendo completamente apolítico, como lo era en aquella época, no tenía ningún contacto histórico con la realidad de Argentina, sino un contacto estético. Y tenía el convencimiento de que Francia no me iba a empobrecer como argentino, sino al contrario, que me iba a dar una nueva órbita, nuevos aires. Y creo, sin jactancia, que eso es lo que sucedió, o sea, que yo creo que me volví todavía más argentino estando en París, porque allí descubrí algo que los argentinos, en general, no saben, y fue el hecho de ser latinoamericano.

Dice usted que había cosas que le molestaban de Argentina cuando se fue...

Sí. En aquel entonces, y aun sin tener una participación política, el movimiento peronista me molestó profundamente. Yo me sentía muy antagonista hacia él, por razones estéticas. En este sentido, he hecho una autocrítica cruel de mí mismo, y no tengo ningún inconveniente en volver a repetirla. Yo era un joven pequeño burgués europeizante, a quien le molestó profundamente esa ola del peronismo de la época, que consideraba de una profunda vulgaridad —y dice profunda con tal énfasis que se adivina la hondura de su pasada repugnancia— y que invadió Buenos Aires cuando la gente del interior, llamada por el levantamiento de masas que hizo Perón, se volcó en la ciudad. Porque aparecieron los que nosotros llamábamos *cabecitas negras*, es decir, toda la gente de piel oscura. Hay un cuento mío, incluso, de aquella época, que como cuento me gusta mucho, en donde hago una descripción muy peyorativa de la gente del campo, cosa que jamás haría hoy, porque he aprendido a conocerles y a estar cerca de ellos en su drama actual. De modo que, si a estas razones de hostilidad que te cuento unes el deseo de ir a Europa por lo que ella podía ofrecerme, comprenderás que el irse fue muy fácil: fue simplemente vender lo que tenía, que era muy poco, y saltar al barco.

Lo curioso es que, de ese salto, provocado en parte por hostilidad a los *cabecitas negras*, fue pasando, poco a poco, a posiciones ideológicas contrarias.

No fue tan poco a poco. Yo te diría, aunque parezca una cosa literaria y un poco narcisista, que, a mi manera, a mi pobrecita manera, tuve mi camino de Damasco. No me acuerdo muy bien de lo que pasó en ese camino, creo que Saulo se cayó del caballo y se convirtió en Pablo, ¿no? Bueno, yo también me caí del caballo y eso sucedió con la revolución cubana.

Cuando usted fue a Cuba en 1961.

Exacto. Yo había seguido a través de los periódicos la lucha cubana desde 1959 y había algo ahí que me parecía diferente. Después de ocho o nueve años de vida en París, evidentemente, yo había ido madurando sin darme cuenta de ello, porque el melocotón no sabe que madura, y el hombre, tampoco. Y, de golpe, se produce la revolución cubana, y a mí me atrajo, y busqué la mañera de ir, de conseguir entrar, que no era fácil, y, de golpe, eso fue: ahí me caí del caballo. Porque por ejemplo, las manifestaciones peronistas en Buenos Aires me producían espanto; yo me encerraba en casa y escuchaba una sonata de Mozart mientras afuera gritaban: «¡Perón, Perón, Evita, Evita!». Bueno, pues de golpe, en La Habana, asistí a una inmensa manifestación —y cuando dice inmensa está claro que quiere decir inmensa—, donde Fidel hacía un discurso, y allí me sentí profundamente feliz, en aquella especie de comunión. Y me dije: hombre, lo de Buenos Aires me causaba espanto, esa congregación de gentes del pueblo, y aquí me siento identificado. A partir de ahí, la autocrítica continuó de forma encarnizada.

(Enciende deleitosamente el postre de su puro y hace su broma número 117 sobre la excesiva duración de la entrevista.)

Otro tema tópico con respecto a usted es su aspecto físico; tiene usted sesenta y seis años, y, sin embargo, parece poseedor de la eterna juventud, como si hubiese hecho un pacto con lo fantástico, ese terreno que usted conoce tan bien.

Te digo una cosa francamente: ésta me parece una pregunta que está muy por debajo de la calidad de las demás.

No es una pregunta, es una introducción —disimulo, reculando ante su arrebato ogril, que suena por vez primera verdaderamente enrabietado—. No se trata sólo de su aspecto, sino también de esa especie de ingenuidad vital que parece usted tener. Me han dicho que es fácil verle pasear por París, a su edad, cogido de la mano de su mujer, como un novio adolescente. No es un gesto normal.

¿Crees que es anormal?

Me refiero a que no está dentro de la norma, es decir, que no es común, por desgracia. Pienso que los hombres y, sobre todo, en culturas muy machistas, como la rioplatense, de la que usted procede, están educados en la represión de sus emociones.

Sí, sí, tienes razón, y comprendo que te parezca extraordinario; a mí no me lo parece en absoluto, sino que me parece consecuente con una actitud antimachista que creo que se nota en la segunda mitad de lo que he escrito, porque en la primera fui bastante machista.

Eso iba a preguntarle. Porque, por ejemplo, en *Rayuela*...

Sí, sí; yo tenía todas las adherencias argentinas, que son inconscientes, como todo este tipo de adherencias: uno es machista sin saber que lo es. En *Rayuela* yo califiqué a los lectores pasivos de lectores hembras, lo cual me ha valido una lluvia de palos en mis últimos viajes por América Latina. Hace mucho que dejé de pensar así, pero en aquella época caí en la trampa, como siguen cayendo hoy tantos machistas. Ahora que las mujeres hablan de liberarse, yo, personalmente, creo que, en mi plano, estoy quizá también liberado.

Yo no me atrevería a decir de mí misma que estoy liberada.

Bueno, no, yo tampoco; además, Carol me llama machista cada dos días, muy amablemente, cuando me pesca gestos y reacciones... Pero creo que, en lo fundamental, sí he cambiado.

Es curioso: en su obra, la mujer es un objeto que usted rodea de ternura y admiración, pero que no tiene entidad propia, es sólo un punto de referencia. Ahora, en cambio, ha escrito un cuento protagonizado por una mujer, en *Queremos tanto a Glenda*, su último libro.

Sí, yo creo que ahora soy menos tierno con la mujer, pero más justo. Ese cuento al que te refieres está escrito deliberadamente así. Y escribir como mujer es muy difícil.

Quizá me equivoque, pero yo he observado que, cuanto más objetualiza un hombre a la mujer, más dependencia tiene de ella, mayor incapacidad de vivir solo. Usted ha sido siempre un hombre acompañado, ha pasado de una pareja a otra sin vacíos... ¿No le sucederá algo de esto?

Yo pienso que sí, porque antes de irme a Europa, en Argentina, yo vivía solo, muy solo, pero me sentía muy lejos de ser feliz. Aunque yo no atribuía esta infelicidad a la soledad, sino a otros motivos. Pero cuando llegué a París, al principio, la soledad era muy dura, muy pesada. Y allí comprendí que la soledad no era natural para mí, y entonces la relación de pareja se hizo casi necesariamente. Pero nunca me planifiqué la vida en ese sentido, ya sabes, lo del jovencito que tiene ya trazado su plan de vida: a los veintidós años me caso; a los veintitrés, el primer niño; luego, la carrera en el banco, y todo lo demás. No; eso me produce un espanto incalculable.

Dice usted que no planifica el futuro, pero quizá intente, de una manera vaga, escaparse de un futuro desagradable. Por ejemplo, usted quizá procura poner los medios para no vivir una vejez en solitario.

Mira: hace veinte años yo podría haberme planteado el problema del futuro en términos amenazantes, y nunca lo hice. Me instalé resueltamente en el presente, porque me parece que éste es tan rico, tan inagotable, que ponerse a pensar en el futuro es una especie de masturbación mental. Y si en esa época no me preocupé, imagínate ahora, cuando mi futuro está muy limitado, muy disminuido, porque yo ya soy un viejo... ¿Qué sentido tiene el futuro para mí? Bueno, eso de viejo es una coquetería, porque yo me siento extremadamente joven y con la intención de vivir lo más posible, siempre instalado en el presente. Porque el futuro sólo lo veo a un nivel político, es decir, pienso en el futuro de América Latina, y ahí me incluyo como ideal, como deseo.

(Sólo el sentido del humor, cauto y socarrón, tamiza su aparente inocencia, ese optimismo crédulo, quizá un poco iluminado, de humanista atormentado en pos de una salvación de la que duda. «Ese futuro como ideal político —le comento— viene posiblemente de la necesidad de trascendencia: unos se escapan de la idea de la muerte proyectándose en la literatura; otros, en un colectivo revolucionario...».)

En todo caso, hay una cosa que no me preocupa en el futuro, y es la noción de la supervivencia literaria, el prestigio, la fama, lo que yo seré dentro de veinte años... Con la aceleración histórica que estamos viviendo, ninguno de nosotros será nada dentro de veinte años. Además, ¿se hablará entonces de literatura, con el avance vertiginoso de los medios audiovisuales, con las nuevas técnicas? Yo me pregunto cuál será el destino del libro; dudo que sea algo más que un inmenso archivo de microfilmes para los historiadores... Y anda tú a leer *Rayuela* en microfilme. ¿A quién le va a importar?

(Y sonríe, cansado, descomunal, con su cara de ogro plácido y decente.)

1982

Pedro Almodóvar

«Un chiquito como yo»

Tiene una mata de pelo ensortijada y azabache que, de niño, debió de ser la envidia de muchas madres primorosas: ahí es nada, tener un hijo con semejante esplendor de rizos en el cráneo. Debajo de esta exuberancia capilar asoman dos ojos muy vivos y muy negros, una nariz carnosa, los labios gordezuelos. Más abajo encontramos una camisita de estampado moderno y unos pantalones vaqueros muy discretos. Y si descendemos un poco más, en fin, llegamos enseguida al suelo, porque la estatura de Pedro Almodóvar es más bien breve. Eso sí, todo lo que tiene de bajito lo tiene asimismo de garboso: Almodóvar pícaro, Almodóvar carnal, coqueto y sandunguero, tan apetecible de abrazar y de sobar como un buen oso de peluche.

Está rodando ahora su quinta película, *La ley del deseo*, y el piso del Madrid antiguo en donde están filmando los interiores retumba de pasiones: Carmen Maura, que es un transexual de melena pintada en rojo ira, intenta huir de Antonio Banderas, que es un asesino por amor. Carmen y Antonio se pelean; la Maura escapa al descansillo; Banderas la atrapa de una pierna. Los cuerpos caen y golpean el entarimado de madera con un estruendo colosal. Almodóvar da por buena la cuarta toma, la cuarta caída, el cuarto trastazo; está encantado: «Todas mis películas son un reto para mí, en todas hago algo nuevo... Nunca había hecho escenas de acción como en ésta, por ejemplo». Entre toma y toma, Carmen se da aire con un abanico blanco; Almodóvar, con uno rojo fuego. «¿Que si estoy contento con la película? Pues mira, eso es como cuando estás locamente enamorado de un chico y alguien te pregunta: "¿Te gusta?". Y tú no lo sabes, lo único que sabes es que no tienes otra cosa en la cabeza más que eso, lo cual incluye todos los estados de ánimo posibles, desde el encantamiento a la desesperación», explica Pedro.

Ahora estamos en su casa, que es un nido en desorden, una guarida de animal solitario, un verdadero lío. En un rincón se deshace lentamente un tiesto de marihuana artificial («el tiempo no respeta ni al plástico»), recuerdo del rodaje de *Pepi, Luci, Bom y otras chicas del montón,* su primera película. Más allá hay un tigre de porcelana a medio embalar. Mas acá, unas cuantas rocas y pedruscos. Todo esto, todos los adornos, por llamarlos de algún modo, proceden de sus rodajes, son restos del *atrezzo.* Pero en realidad no son adornos, sino que estos objetos habitan la casa como si fueran huéspedes, embarulladamente y molestando. Al margen de estos residuos cinematográficos, el piso de Almodóvar no es más que un almacén de papeles y de libros, que se apilan en unas espartanas estanterías de mecanotubo. Pocas veces he visto un entorno doméstico tan indiferente y descuidado, Almodóvar, siempre tan pinturero en su vestir, mantiene sin embargo en su vivir un desapego de nómada, O de *progre* antiguo. O de *maldito* marginal.

Usted suele repetir que es un amante del placer, pero ésta es la casa menos hedonista que conozco; es un entorno que carece por completo de placer.

Bueno, carece de placer por la decoración. Pero yo he gozado mucho en esta casa, incluso en ese mismo sofá en el que estás sentada. Lo que pasa es que realmente no paro aquí, y yo no sé si eso va a ser ya mi vida, y eso me preocupa. Pero la verdad es que no he tenido tiempo.

No está usted en casa normalmente.

No. O sí, estoy mucho; pero la verdad es que cuando estoy en casa, o estoy trabajando, o leyendo, o durmiendo. No recibo en casa, por ejemplo.

¿Y eso?

Pues no sé, porque soy poco hospitalario. Cuando quiero relacionarme con amigos voy a sus casas o a un lugar público; pero ellos no vienen nunca a mi casa, no me gusta que vengan, y ellos lo saben; de modo que me llaman por teléfono. Y además es que no tengo tiempo. Sobre todo, es que no tengo tiempo.

Pero dice usted que aquí lee mucho, por ejemplo. ¿Dónde lee?

Sentado aquí. —Y señala un sillón sobre el que penden dos focos descuajaringados y sin bombillas.

O sea, lee usted en unas condiciones de luz pésimas.

Sí. Espantosas. La verdad es que la luz es muy mala.

¿De qué placer habla usted cuando reivindica tanto el hedonismo? Esta casa, en realidad, es de lo más masoquista.

Es verdad. Pero es que hay muchas cosas desastrosas en mi vida. Y yo me quejo de eso también, me quejo y digo: «Esto no puede ser, no puedo seguir viviendo así, no puede ser, tengo la casa como un *yonqui* —heroinómano—, no puede ser...». A veces me desespero. No soy nada organizado, en realidad. Y lo que ocurre es que ya me he acostumbrado a abstraerme de todo esto y a leer y escribir por encima de este desastre sin enterarme. Es que no tengo tiempo.

(Repite y repite Almodóvar su letanía sobre la falta de tiempo, una salmodia que es más histérica que quejumbrosa. O sea, no es que se lamente, sino que lo dice como quien define un hecho consumado: la vida es así para él, un puro vértigo. Una aceleración continua, un trote peleón, una hiperactividad que se manifiesta también en su modo de hablar, a tantas palabras por minuto que resulta asombroso que le dé tiempo a respirar entre dos sílabas.)

A partir de su película *¿Qué he hecho yo para merecer esto?*, la crítica ha empezado a respetarle...

Sí, es verdad. Después de *Qué he hecho yo...* se me respeta mucho más en el ambiente cinematográfico y se me reconoce como director. Bueno, algunos; otros no. Pero es cierto que mi aceptación ha mejorado, aunque sigue habiendo detractores furiosos, porque generalmente los rechazos que yo provoco son casi neuróticos...

¿Y los amores? Porque también provoca muchos amores...

Sí, muchos y muy apasionados. Y también son neuróticos. Pero volviendo a *Qué he hecho yo...*, lo que sucede es que en esa película hay un personaje detrás, es una historia lineal sobre un personaje absolutamente reconocible, y el público se identifica mucho más con él que en otras películas mías en donde hay una inflación de personajes. Además, en *Qué he hecho yo...* hay una preocupación mía social muy concreta, e incluso una postura política muy crítica, y eso ha sorprendido a mucha gente, aunque todo eso en realidad está en todas las películas que hago.

Sin embargo, la gente dijo que a partir de *Qué he hecho yo...* usted empezaba a tomarse el cine en serio, que antes hacía bromas para amiguetes.

Qué va, para nada. Lo que pasa es que al sacar mis orígenes, porque en esa película hablo un poco de mi familia o, mejor dicho, no de mi familia, sino de la clase social a la que pertenezco, pues a lo mejor el resultado es más visceral y te comunicas de un modo más inmediato. Pero en las demás películas mías hay cosas semejantes. Y en cuanto a la seriedad, ¿tú sabes lo serio que hay que ser para hacer una película como la primera mía, *Pepi, Luci, Bom y otras chicas del montón*, que tardé año y medio en poder terminarla? ¿Tú sabes lo que es coger 40.000 pesetas de aquí y rodar un plano en un fin de semana, y seguir así año y medio, sin desesperar y sin dar por terminada la película? La constancia y la seriedad que se necesita para eso son tremendas. Ha sido la película más dura y más difícil de hacer de todas las mías.

(De *Qué he hecho yo...* dice, con toda la razón, que es una película «tragiquísima». Y de su siguiente trabajo, *Matador*, explica que «yo quería tocar el tema de los toros para demostrar que podía tratarlo sin caer en el tópico folclórico, que es lo que la gente esperaba de mí, sino haciendo una película muy grave y muy severa; quería que la gente comprendiera que no deben esperar de mí concesiones, porque no las hago». Al definir su obra se acumulan los adjetivos oscuros: trágico, severo, grave... «En todos mis personajes existe una insatisfacción con el momento que les rodea, con el mundo en general, consigo mismos, una insatisfacción de la que no son culpables y que tiene mucho que ver con la vitalidad, porque la frustración no les lleva a la pasividad, sino que les impulsa a reaccionar. Son todos personajes muy positivos y llenos de energía, pero en el fondo hay siempre esta cosa metafísica de la insatisfacción, el saber que la realidad es siempre inferior a los sueños, siempre».

Lo cierto es que últimamente sus temas son cada vez más abiertamente terribles. «Eso es cierto; pero creo que se trata de una especie de cosa fisiológica: a medida que te vas afianzando en esta profesión te vas crispando más y te vuelves menos complaciente. Yo creo que el éxito no te vuelve complaciente, sino todo lo contrario. Y no porque te tomes la cosa como una revancha, sino porque vivir el éxito te obliga a compartir situaciones con tanta gente que no te gusta, que cada vez te separas más del entorno y estás más interesado en demostrar cómo eres tú en realidad. Porque el éxito es un proceso muy esquizofrénico. Todo el mundo habla de ti, y cuando lo hacen, parece que están hablando de otra persona, pero nunca de ti. Y cuanto más hablan de ti, menos te sientes reflejado, y entonces necesitas de un modo más violento el imponerte, el llamar la atención de que tú eres tú».

Por debajo del alboroto de sus pelos tiene una tremenda cara de niño, de un niño mofletudo, listo y bueno, cuya mayor perrería consiste en seducir a los adultos y hacer al final lo que le viene en gana amparado en su sonrisa de angelote. Y además es, como ya queda dicho, un niño la mar de diligente: «El trabajo se ha convertido en mi vida; vivo también otras cosas, vivo todas las parcelas que un ser humano necesita; pero lo cierto es que últimamente estoy más pendiente del trabajo que de otra cosa. Es que se ha creado en mí una especie de segunda naturaleza, en la cual las cosas no sólo son dignas de ser vividas, sino que son dignas de ser vividas porque las estás registrando. Me estoy especializando en desarrollar todo lo que hay de insuficiente en la vida; te decía antes que la realidad no basta, que la realidad siempre es inferior a los sueños. Pero esto, lejos de amuermarme, se convierte en el primer material con que trabajo. Por ejemplo, en esta película que estoy rodando ahora, *La ley del deseo*, hay una cosa que yo estuve a punto de hacer en mi vida real, pero que al final no hice. Yo recibí una carta de una persona a la que quería, y que me quería, pero no tanto como yo necesitaba; yo leí la carta y, aunque era encantadora, me disgustó, porque no era la carta que yo necesitaba recibir. Entonces le escribí a mi vez una carta y le dije: «La carta que yo necesito es ésta». Y me escribía mi propia carta. «Encabézamela y fírmala, porque ésta es la carta que quiero recibir.» Luego, en mi vida real, guardé esta carta y jamás llegué a mandarla. Pero la he metido en un guión, y mi personaje sí la envía. Por eso te digo que todo lo insuficiente de mi vida no se convierte en una causa de frustración, sino que luego lo desarrollo en mis guiones.

Almodóvar no mandó aquella carta porque «con estos juegos de la imaginación hay que tener mucho cuidado, porque son peligrosos y se te terminan volviendo en contra tuya; si envías la carta, lo más seguro es que la persona la encabece, la firme y te la devuelva, con la mejor de las intenciones. Pero cuando tú la recibes es aún peor que la primera carta, porque sabes que es mentira. De modo que aquellos juegos de la imaginación que empiezan siendo lúdicos y desinhibidores pueden terminar volviéndose contra ti. Por eso yo desarrollo estas cosas en el cine, no en la vida real. En la vida real me muerdo la lengua muchas veces».)

Pero en el cine, cuando desarrolla sus fantasías, los resultados suelen ser también calamitosos. Por lo menos, podría desarrollarlas con un final feliz.

Tienes razón. En *La ley del deseo*, por ejemplo, el mandar esta carta tiene por resultado un asesinato. Pero es que no me sale de otro modo, no me lo creo. Yo me invento unos personajes, pero luego no los puedes controlar. Esto es muy viejo y muy tópico, pero es verdad. Al final tú llegas a trabajar un poco como al dictado de los personajes. A mí me sucede algo que es topiquísimo, pero que te aseguro que yo lo vivo así; y es que hay veces que acabo de escribir las primeras líneas de una sinopsis y luego me voy a la cama, y entonces la historia sola empieza a desarrollarse, pero de una manera casi monstruosa, ramificándose caóticamente y de un modo muy fuerte, muy fuerte, muy fuerte. Y me impide dormir. Y en más de una ocasión he tenido que levantarme y pasarlo todo a máquina para liberarme de ello, porque me sentía igual igual igual que si hubiera desembarcado un alien, un monstruo encima de mi cabeza, y tú ya no eres el creador de eso, sino que te ha cogido como vehículo para que esa historia salga...

Y esa tremenda imaginación que usted tiene, ¿ha sido siempre tan fértil? ¿No ha tenido ningún momento de bajón, ningún instante de crisis, esas etapas en las que uno cree que ya no se le va a ocurrir nada?

Si hay una única cualidad que me reconozco, y eso sí, desde pequeño, es que siempre he tenido una gran imaginación. Esto me lo demuestro cada día. Y a veces sí he tenido miedo de decir: «¿Y si esto se me va en algún momento?». Y esa posibilidad me da terror. Pero siempre he tenido imaginación; por eso he sido siempre una persona muy provocadora y muy polémica, porque todo lo que he hecho ha sido imaginativo; pero casi siempre ha estado mal hecho, o casi nunca ha estado hecho convencional y correctamente, porque me he lanzado impulsado exclusivamente por las ideas y por la imaginación. Y esto es muy peligroso, porque la imaginación no basta: las cosas hay que hacerlas. Yo siempre he sentido esta preocupación porque nunca he tenido los conocimientos suficientes para hacer las cosas que he hecho. Por eso todo lo que he hecho ha sido como muy imaginativo, pero un poco chafarrinoso, porque nunca tenía los medios para hacerlo ni sabía cómo hacerlo. Pero siempre he tenido claro que un chiquito como yo, que venía de familia humilde, etcétera, etcétera, etcétera, no iba a esperar una situación fantástica y maravillosa donde se iba a encontrar con todo, sino que yo tenía que robar esa oportunidad e imponerla.

(Porque Almodóvar no ha estudiado cine, ni tenía dinero, ni contaba con un entorno social que le apoyara, ni estaba en el mundillo. Todo se lo ha conseguido esa seguridad en sí mismo que siempre ha tenido: «Yo tenía la seguridad de saber muy claro lo que quería hacer, y he conducido toda mi energía por ahí». Lo que quería hacer era contar historias, contar historias como fuera, y cuando estaba en la Telefónica, pues trabajaba por las mañanas ahí y por las tardes escribía y hacía películas en *superocho* sin parar. Y así ha ido desarrollando su carrera, con una feroz voluntad de aprendizaje, con una admirable disciplina que aún persiste. Pero toda esa seguridad que manifiesta en el terreno profesional se le desmorona cuando entramos en el mundo íntimo: «En lo sentimental no tengo la menor seguridad. De hecho hay otro elemento en *La ley del deseo* que es el Deseo, con mayúsculas. Y es que yo soy una persona que no me siento deseada, y te lo digo con una sonrisa, pero es lo más terrible de mi vida. Y el *leitmotiv* de *La ley del deseo,* el personaje que interpreta Poncela, es el gran drama, aunque él no lo lleva como una cosa dramática, de no sentirse deseado por la persona adecuada. Porque los deseos que provocas en personas que no te interesan no te sirven absolutamente para nada y no te dan la menor confianza en ti mismo».

Tuvo Almodóvar su época de corazas sentimentales, como todo inseguro que se precie: Es cierto que he estado muy, muy amurallado en algunas épocas; era un modo de defenderte, porque tienes una sensibilidad concreta y te afectan hasta las cosas más nimias. Y llegó un momento en que me acoracé y pasé de... Pero también llegó otro momento en que me di cuenta de que no podía vivir así, aunque fuera muy sensato. Y desde entonces, eso fue hace años, decidí que me tenía que implicar en las relaciones y, bueno, *comerme* lo que fuera. Y en el momento en que decidí implicarme empecé a tener montones de aventuras, y aunque fueran de una sola noche, yo me he implicado en ellas, y sales malparado, y sufres; pero estoy convencido de que es mejor así, que eso es vivir. Lo que no soy es masoquista, no me complazco en los problemas, y cuando algo no funciona, corto con más sentido común que vísceras. Porque odio el refocile en el deterioro, y la complacencia en los problemas, y la autoconmiseración que a veces veo en mi entorno. Este cambio, esta bajada de puente levadizo, este abrir el castillo a los azares, fue obra de su inflexible voluntad: «Simplemente lo pensé. Pensé que las corazas no eran buenas y llevé a cabo esa decisión. Es más, me acuerdo cómo lo pensé y cómo lo llevé a cabo, y lo llevé a cabo al día siguiente. Así es Almodóvar, un arquitecto de sí mismo.)

¿Es usted tan bueno como parece?

(Y ante esta pregunta le relampaguea una sonrisa deslumbrante, más crío que nunca, halagado y entregado sólo por un instante. Porque inmediatamente se corrige y vuelve a asumir sus aires de niño modoso y sensato que desempeña responsabilidades más grandes que su edad.)

Pues no lo sé. A mí me ha tocado un papel raro, ¿sabes? Lo que me crea problemas es esa especie de intolerancia que tengo, que no es intolerancia, pero... Yo tengo muchos amigos, amigos que me quieren mucho y a los que quiero mucho, pero como yo soy el más controlado de todos ellos, y no me miento, no me miento ni siquiera en las cosas negativas para mí, te lo aseguro, pues el caso es que tampoco les miento a ellos. Y esa cosa de convertirte en una especie de conciencia viva para la gente que te rodea es muy desagradable, porque por una parte esto violenta inevitablemente tu relación con los amigos, y por otra, tus amigos acuden a ti como si fueras de algún modo un padre espiritual, para que les guíes, que es la función que más odio.

¿Y a usted no le ha *prohijado* nunca ningún amigo?

No.

No se deja, claro, no se permite esa debilidad...

No sé, porque a mí me encantaría, porque además muchas veces yo soy, más que el padre, el padrino, pero como el padrino de un clan. Pero me encantaría que alguien me protegiera. Claro que me encantaría así como por dentro, porque lo cierto es que tampoco me veo en ese papel; a mí me gusta siempre tomar las decisiones y odio que las tomen por mí, y las broncas me las echo yo y todo eso. Es que, ¿sabes?, es muy incómodo ser para los demás el personaje fuerte, es algo muy antipático.

Y para uno mismo es fatal, ¿no? Ese no consentirse la propia fragilidad...

Pero si yo soy frágil, fragilísimo; pero lo que pasa es que no justifico mi fragilidad, no le doy la vara a los demás con esa fragilidad, no me engaño a mí mismo con ella y con lo que uno sufre y todo eso. Y me como las cosas, me las como sin alharacas, sin escribir novelas ni hacer películas sobre ello, me lo como porque no hay más remedio, y trato de digerirlo cuanto antes porque quiero trabajar y hacer cosas que me divierten mucho más. Yo no soy fuerte, ni invulnerable, ni nada; lo que pasa es que hay cosas sobre las que la gente se engaña, y yo no me engaño y no me da la gana de engañarme.

Pero eso no tiene nada que ver con jugar un día a dejarse proteger por un amigo, con permitir que alguien te dé cariñosas palmaditas en el cogote...

Es que mis amigos no se atreven a hacer eso...

Porque usted no les deja. Quizá sea usted quien no se atreve.

Sí, claro. A pesar de que yo sugiero mucha ternura, pero...

... Pero sólo les deja llegar hasta cierto punto.

Sí, es cierto. Eso no es bueno, es verdad. Bueno, ése es el próximo asunto que tengo que solucionar después de esta película: hacerme accesible...

1986

Harrison Ford

Madera de héroe

Que quede claro, para que nadie se llame a engaño, que ésta es una entrevista embelesada. Y no se trata ya de que Harrison Ford sea en persona tan suculento como resulta en las pantallas —que lo es—, sino que es capaz de mantener al natural ese encanto cándido y obstinado del que suele hacer gala en sus películas. La experiencia me ha enseñado que los más sólidos galanes suelen quedarse en una nada; que su atractivo viene dado por los personajes que interpretan, pero que luego, cara a cara, apenas si son más que un pedazo de carne bien dispuesta. Harrison Ford, en cambio, arrastra tras de sí la estela de su mito. Una magia cinematográfica ante la que se sucumbe fácilmente, de modo que, más que hacer una entrevista, te parece estar viviendo súbitamente en el interior de una película.

Tengo entendido que lo único que no le gusta de su profesión es precisamente el contacto con la prensa...

Eso no es verdad, no es verdad. Siempre he estado dispuesto a hablar con los periodistas cuando tengo una película para promocionar. Pero entre películas no me gusta salir en la prensa porque pienso que el público posee una cantidad limitada de interés sobre cualquier persona, y es mejor no explotar y desperdiciar ese interés a no ser que tengas algo que contarles. Pero lamento tener esta fama de arisco, y no creo que sea en realidad culpa mía. Yo creo que se trata de un tópico periodístico, que es algo que alguien dijo una vez, y después ese dato entra en los archivos, y todos lo repiten. Ésa es la primera pregunta que me hacen todos los periodistas, porque vienen muy nerviosos, creen que soy alguien muy difícil de entrevistar.

Bueno, es que se trata de un buen truco. Si se empieza así, usted se ve obligado a negarlo y luego...

...Y luego no tengo más remedio que mantenerme fiel a mi palabra y mostrarme cooperador, claro. Sí, sí, es un truco estupendo.

(Y se parte de risa, enseñando unos dientes de anuncio de dentífrico. Hay que señalar que la entrevista se desarrolla en Londres y en mitad del rodaje del último *Indiana Jones*, de modo que Harrison Ford está ataviado con todos sus aderezos legendarios, la cazadora raída, el sombrero de fieltro sudado, el correaje que le atraviesa el pecho, los pantalones fláccidos; Indiana Jones, en fin, en toda su gloria y mismidad. Estamos en una modesta caravana instalada en las afueras del estudio, aprovechando un pequeño descanso en el rodaje. Ford se sienta, cruza cachazudamente sus manazas y fija en ti unos ojos calmosos, no muy grandes, de un perfecto color uva, verde intenso.)

Para empezar por el principio, hay que explicar que este hombre hoy tan triunfante pasó por unos comienzos penosísimos. Tenía Harrison Ford veinte años y un contrato recién firmado con la Columbia cuando, tras hacer un papelito de botones en su primera película, fue llamado al despacho de un alto ejecutivo de la casa. «Siéntate, chaval, quiero contarte una historia —dijo el tipo—: La primera vez que Tony Curtis trabajó en un filme hacía de chico de los ultramarinos entregando un pedido. Y nada más verle nos dijimos: "Ahí está una estrella". Pues bien, chaval, tú no tienes eso, no lo tienes. Así que quiero que te vuelvas a la universidad y que te olvides de esto.» Ante lo cual Harrison se inclinó sobre la mesa y replicó: «Yo creía que lo que se esperaba era que ustedes lo miraran y dijesen: "Ahí está el chico de los ultramarinos"». Le recuerdo ahora la anécdota a *Indiana* Ford y sus ojos chispean levemente: «Sí, es todo verdad, fue exactamente así».

¿Ha vuelto a encontrarse con ese hombre?

Sí, lo vi hace cinco años en un comedor ejecutivo de los estudios de la Twentieth Century Fox; yo voy muy poco a esos sitios, pero aquel día estaba allí sentado entre cientos de hombres vestidos de traje y corbata y demás. Y entonces se acercó un camarero con una tarjeta en una bandeja. Era la primera vez que yo había visto una cosa así, lo de la bandeja y la tarjeta, excepto en las películas. Así es que cogí la tarjeta; tenía impreso el nombre del ejecutivo, y en el reverso había escrito: «Perdí la apuesta». Y cuando lo leí miré alrededor de la sala para ver dónde estaba, y para mi delicia no pude reconocerlo: todos los ejecutivos parecían iguales.

Ahora es fácil mirar hacia atrás, pero supongo que un comentario así puede llegar a arruinarte la vida...

No, no arruinó mi vida, en realidad era exactamente lo que necesitaba oír. Yo funciono bien cuando lucho contra algo. Tras aquella historia yo supe que tenía un enemigo claro y definido, y que, por tanto, tenía que construirme mi propia fortaleza mental en la dirección opuesta. Así es que en realidad me puso en marcha.

(En las entrevistas, en las declaraciones que de él he leído, siempre asoma la palabra reto, la actitud combativa y tenaz de quien se echa un perenne pulso con la vida. Y cabe pensar que sin un comienzo tan negativo y peregrino quizá no se hubiera obcecado en ser artista: «No creas. Si te soy sincero, la verdad es que en ese momento esa historia me descorazonó. En aquel entonces yo tenía un contrato con la Columbia, y sabía que me quedaban todavía quizá seis años con ellos. Y ese encuentro sucedió en los primeros seis meses del contrato. El tipo aquel estaba expresando lo que yo tenía que suponer que era el punto de vista de toda la compañía, aunque en realidad una parte de mí mismo sabía que era sólo su opinión. Pero en cualquier caso él era todo el contacto que yo tenía con la productora y, al parecer, eso era lo que pensaban de mi trabajo. Así es que me dije, oh, mierda, estoy metido en un buen lío, puedo estarme pudriendo durante seis años. Pero de hecho estaban tan ansiosos de librarse de mí que anularon mi contrato tras un año y medio».)

Debió de ser un año y medio terrorífico. Porque no fue sólo la historia del ejecutivo. Tengo entendido que, por ejemplo, le obligaron a cortarse el pelo como Elvis Presley.

Sí, sí, me condujeron al peluquero del estudio, enseñaron una foto de Elvis y dijeron que era así como querían que yo fuese. Les dejé que me lo cortaran, porque por entonces, eran los años sesenta, yo llevaba el pelo por los hombros y sabía que no me iban a permitir actuar así. Pero tuve muy claro que de esa manera no iban a salir bien las cosas.

Precisamente en alguna entrevista ha hablado usted de las humillaciones e indignidades por las que han de pasar todos aquellos que empiezan en una carrera, y sobre todo los actores.

Sí. Hasta que consigues el control de tu propia mente atraviesas por un proceso humillante. Porque cometes errores en público, tomas decisiones equivocadas en público, y no se trata ya de que la pifies delante de las doscientas cincuenta personas para las que estás trabajando, sino que esos errores son conservados en las películas, y además las películas ahora duran para siempre, no son como las de antes, ahora las pasan al vídeo y ahí te quedas, siendo un imbécil para toda la eternidad. Así es que tienes que aprender a vivir con tus errores.

No me refería exactamente a eso, sino a las humillantes presiones de la industria.

Bueno, en eso para mí fue muy importante hacer otro trabajo, el convertirme en carpintero.

(Porque Harrison Ford, que se pasó muchos años sin apenas conseguir contratos como actor, aprendió ebanistería con manuales sacados de la biblioteca pública y trabajó como carpintero de las estrellas de Hollywood, esas mismas estrellas con las que luego coincidía de cuando en cuando en los rodajes, él con papeles pequeñitos. Y así, haciendo mesas, estanterías y sillas, mantuvo durante una década a su familia y, sobre todo, mantuvo su propia dignidad. «Ser carpintero me dio una base en la vida. Yo era una persona que estaba haciendo algo, algo que yo sabía que merecía la pena. Y simplemente tener eso en mi cabeza, el venir de hacer algo y el tener un sitio al que regresar, una función que desempeñar, fue definitivo. Porque si eres un actor sin trabajo y tienes que acudir a una entrevista en un estudio, antes de ir estás sentado en casa, sudando y cambiándote de ropa treinta y cinco veces, y cuando vas a hablar con los tipos estas nerviosísimo, y no tienes ningún sitio al que ir después de la entrevista, simplemente podrías sentarte a las puertas de la oficina a esperar que decidan si te van a dar el papel o no. Pero si eres un hombre que viene de algún sitio, y tienes la cabeza llena del trabajo que estás haciendo, y no has tenido tiempo de cambiarte de ropa, pues resulta que súbitamente eres una persona de verdad, una persona entera, no eres simplemente como una vasija vacía, como una esponja a la espera de aprobación, que es en lo que te conviertes cuando eres un actor en paro sin nada más que hacer. De modo que eso, el ser carpintero, cambió mi manera de verme, los sentimientos que tenía hacia mí mismo, y, por tanto, también los de otras personas hacia mí. No es que lo cambiara mucho, pero sí lo suficiente como para permitirme el sentirme mucho más confortable ante los rechazos, mucho más confortable en cuanto a mi propia imagen».)

Se diría que valora usted mucho la dignidad personal. Que el orgullo es muy importante en su vida.

Sí, lo es. Pero me gustaría hacer una precisión con respecto a la palabra. Porque hay un orgullo correcto, necesario, y hay un orgullo viciado que termina bordeando la vanidad, que no es en absoluto positivo. Como actores debemos ser capaces de librarnos de la vanidad.

Supongo que la vanidad consiste en querer parecer maravilloso a los demás, y el orgullo en querer parecer maravilloso sólo ante uno mismo.

Bueno, yo no usaría la palabra maravilloso. De lo que se trata es de ser una persona apropiada y capaz, en fin, ese tipo de conceptos... Y, bueno, tampoco es malo ser maravilloso de cuando en cuando...

183

(Mientras hablamos ha entrado un maquillador que, silencioso y preciso, está poniendo a Ford en un periquete como un cristo. Ahora le sangra un pómulo, tiene partida una ceja, los nudillos deshechos. El maquillador distribuye la pintura roja y Harrison/Indiana aumenta su atractivo, porque de todos es sabido que no hay nada más irresistible que un héroe un poco roto. Y es que el espejismo de heroicidad resulta irremediable, porque concuerda todo: las ropas, las magulladuras repintadas, su voz lenta y sonora, la cálida naturalidad con que se expresa. Y ese sosiego que parece desprender, la limpieza de quien lleva su integridad como una enseña. Harrison Ford se casó muy joven y vivió dieciocho años con su primera esposa, de la que tiene dos hijos veinteañeros. Ahora acaba de tener otro niño de su segunda mujer, la guionista de *E. T.*, Melissa Mathison. Que es una mujer pequeña, morena y físicamente normalísima, en las antípodas de las rubias despampanantes y neumáticas que se estilan en Hollywood; lo cual, habrán de convenir, es un indicio más de la salud mental de nuestro protagonista, un rasgo añadido de heroicidad interna.)

Yo escojo las películas de modo que supongan para mí algún tipo de reto. Los proyectos que me interesan son aquellos en los que creo que puedes dar al público algo más que mero entretenimiento. Aunque no tengo nada contra el entretenimiento por sí mismo, en tanto en cuanto no apele a los más bajos instintos de la audiencia. Pero, en fin, yo quiero dar a la gente algo más que pura violencia. Quiero darle emociones y una cierta visión interior de lo humano. Esto puede sonar pretencioso, pero de eso trata este trabajo, se trata de crear una continuidad emocional entre la audiencia y lo que sucede en la pantalla, transportándolos dentro de la película y haciéndoles sentir algo. Eso es lo más importante, al menos para mí: hacerles sentir algo. Y algo positivo, además. Yo quiero hacerles sentir alguna esperanza, alguna alegría.

Me resulta curioso lo que dice. Había observado que, de todas sus películas como protagonista, sólo ha interpretado una vez a un personaje perdedor, en La costa de los Mosquitos. Sin embargo, los protagonistas de las novelas actuales suelen ser perdedores... Y el mundo está lleno de ellos.

Sí... Bueno, yo no busco héroes, es decir, no escojo los papeles porque sean héroes. El problema con las películas en las que tu personaje es un perdedor es que... Una persona dedica dos horas de su vida a ver una película, y parece que las gentes se decepcionan, tras esa inversión de tiempo y energía, si al final el personaje no triunfa sobre sus circunstancias. Esto no quiere decir que el protagonista tenga que ser un héroe, pero tiene que vencer sus circunstancias aunque sea sólo por un pelo. Porque el cine es entretenimiento, es muy diferente a una novela, que es un ejercicio intelectual, en el que puedes entrar en la mente de los personajes, y describir con profundidad esas circunstancias. En el cine todo esto no parece funcionar tan bien. Yo no calculo, cuando leo un guión, si el personaje es un ganador o un perdedor. Y recibo todo tipo de guiones, soy muy afortunado al tener una oferta tan variada. Pero no hay muchos guiones en los que el personaje no acabe triunfando al final sobre sus circunstancias. Has hablado de *La costa de los Mosquitos*; pues bien, en esa película trabajamos muy duramente, y, sin embargo, no fue un gran éxito comercial. Y yo creo que es porque la gente en definitiva no quiere ver perdedores. Pero desde luego yo volveré a hacer otro papel semejante si me ofrecen algo que me parezca interesante.

¿Se ha sentido usted alguna vez un *perdedor*?

No sé, yo no tengo una visión de conjunto de mi vida. No tengo ambiciones de larga distancia, voy en la vida de sitio en sitio, de momento en momento, día a día. Y juzgo mi éxito también día a día. ¿He tenido un buen día? ¿Lo he pasado bien? ¿He trabajado bien? Es así como me lo planteo. Y cuando la película termina, y se estrena, con todo el trabajo que lleva detrás, año y medio de entrega de un montón de gente, pues si no tiene éxito es descorazonador, sí, porque es una enorme inversión de dinero, de esfuerzos, de tiempo, y por supuesto me entristece todo eso. Pero vuelvo al trabajo, hago otra cosa, o quizá hago algún trabajo físico en el rancho, me salgo de ello.

Yo me refería a los primeros años de carrera, a toda aquella larga lucha. Preguntaba si hubo momentos en los que se di-

185

jera: no puedo más, no puedo salir de aquí, me voy a convertir en eso que la gente llama un *perdedor*.

Ah, muy a menudo. Aunque yo nunca he pensado en términos de ganar o perder. Pero me he sentido muchas veces en la mierda, sí, me he sentido mal, miserable, desesperado. Ahora bien, siempre consideré que eso era simplemente un momento malo de mi vida y que pasaría.

Así es que es usted un optimista. ¿Siempre pensó que vencería?

Es que nunca pensé en términos de vencer. Mis ambiciones eran muy limitadas. Para mí el éxito como actor hubiera sido simplemente no tener que hacer otro tipo de trabajo, sacar suficiente dinero como actor para mantener a mi familia. Y eso podría haberlo hecho con seis, siete u ocho papeles al año, pequeños papeles en televisión. No tenía ambiciones de ser rico ni de ser famoso, lo único que quería era trabajar. Y el hecho de no tener ninguna de estas grandes ambiciones creo que me hizo menos susceptible a la frustración. Sabes, yo disfruto mucho de la vida normal. Y creo que no disfruto tanto de la vida de una estrella de cine en lo que tiene de estrellato, de vida glamurosa, cuando todo el mundo quiere tocarte. A mí no me gusta eso. Prefiero otras cosas en la vida.

¿Pensó alguna vez en abandonar la profesión en aquellos años duros?

No, siempre supe que me llevaría de diez a quince años tener éxito como actor, lo veía por la gente que había alrededor mío. Es como si, al llegar a Hollywood, lo hicieras subido en un autobús. Y te bajas del autobús y estás con un grupo de gente que llegó en el mismo momento que tú llegaste, y vas viendo cómo van desapareciendo. Ves que ya no están más alrededor, que se han rendido, que se han dedicado a otras cosas, y al cabo de un tiempo te das cuenta de que tú eres el único que queda de todos los que vinieron en el autobús, y que todavía estás trabajando, mientras que todos los demás han tirado la toalla. Eso es lo que sucede: que la gente se rinde. Y yo nunca me rendí.

(Tiene cuarenta y seis años y ahí está, protagonizando a un héroe de película juvenil. Los filmes de aventuras lo han lanzado al estrellato, permitiéndole escoger después con todo cuidado sus películas. Como *Frenético*, por ejemplo, un *thriller* contenido e intimista de Roman Polanski que Ford acaba de interpretar, encarnando a un médico maduro acorde con su edad real. «Pero las películas de aventuras me gustan, me divierte hacerlas, es un género que creo que me va. Y también creo que es bueno hacer un filme de acción de vez en cuando, hacer cosas distintas. Así es que, aunque éste es el último *Indiana Jones*, lo más seguro es que no sea la última película de aventuras que haga».)

¿Pero no le preocupa a usted el ser demasiado viejo para ese tipo de papeles?

Oh, sí, eso me preocupa todos los días. Pero, bueno, todavía me mantengo en buena forma y... Seguiré haciendo esas películas hasta que ya no pueda más.

(Desde luego Harrison Ford tiene algo de Peter Pan, de personaje que se niega a crecer o que, cuando menos, crece más lentamente que los demás. Sus primeros héroes juveniles (*La guerra de las galaxias*) los hizo habiendo cumplido ya los treinta y cinco años, aunque su aspecto era de veintipocos. Y ahora, a los cuarenta y seis, aparenta diez menos. Quizá sea una consecuencia física de su carácter, el resultado de una biografía de ritmo pausado. Porque Harrison Ford parece haber madurado lentamente; en su adolescencia fue un muchacho confuso y perezoso que abandonó la carrera universitaria en el último año.)

Sí, era así. No tenía las ideas claras sobre mi vida, por aquel entonces no sabía qué carrera quería hacer, a qué me quería dedicar, y era tan perezoso como un pez. Y además era muy inmaduro. Así es que sí, dejé la carrera en el último curso, y esto lo considero un fracaso. Ahora lamento, no ya no tener un título sino no tener una buena educación, que es algo mucho más importante que un título. Y no obtuve una buena educación. Y como después he estado muy ocupado haciendo todo tipo de cosas, aún no tengo los conocimientos que me gustaría tener.

(En este momento vienen a buscarle para rodar una nueva toma. De-saparece Ford en los estudios y a la media hora vuelve chorreando sudor verdadero y sangre falsa. Se desploma en su silla sin resuello, nimbado por su leyenda de mentira, y yo me siento definitivamente atrapada en la película, adolescente total y sin remedio.)

La prensa estadounidense dice de usted que es «el héroe ame-ricano mítico». Pero he oído que fue objetor de conciencia en Vietnam.

Sí, estaba en contra de la guerra y fui un objetor de conciencia. Esta-ba dispuesto a trabajar en el cuerpo médico o a hacer cualquier otra cosa de ese tipo, pero no estaba dispuesto a matar. Me pidieron que escribiera una carta explicando mis razones al organismo reclutador, y creo que escribí un montón de estupideces. Era una carta muy lar-ga, y supongo que, más que nada, muy confusa. Tardaron mucho en valorarla, y, entre tanto, mi mujer se quedó embarazada y me libré de ir a Vietnam por ser padre.

Tengo entendido que en la carta no se basaba usted en razo-nes religiosas. ¿Es usted creyente?

Bueno... Estrictamente hablando, no creo en ninguna religión orga-nizada. En mi carta al comité reclutador cité, y aún creo en ello, lo que Paul Tillich decía. Paul Tillich es un teólogo protestante muy famoso. Si tienes problemas con la palabra Dios, decía Tillich, coge aquello que sea más importante y más lleno de significado en tu vida y llámalo Dios.

¿Y qué es eso para usted?

El espíritu de servicio. El servir a otras personas.

Desde luego cuando habla usted de expresar ideas positivas a través de sus películas parece haber ahí un sentido de respon-sabilidad social.

Sí, es exactamente eso. Es que ése es precisamente el sentido de la literatura, del arte: explicarnos a nosotros mismos cuál es la condición humana, intentar encontrar alguna razón a la existencia, intentar trascendernos más allá del simple estado animal. Y quizá sea una esperanza vana, quizá seamos simples animales. Pero tenemos esa capacidad para apreciar la belleza y para apreciar las ideas, y yo creo que ésa es la parte más elevada de nuestro ser. Y es lo que nos une, es lo que une un ser humano con otro ser humano. Luchamos por la comida, luchamos por los recursos nacionales y todas las demás mierdas, pero podemos unirnos a través de las ideas, a través de la reflexión de lo que tenemos en común.

Dice usted que en los años sesenta llevaba el pelo largo, y que estaba contra la guerra de Vietnam. ¿Participó también en los otros movimientos de esa época, en la lucha por los derechos humanos, en el hippismo?

Nunca fui activo políticamente. No estoy seguro de tener mucha fe en el proceso político. Es un proceso tan imperfecto que encuentro muy difícil el comprometerme en él. Y además tiendo a ser más bien un...

... Un luchador solitario.

Exactamente.

O sea que usted es un luchador solitario, posee ese sentido del recto orgullo, tiene una voluntad enorme, no deja pasar un reto sin empeñarse en él... Se diría que son cualidades propias de sus héroes cinematográficos. Carrie Fisher, la protagonista de *La guerra de las galaxias*, ha dicho de usted: «No creo que haya muchas diferencias entre sus personajes y su persona. No es casual que interprete un montón de héroes. Personifica a alguien en quien se puede confiar, alguien que se hará cargo de todo, ya sea del dedo herido de un niño, de un asesinato o de salvar la galaxia».

Bueno... No había oído eso antes... Estoy muy halagado... La verdad es que no sé qué decir. Yo creo que lo de los héroes es en realidad un tópico, es decir, creo que la gente usa la palabra héroe con demasiada facilidad. Todo el mecanismo de estas películas de aventuras está montado para convencerte sutilmente que el personaje es un héroe. Yo no soy heroico, personalmente. Soy un hombre con mucha voluntad, soy... No sé, soy... Hummmm... Bueno, no sé, me es muy difícil describirme, pero desde luego te garantizo que no soy una persona heroica.

Pero posee usted un fuerte componente ético.

Sí. Eso lo admito.

Y admitirá también que la preocupación ética no suele ser muy común en estos días.

No. Yo creo que eso no es verdad. Yo creo que es mucho más común de lo que la gente reconoce, y que sobre todo es muy habitual en la gente de la calle, en los que no están metidos en el mundo del cine. En realidad creo que la mayoría de la gente vive su vida éticamente si puede permitirse ese lujo. Porque, para algunos, el mantener un sentido ético es un lujo. Para mí el adoptar esta actitud es fácil. Es decir, yo puedo permitirme escoger películas según su sentido moral sólo porque tengo dinero en el banco.

Pues yo no sé si abunda tanto ese sentido ético. A mi alrededor veo muchos *yuppies*, gentes que sólo van al poder inmediato.

Bueno, yo creo que toda esa gente en realidad es... Desde luego quieren verse rodeados por el lujo, pero yo creo que hay un movimiento... Bueno, no sé, no puedo decir. No he pensado sobre ello, y no confío en lo que puedo decir simplemente así, improvisando.

(Y así, al callarse, Ford demuestra que también posee la virtud de la discreción, como corresponde cabalmente a todo héroe. Aquí está, con el sombrero calado hasta las cejas, afectuoso y apacible. Tan inocente como un príncipe azul de cuento de hadas. Aquí está Harrison Ford, confundido en sus perfiles con Indiana, como si ambos, persona y personaje, hubieran obtenido su materia vital de un mismo sueño.)

En realidad he dicho lo de los *yuppies* para resaltar que no veo las cosas de una manera tan optimista como usted las ve.

Es que yo creo que las personas pueden cambiar fácilmente. Por ejemplo, creo que una película puede tener un gran efecto en la gente. Creo que el cine puede realmente cambiar a la gente. Que cuando reconocen en pantalla la humanidad común, se comportan de una manera diferente. Aunque sea sólo por unas pocas horas. Quizá todo esto que estoy diciendo no sea más que una imbecilidad, pero me gustaría creer en ello. Y, por lo tanto, creo.

(Le han vuelto a llamar para ir al rodaje, y la entrevista se termina. Sale Ford disparado hacia el plató y, ya en la calle, le asalta una preocupación de última hora: «¿Sabrás encontrar la salida?», me dice cargado de razón, porque los estudios son laberínticos. «No se preocupe, preguntaré», contesto. Pero él se queda unos instantes ahí de pie, dudoso, el pómulo sangrante, vestido de Indiana Jones de arriba abajo, preguntándose quizá si no tendría que salvarme, paladín él, de la catástrofe de mi segura pérdida. Hasta que al cabo decide despedirse y me lanza su más característica sonrisa, ese gesto tan suyo que le apelotona las mejillas y le confiere un encanto aturullante. En fin.)

1988

Yasir Arafat

El ave fénix

Siempre me asombró, al leer las entrevistas que le han hecho a Yasir Arafat, el poco jugo que los periodistas parecían sacarle a un personaje tan complejo y fascinante. Pero me parece que ahora comienzo a entenderlo.

«Una entrevista con Arafat nunca sirve, ya lo sabía, para obtener respuestas importantes», escribió Oriana Fallacci en una venenosa entrevista con la que le crucificó en 1972. Lo cierto es que el líder palestino repite una y otra vez las mismas cosas en todos los periódicos del mundo. Habla de la lucha de su pueblo. De que no son terroristas: «Los nazis también llamaban terroristas a los integrantes de la Resistencia». Del sistemático y manipulador obstruccionismo de Israel: «Nosotros aceptamos todas las resoluciones de las Naciones Unidas, pero Israel sólo acepta aquello que le conviene. Ni siquiera ha respetado la resolución 181 de 1947, que es precisamente la que dio origen al Estado de Israel, y en la que se especifica muy claramente que también habrá un Estado palestino». Todo esto no es que me lo haya dicho directamente a mí. Es que lo he leído en al menos diez periódicos distintos. Grandes y dolorosas verdades todas ellas, sin duda, pero que, a fuerza de ser repetidas, adquieren en la boca del líder el eco metálico y huero del eslogan. Y fuera de este tres por cuatro machacón no parece haber mucho: sólo una sonrisa helada, ofídica, con la que repele cualquier diálogo distinto. Más que una entrevista, esto que van a leer ustedes es casi el relato de una no-entrevista en dos actos y con sus correspondientes peripecias.

Primer acto. Túnez, penúltima semana de marzo. Encerrados en la habitación del hotel, los enviados de *El País Semanal* esperamos que el líder nos reciba. Arafat mantiene un programa de actividades lo menos fijo posible. A menudo, ni la cúpula de la OLP conoce con exactitud sus movimientos. Que Arafat viva instalado en esta estela de incertidumbre no es un capricho: seguramente no hay otra persona en el mundo que haya sufrido tantos intentos de asesinato como él, desde burdos ataques a tiro limpio a maniobras de colosal envergadura, como el bombardeo israelí, en 1985, de su residencia en Túnez, que causó 74 muertos y 122 heridos. Por eso, por seguridad, Arafat, que carece de casa propia, jamás duerme más de dos noches seguidas en el mismo sitio. Y también por eso, cuando te concede una entrevista nunca sabes con exactitud cuándo va a ser. Puedes estar esperando dos días, cuatro, quizá una semana. Hasta que te llaman. Usualmente, por la noche. Tarde, muy tarde. Cuando el líder acaba su increíble actividad diurna. Arafat, de todos es sabido, apenas duerme. De estas austeras penalidades está hecha la vida de los líderes carismáticos.

La noche del primer acto el teléfono suena a las dos de la madrugada. Abajo, en el vestíbulo del hotel, nos espera Raida, una joven palestina encantadora y perennemente al borde del infarto. «¡Deprisa, deprisa!», nos urge con ojos desorbitados. Nos arrojamos al coche y, tras recoger a un periodista danés, nos lanzamos carretera adelante, aparentemente dispuestos a romper la barrera del sonido. El trayecto es largo: el edificio de la OLP al que hoy nos dirigimos está en las afueras. Cuando el coche se detiene son casi las tres. Una casa blanca de tres pisos, garitas de soldados tunecinos en la puerta, una decena de palestinos con ametralladoras en la entrada. Nos revisan minuciosamente, claro está: incluso palpan las paredes de mi bolso por si hubiera algo escondido dentro del forro. Y la gran maleta de focos de Pablo Juliá, el fotógrafo, les proporciona una laboriosísima tarea.

Al fin, dentro. Amplias habitaciones llenas de gente que aparentemente no hace nada. Rápidamente nos introducen a todos en un minúsculo cuartito. Ahí, sentado ante una mesa de despacho que ocupa casi todo el espacio disponible, está Arafat, con la calva cabeza descubierta, firmando papeles. Entramos en tropel: el danés, Raida, un fotógrafo palestino, un guardia armado, un tercer hombre, nosotros dos. Arafat levanta la cabeza, nos da la bienvenida. «Llevo esperándoles una hora», dice, sin descolgar la amplísima sonrisa de sus labios. Y las mejillas de Raida, a mi lado, adquieren un singular tono verdoso. Al ver al fotógrafo, el líder ha pedido inmediatamente la habitual *kefia* para ocultar su cráneo mondo. Se la coloca con destreza, ordenando los pliegues casi dulcemente, con primoroso mimo. Ya me habían dicho que Yasir Arafat era coqueto.

Puesto que el danés solo quiere hacer dos o tres preguntas, hemos acordado que empiece él. Pablo Juliá se ha lanzado como un poseso a colocar el complicado montaje de sus luces; con el añadido de los grandes focos y los paraguas difusores, el diminuto cuarto se ha convertido definitivamente en un lugar abarrotado e imposible. El danés ha comenzado a preguntar y Arafat contesta con su inglés chirriante. Reina en el ambiente una urgencia, una confusión, una tensión tremenda. Pablo Juliá repta literalmente a cuatro patas, retorciéndose entre los obstáculos, para cruzar la habitación y fotografiar al líder desde la otra esquina, y los palestinos presentes se ponen nerviosísimos. Incluso la dulce Raida, en un súbito arrebato de desconfianza y miedo, se abalanza sobre mi cartera, ya revisada en el portal, y extrae inquisitivamente lo que para ella había sido un bulto sospechoso: un paquete de baterías de reserva para el magnetófono. Juliá, conquistada ya su trabajosa esquina, enarbola la cámara. Pretende, ahora me doy cuenta, fotografiar una ametralladora corta que Arafat tiene sobre la mesa. Pero también se han dado cuenta los palestinos: uno de los presentes le pasa una pequeña nota al líder y éste oculta el arma velozmente.

Mientras tanto, al danés le va fatal. Sus cuestiones no parecen gustar mucho a Arafat, que está poco cordial. El danés, muy nervioso, pregunta si la respuesta de la OLP al Gobierno israelí va a ser política o militar. Por los ojos miopes de Arafat cruza un relámpago: «Me parece que no está usted al tanto de nuestra última iniciativa de paz», contesta con una frialdad aniquilante. Son más de las tres de la madrugada, no cabemos materialmente en la habitación, Arafat tiene el rostro desencajado de cansancio y ha demostrado, en su enfado con el periodista, ser hombre capaz de albergar heladas cóleras. Y por si fuera poco, Raida me urge a ser brevísima. De modo que, cuando me toca el turno, me lamento de lo tardío de la hora, ya que, le explico, pretendo hacerle una larga entrevista. Entonces él me ofrece una nueva cita para tres días más tarde. Con este compás de espera acaba lánguidamente el primer acto.

Tiene Yasir Arafat sesenta años, aunque su edad resulta físicamente incalculable. De él se sabe que nació en Jerusalén, de una familia noble y arruinada. A los dieciocho años se fue a El Cairo, en cuya universidad estudio Ingeniería Civil. Tras licenciarse entró en el ejército egipcio, especializándose en explosivos y combatiendo contra los británicos en la guerra de Suez. En 1958 se trasladó a Kuwait, donde trabajó como ingeniero durante siete años, ganando sustanciosas sumas de dinero: «No, no me hice millonario en Kuwait, pero sí era rico, es verdad», me diría días después, en el transcurso del segundo encuentro. Pero además de engrosar su cuenta bancaria, Arafat trabajaba ya para su pueblo: en 1959 creó la revista *Nuestra Palestina* y el grupo Al Fatah. La lucha palestina, por entonces, estaba en sus comienzos, y algunos países árabes ambicionaron capitalizarla en su provecho. Dicen los expertos que la misma creación de la OLP en El Cairo, en 1964, fue un intento de Nasser de controlar a los palestinos.

Es a partir de esa fecha cuando Arafat comienza a dar la medida de su asombrosa talla de estratega. Dejó Kuwait y los negocios y se trasladó a Argel, convertido ya en Abu Amar, su nombre militante: había empezado el vértigo.

Un vértigo de acciones militares, desde luego: inmediatamente después de la guerra de los Siete Días, en 1967, Abu Amar pasó clandestinamente a los territorios ocupados y permaneció allí durante cuatro meses, una proeza que aun hoy irrita y admira a los servicios secretos israelíes. «Después de aquel primer viaje he ido otras dos veces más a los territorios ocupados, la última en 1978», me dijo el líder, orgullosamente, la noche del primer encuentro. Pero, sobre todo, un vértigo de finísimos movimientos políticos: Arafat consiguió en 1968 ser elegido portavoz de la OLP y al año siguiente fue nombrado presidente de la organización. Los sueños egipcios de control, si es que los hubo, se desvanecieron definitivamente.

Pero faltaban por llegar tiempos muy duros. En 1970, Hussein de Jordania lanzó su ejército contra los palestinos y los pulverizó en lo que se conoce como el desastre de Ammán. Después llegó la escalada terrorista: en 1971, un grupo palestino mató al primer ministro jordano; en 1972 fue la carnicería de los Juegos Olímpicos de Múnich. Arafat, que siempre declaró públicamente estar en contra de este tipo de atentados, apostaba mientras tanto por el activismo dentro del Estado de Israel. Pero en 1973, un comando israelí mata a tres dirigentes de la OLP y se apropia de las listas de la resistencia. Para Arafat, esta caída supuso un desastre incalculable; pero, tan sólo un año después, el incombustible líder consiguió un notable triunfo diplomático: ser recibido ante la ONU.

Su estrella volvería a eclipsarse y a recuperarse milagrosamente en repetidas ocasiones. Aunque el peor momento quizá fuera en 1983, cuando Arafat acudió a Trípoli, en Líbano, para reunirse con sus fieles de Al Fatah, que luchaban en penosas condiciones contra rebeldes palestinos apoyados y azuzados por el ejército sirio. Durante tres meses soportaron un cerco letal, hasta que, en el último momento, fuerzas internacionales sacaron al líder de la ratonera. Eso sí, todos creían haber terminado con su poder: en la prensa norteamericana se hablaba de la muerte política de Arafat. Pero el líder, ave fénix de resistencia mítica, se lanzó a un frenesí de viajes diplomáticos y volvió a inventar la realidad. En noviembre de 1984, el Consejo Nacional Palestino se reúne en Ammán. Arafat dimite y es repuesto en su cargo entre lágrimas y aclamaciones. Ha ganado la pelea y ha renacido una vez más.

Así, tejiendo y destejiendo una infinita trama de delicadas alianzas, guerreando contra Jordania y firmando después acuerdos, batallando contra los sirios y negociando más tarde con ellos, recorriendo incesantemente el mundo entero en busca de apoyos, haciendo de la flexibilidad un arte y construyendo equilibrios imposibles en el corazón del caos, este Arafat-Penélope singular ha conseguido no sólo perpetuarse como líder, sino mantener la independencia de la lucha palestina y conducir a este pueblo diminuto y despojado a una situación cercana a la victoria. Sólo una reflexión tiñe de melancolía este momento de optimismo: la resolución 181 de la ONU, por la que se creó el Estado de Israel y que definía también al Estado palestino, otorgaba a Palestina unas fronteras más amplias que los territorios de Gaza y Cisjordania. Tras cuarenta y dos años de sangre y de guerra, los palestinos van a recuperar una patria más menguada que la que les adjudicaron cuando empezó la lucha.

Segundo acto. Lunes por la noche. El teléfono suena a las 11.30. Raida nos espera junto a los ascensores más trémula que nunca. «¡Corramos, corramos, que no nos diga otra vez que ha estado esperando!» Atravesamos el vestíbulo del hotel a un galope furioso. Recogemos a otro periodista, esta vez inglés. Y en unos diez minutos de trayecto llegamos al escenario de la función de hoy, un edificio más pequeño que el del otro día, con los mismos guardias armados en la puerta e idénticas habitaciones repletas de gentes silenciosas que no se sabe muy bien qué es lo que aguardan: quizá audiencia con el líder, como la clientela de un patricio romano. Esta vez entro sola. Es decir, sin el periodista inglés. Porque, por lo demás, en la habitación, grande y destartalada, hay dos señores sentados que me sonríen alentadoramente. Tras la consabida mesa de despacho, Arafat firma una gruesa resma de papeles. «Welcome», me dice al entrar. Y luego me ignora y sigue a lo suyo. Los minutos transcurren con lentitud. Recuerdo ahora que, según cuentan las entrevistas, Arafat parece estar siempre firmando algo cuando recibe a los periodistas. Quizá sea para ofrecer una imagen de actividad. Aunque, ahora que lo pienso, empiezo a sospechar que se trata de un truco de distanciamiento: de este modo, Arafat no tiene que dar la mano a los recién llegados. El líder no ha saludado a nadie, ni en la primera noche ni en esta segunda, ni al entrar ni al salir. Y cuando intenté colocarle el micrófono de corbata dio un respingo y me lo arrebató de los dedos. Se diría que no permite que ningún extraño le toque. Quizá sea un hábito defensivo más dentro de la aberrante burbuja de seguridad en la que se ve obligado a vivir.

En cualquier caso, hoy se eterniza firmando y la situación resulta cuando menos incómoda. A los diez minutos Arafat levanta la vista: ceñudo, tenso, demacrado. «¿Van a ser sólo fotos o quiere preguntar algo?», dice. «Él hará fotos y yo tengo que hacerle una entrevista», me sorprendo. «¡Pues empiece ya!», barbota de mal modo. El líder está hoy más hosco, más malhumorado. Con el gesto encapotado, se abrocha maniáticamente todos los botones de su traje verde militar, resplandecientemente nuevo y bien planchado, y se pasa un buen rato intentando colocar la pinza del micrófono para que no se vea en las fotos. Cuando Juliá empieza a apretar al disparador, Arafat saca a relucir, al fin, su amplia sonrisa.

Es un hombre muy menudo, cuya figura, como la de una peonza, se engrosa en torno a la línea del ecuador. Sin los arreos militares y la pistola que tiene en el cinturón —y que oculta, arrimándose a la mesa, cada vez que Juliá se acerca para fotografiarle—, podría ser uno de esos comerciantes egipcios que llevan impresa en el rostro la astucia de una habilidad negociadora milenaria. Y si Arafat estuviera tallado en piedra, sería un diosecillo de panteón hindú o una inquietante gárgola medieval, acorazada la expresión tras su sonrisa impenetrable, entornados los ojos, con algo animal en el semblante, quizá de pájaro, seguro de lagarto. Porque los lagartos, como él, parecen sonreír cuando se disponen a devorar sus presas. Siendo como es un hombre enormemente celoso de su intimidad, que siempre se ha negado a responder lo que él llama «preguntas personales», intento relajar el ambiente hablando de lo suyo, de política. De que la OLP, según dicen los especialistas, está sirviendo para unir al mundo árabe: «Estamos intentando que la próxima *cumbre* árabe se celebre cuanto antes, y creemos que esa conferencia ayudara, sin duda, a resolver las diferencias entre los países árabes. No es mucho, pero, cuando menos, ahora la atmosfera en la mayoría de los países de la zona es muy buena, mucho mejor de la que existía antes».

Y en medio de este buen ambiente general, la cuestión palestina parece más cercana a una solución que nunca.

Sí, está muy cerca. Como yo suelo decir, la victoria no está más lejos que un tiro de piedra.

(Hablamos de un supuesto plan de paz, que la prensa israelí atribuye a Peres —y que éste ha desmentido—, que exigiría el desmantelamiento de la *intifada*.

De acuerdo con la Carta y las resoluciones de las Naciones Unidas —dice Arafat, lanzándose a uno de sus temas favoritos—, todos aquellos pueblos que estén sufriendo opresión y represión tienen el derecho de resistir. Y nosotros estamos resistiendo la ocupación israelí con nuestras piedras y estamos pagando un precio altísimo. Tenemos mártires todos los días. Por el gas venenoso, nuestras mujeres han tenido de 3.600 a 3.700 abortos; tenemos 32.000 o 34.000 heridos, de los cuales 5.500 han quedado inválidos. Y hay más de 30.000 personas en los campos de concentración, sólo en los campos de concentración, sin contar las prisiones israelíes...

(Apoya el líder sus manos cruzadas sobre el vientre como un buda y bosteza ostensiblemente. Parece aniquilado de cansancio. Luego me comentarán en ciertos círculos de la OLP que el líder ha estado últimamente algo enfermo.)

¿Creía usted hace unos años, en los duros tiempos de 1983, por ejemplo, que iba a alcanzar a ver la victoria palestina con sus propios ojos?

Mire, antes de la invasión israelí de Líbano de 1982 empecé a decirle a mi gente que íbamos a entrar en un túnel negro. Pero al mismo tiempo, y pese a las muy cruciales circunstancias que atravesábamos, también les decía que en mi visión alcanzaba a atisbar el final del túnel, que veía la luz. Y en la luz veía la imagen de Jerusalén, los minaretes y las mezquitas de Jerusalén.

Ha sido un túnel doloroso, sí, pero no tan largo como podía esperarse. En algunas entrevistas de aquellos años usted decía que la lucha palestina iba a ser una lucha de generaciones.

No, no. Yo he tenido un eslogan especial cada año. El año pasado dije que era el año del levantamiento de nuestra esperanza. Y ahora resulta obvio y claro que el levantamiento de nuestra gente en los territorios ocupados es el levantamiento de nuestra esperanza.

Por desgracia, y cada vez que las circunstancias parecen encaminarse hacia la paz, en este y otros conflictos semejantes suele haber un estallido final de sangre, provocado por la

gente que quiere entorpecer ese proceso. En este caso podría ser la nueva guerra israelí en Líbano que usted está anunciando últimamente. O nuevos intentos de asesinarle. O alguna acción terrorista de grupos palestinos no controlados por la OLP.

Aquí hay que decir algo muy importante: no hay acciones terroristas de gente de la OLP. Eso es muy importante que quede claro. Y en segundo lugar, nosotros somos las víctimas del terrorismo de Estado israelí. Estamos sufriendo terrorismo individual, de grupo y de Estado. Recordará que cuando abandoné Beirut dije que el volcán y el tifón no se detendrían tras mi partida, y cuando la Administración americana y los israelíes, con Haig y Sharon, planeaban invadir Beirut, imaginaban que iban a controlarlo todo. ¿Y qué sucedió? ¿Lo ha visto usted? La confusión, el caos más total en Líbano. Ahora pueden entender el sentido de nuestra presencia allí, cómo controlábamos esa confusión. Nosotros éramos el factor real de estabilidad, no sólo para Líbano, sino para toda el área. Y el Estado palestino jugará también ese papel en el futuro: la estabilidad. Y para eso tenemos que ser muy cuidadosos y dejar bien claro que son los israelíes, con su continua ocupación y su opresión, con sus crímenes contra nuestra gente, nuestros niños, nuestras mujeres, contra el área entera, quienes nos empujan a resistir. Porque los israelíes no quieren aceptar ningún proceso de paz. La prensa francesa ha bautizado a Shamir como *Mr. No*, porque está siempre rehusando toda iniciativa de paz.

Sí, sí, sí; todo esto está claro. Pero yo no me refería a actos terroristas de la OLP, sino de elementos incontrolados y quizá utilizados por terceros países, incluso, quién sabe, hasta por los israelíes. Y eso puede suceder, ¿no?

(Arafat extiende un milímetro más su sonrisa y calla cachazudamente. Tiende el líder a no ceñirse en sus respuestas a las preguntas que le has hecho, sino que más bien utiliza la ocasión para repetir una vez más las machaconas declaraciones de su abecé político. Y cuando alguna cuestión le desagrada, simplemente te entierra en su sonrisa y su silencio.)

Algunos observadores occidentales, para quitar protagonismo a la OLP, dicen que la *intifada* es un movimiento autónomo...

En 1983, tras la salida de Beirut, yo mantuve una importante conversación con el camarada Andropov en Moscú. Y me preguntó: «¿Qué va a hacer ahora, *chairman* [presidente] Arafat?». Y yo le dije: «Irme a mi tierra». Él no me creyó en aquel momento, y dijo: «Ah, bueno, OK, buena suerte». El año pasado, cuando fui a Moscú para discutir la situación del área con el presidente Gorbachov, le recordé esa conversación con el camarada Andropov.

¿Y qué dijo?

Que yo tenía razón. Que habíamos logrado volver a nuestra tierra con ese enorme milagro, el milagro de la revolución popular de nuestras masas. Y se trata, además, de un tipo muy especial de resistencia, una fórmula única y de gran éxito.

Concretamente, usted siempre ha optado por la resistencia como forma de lucha. La primera acción de Al Fatah, la voladura de un pozo de agua israelí, fue el 31 de diciembre de 1964, y fue un éxito. Pero al regresar a Jordania, uno de los miembros del comando fue muerto por el ejército jordano. La primera baja, por tanto, fue a manos de los árabes. Una premonición, quizá, de las tragedias que luego vendrían, con árabes matando a árabes.

No, no; no es una tragedia. Desde luego, hemos tenido problemas con algunos Gobiernos, pero se trata de la tragedia general de toda la zona. No es algo que deba ceñirse a la lucha palestina, sino que forma parte de la tragedia de toda la zona.

Pero viendo su biografía se diría que esa tragedia general, como usted dice, debe haber sido la más difícil de sobrellevar. El cerco de Trípoli por los rebeldes palestinos, el bloqueo

a los campos de refugiados en 1987, con la gente muriéndose de hambre... La sangre entre hermanos.

No es un problema de hermanos, sino de regímenes. Hay regímenes
que están en contra de la revolución. Cuando empezamos la revolución sabíamos que esto no iba a ser un pícnic, que era una larga y dura
lucha.

**Pero usted mismo les ha llamado hermanos. Tras guerras,
batallas y cruentos enfrentamientos, usted habla de los hermanos países árabes y busca nuevas alianzas con ellos. Es tan
complejísimo el tejido de alianzas y de conflictos que usted
mantiene con algunos países que no hay quien siga el rastro.**

Eso es como las arenas móviles de los desiertos árabes. Si vives en el
desierto tienes que aprender a seguir las dunas móviles.

**Me admira la enorme capacidad de autocontrol que usted
posee. Tras terribles matanzas, usted no dice una sola palabra
airada.**

Eso forma parte de la mentalidad árabe.

(Le molesta el tema, evidentemente. Ha vuelto a parapetarse en su
actitud de buda impertérrito y su sonrisa es ahora tan inmensamente
amplia que se diría que las comisuras de su boca se afanan por juntár-
sele en la nuca. Así, con esa sonrisa casi circular, Arafat dice: «Otra
pregunta más. La última». Apenas si hemos mantenido quince minutos de entrevista. Intento apresuradamente apurar varias cuestiones
más. Le hablo de su condición incombustible de ave fénix: «Eso es el
milagro palestino. Contamos con esa férrea determinación entre
nuestra gente y nuestras masas, y esa determinación es más fuerte que
cualquiera de los líderes palestinos en el pasado, en el presente y en el
futuro. Con la determinación de nuestras masas nada puede detener-
nos». De su situación acaudalada, que le permite autofinanciarse: «Sí,
me sostengo a mí mismo con mi dinero. Al Fatah nunca ha tenido

que mantenerme. ¿Que si lo tengo invertido o poseo acciones? Oh, no, el resto de mi dinero está aún en el banco». De su futuro como presidente de Palestina: «Quién sabe, quizá elijan a otro. A mí me encantaría volver a ser ingeniero. Me gusta mi profesión, y en el nuevo Estado palestino vamos a necesitar muchos ingenieros». Y por último, ya marchándonos, de su azarosa vida: «¿Que desde cuando no tengo un hogar propio? Mi última casa fue en Kuwait». Es decir, hace veinticuatro años.

Desde entonces, Arafat ha vivido dando tumbos, durmiendo en camas extrañas, sentándose ante escritorios distintos cada día, perseguido por la sombra de la muerte. El soltero Yasir Arafat —«casado con Palestina», como él dice— vive sólo para la lucha. Y me parece que las entrevistas son para él meras clases didácticas para repetir una vez más las cuestiones mil veces dichas y que algunos se empeñan en no oír. Lleva Arafat en su cabeza un mapa del mundo y el fragor de colosales estrategias, y, siendo como él es la apoteosis del juego diplomático, las preguntas que se salen del eslogan le deben de parecer, supongo, innecesarias e incómodas. No resulta en absoluto atractivo este sinuoso y sombrío Arafat que he conocido. Pero acaso sea la justa consecuencia de su condición de líder carismático. Cuando has dedicado la totalidad de tu vida a una causa es probable que tengas que pagar con tu humanidad, con ciertas dosis de monstruosidad accesoria. A Yasir Arafat, habilísimo político, quizá no le quede demasiado tiempo para ser persona.)

1989

Paul McCartney

Devorado por el caníbal

Paul y Linda pertenecen a ese tipo de personas cuyos pantalones se les abolsan en unos fondillos calamitosos y flotantes, como si la prenda fuera tres tallas mayor de lo debido. Ambos son vegetarianos —«empezamos en esto por no hacer daño a los animales, pero la verdad es que te sientes bien, es saludable»—, y su aspecto ligeramente amojamado quizá tenga que ver con las peculiaridades de la dieta. Estamos en el condado de Sussex, a dos horas y media en coche de Londres, donde McCartney posee una granja primorosa pero carente de toda ostentación. En el granero ha construido un pequeño y modernísimo estudio de grabación, que es donde se ha cocinado su último disco, *Flowers in the dirt* (*Flores en el polvo*), posiblemente el mejor álbum de toda su carrera en solitario. Alrededor se extiende el ancho horizonte de la campiña inglesa, un bucólico mar de suculentos prados salpicados por ovejitas de belén.

Me asombra que se arriesgue usted a seguir sacando discos después de tantos años soportando la presión de ser Paul McCartney. Supongo que sería más relajante retirarse.

Creo que es porque amo de verdad la música. Cada vez que me siento a escribir una canción no es más fácil ni más difícil que antes. Todavía es una actividad hermosa. Te sientas ante el piano y empiezas ding, dang, y comienza a entretejerse un poquito de música, y me entusiasmo, y me digo: «Uh, uh, que parece que sale algo». Es tan emocionante como el primer día. Y en cuanto a la presión de ser Paul

205

McCartney, la manera como me defiendo es no sintiéndome Paul Mc-
Cartney, no sé si me entiendes. Ésa es la parte famosa de mí, es *él*, es el
negocio. Pero yo por dentro me siento igual que siempre, me siento
todavía como el muchacho de Liverpool. Me gustan las mismas cosas
que antes me gustaban. La naturaleza, por ejemplo. Cosas como ésa
me mantienen interiormente, porque no cambian. El canto de los
pájaros en primavera es exactamente igual ahora que cuando tenía
cinco años, y ser Paul McCartney no lo ha alterado. De modo que
tengo algo así como dos personalidades; una es la persona famosa,
que simplemente hace su trabajo, y la otra soy yo, mi yo real. Intento
no confundir las dos.

Es la consabida esquizofrenia de la fama.

Yo mantengo que todos somos así. Cuando eres niño hablas de la
conciencia, ¿no? Todo el mundo habla de la conciencia. ¿Y qué es
eso, esa voz que habla en tu interior, sino una dualidad, una suerte de
esquizofrenia? Lo mismo me sucede a mí. Es mi conciencia. Mi conciencia en este caso sería la parte a la que llamo mi yo, y la otra parte sería el personaje famoso. Quizá esta división te haga más esquizofrénico, pero no lo siento así. El problema de hacerse famoso o de
enriquecerse es que trae consigo ciertas dificultades. Pero ese tipo
de dificultades es precisamente lo que todo el mundo querría expe-
rimentar, ¿no es así? Todo el mundo dice: «Déjame ser rico y luego
ya veré cómo me las arreglo con las dificultades». De modo que
cuando llegas a ese estado es una pena que no dejes de lamentarte.
Hubo un momento, estando en los Beatles, en que yo me di cuenta
de que había llegado al punto de no retorno de la fama, que ya no
había ninguna manera posible de dejar de ser famoso, porque, incluso
si no hubiera hecho nada más, hubiera sido ese tipo que ahora no es
nadie, pero que antes estaba en los Beatles. Y cuando comprendí eso
empecé a pensar: «Bueno, será mejor que aprendas a vivir con ello en
vez de lamentarte».

(La televisión norteamericana acaba de grabarle una entrevista, y por
ello Paul viste hoy con cierto esmero: un fino jersey color hueso, un

bonito chaleco marrón. Pero los vaqueros, recién estrenados, siguen siendo demasiado grandes, y calza unas espantosas zapatillas negras de deporte. Tiene todo el aspecto del niño al que engalanan el domingo con unas ropas nuevas en las que no se siente confortable. Y es fácil imaginar que en su vida cotidiana McCartney viste tan zarrapastrosamente como Linda, la cual anda hoy por aquí con unos tejanos pingantes y una camiseta vieja, sin una mota de maquillaje en su rostro de águila. Mayor, muy mayor; con el cuerpo deformado por los partos y esa piel arrugada de las granjeras que se han reventado a trabajar en la intemperie. Una sólida madre campesina. Llevan veinte años casados Paul y Linda. No es la esposa reluciente y neumática que el tópico prescribe para una superestrella del rock. Pero es que McCartney puede ser cualquier cosa menos un personaje tópico. Y su fidelidad a Linda y a lo que ella representa es un indicio nada desdeñable de otras fidelidades más profundas, de un hondo equilibrio entre lo que dice y lo que hace.)

Pero hay gente que no llega a sobrevivir al personaje público. Usted, sin embargo, parece haberlo superado todo: la fama, la riqueza, la ruptura con los Beatles. Es usted un superviviente nato.

Sí, creo que es verdad. Toquemos madera. Creo que es verdad. La gente de la que vengo es gente obrera, supervivientes. Siempre encontraron una manera de salir adelante y... No es fácil, no digo que sea fácil: en mi vida ha habido muchos momentos muy difíciles. En la actualidad, afortunadamente no es así, pero cuando se terminaron los Beatles fue tremendo. Me sentía acabado, podría haberme convertido en un vagabundo, en una ruina humana. La vida no tenía ningún sentido. No tenía sentido levantarse por las mañanas, ni afeitarse ni... Tras la ruptura con los Beatles, abandonarse absolutamente en la vida parecía lo más lógico. Pero probé a hacerlo durante algunas semanas, y simplemente vi que no funcionaba. No funcionaba eso de convertirte en un vagabundo zarrapastroso y destruirte a ti mismo. De modo que tienes que volver a ponerte en pie. Es una experiencia muy difícil, pero, por otra parte, bastante común. Porque creo que es como haber estado trabajando en una fábrica durante veinte años y de repente perder tu empleo. ¿Qué voy a hacer el resto de mi vida?, te preguntas. Y el sentimiento que predomina en ti es decirte: «Ya no valgo nada. Con los Beatles valía, ahora ya no valgo nada». Es una sensación muy deprimente, sientes una presión enorme. Claro que si eres capaz de superar eso sales fortificado. Pero es que la vida es así. La vida es un asunto difícil.

Los primeros años debieron de ser terribles, desde luego. Usted se quedó solo; se querella contra los otros tres Beatles en 1971. Y mientras tanto John estuvo diciendo verdaderas barbaridades contra usted. Usted casi nunca contestó. ¿Por qué?

Es cierto que no contesté. Verás, yo sabía que quería a John. Que todos los años que habíamos pasado juntos escribiendo habían sido años especiales. Y que nada podría cambiar jamás eso. Yo creo que los exabruptos de John eran simplemente palabrería. Mucho gritar, mucho armar bulla, pero, lo mismo que cuando uno está borracho, era palabrería sin sentido. Y pensé: «Bueno, si contesto me voy a meter en una pelea verdaderamente grande, y encima probablemente me vencerá», porque John era muy bueno con las palabras, era muy difícil batirle en ese terreno. De modo que me dije ¿por qué meterse en esto? No va a funcionar, no voy a ganar... Así es que lo dejé. Y ahora estoy muy contento de haber actuado como lo hice, porque no llegamos a entablar grandes batallas, y antes de que muriera fuimos capaces de entrar de nuevo en un periodo realmente amistoso. John era verdaderamente una buena persona, pero gritaba mucho. Por eso era por lo que solíamos decir que era el líder del grupo, porque era el que gritaba más alto.

(Dentro de unos días cumplirá cuarenta y siete años y su cabello está completamente entreverado de canas. Es esbelto y conserva un aire juvenil, pero los rostros de querube como el suyo soportan mal los estragos del tiempo. Hoy se le han desplomado las mejillas y sus perfiles han perdido consistencia, como una máscara de cera a medio derretir. A veces, cuando sonríe o compone alguna de sus muchas y divertidas muecas, el Beatle veinteañero se asoma a su cara fugazmente, como un prisionero interior atrapado en la jaula de su carne marchita. Resulta algo inquietante porque parece un niño prematuramente envejecido, una caricatura de sí mismo. Mantiene McCartney, desde luego, un talante juguetón y adolescente. Está constantemente haciendo bromas, con ese humor disparatado y blancamente burlón que fue tan propio de los Beatles. Gesticula, finge voces, se imita a sí mismo; parece estar representando en sesión continua su propio papel en la película *¡Qué noche la de aquel día!* Pero no hay en él esa ansiedad narcisa y patosa de las estrellas que buscan el aplauso constante y que con sus gracietas exigen las aduladoras risas de la corte. Las bromas de Paul están teñidas de timidez, carecen de estridencia y parecen formar parte integral de lo que él es; posiblemente ya se comportaba así de niño con la aspiración de ser querido.)

Resulta curioso, sin embargo, que John, que fue quien le insultó públicamente y quien se comportó siempre como un chico *malo*, se haya convertido en el *bueno* para la opinión pública, y que usted, que siempre calló discretamente y se comportó *bien*, sea considerado el *malo*.

Pero es que la naturaleza humana es así. A la gente le gustan los chicos malos. A la gente le gusta Steve McQueen, Lee Marvin... Los tipos duros. Yo nunca he sido así. No me gustan las peleas, nunca he sido un buen luchador, así es que siempre he procurado evitarlas. John tenía muchos problemas. Yo creo que he tenido una vida mucho más fácil que la de él. Su padre le abandonó cuando tenía tres años, unos años más tarde a su madre la mató un coche en la puerta de su casa, su primer matrimonio fracasó... Tuvo una vida muy dura. Y se convirtió en un *mal chico*, en el duro de la película. La gente encuentra eso atractivo: les atrae Hemingway, con toda esa truculencia de los toros, el suicidio, el beber, etcétera. Les atrae el elefante furioso. Si ves una película en la que salen dos elefantes y uno simplemente va y viene pastando y trompeteando de cuando en cuando, trrruuuuut, pues te dices, ¿no es mono? Pero si irrumpe otro elefante como una exhalación, pisoteándolo todo y destruyendo la casa, la película es mejor. Es buena televisión, buen espectáculo. En realidad, si se piensa, resulta inquietante. Es un rasgo bastante amedrentante de nuestra sociedad. Cuando alguien comete una de esas terribles matanzas, los tipos con metralleta que irrumpen en una hamburguesería o en un colegio, hay una fascinación por todo eso. Se venden más periódicos. Pero yo nunca fui de ese modo. He sido educado de una manera muy distinta. He tenido una infancia muy feliz. La única tragedia de mi niñez fue que mi madre murió cuando yo tenía catorce años, cosa que, sin duda, me hizo más amargo de lo que antes era, pero hasta los catorce años tuve verdaderamente una infancia de algún modo ideal.

Pero ese desamor público debe de ser muy duro de soportar. Le he estado observando, y por su afabilidad y por la manera en que se comporta me parece que es usted un hombre que desea fundamentalmente ser querido.

Sí.

Pues bien, el público quiere más a John que a usted. Le quiere con un amor distinto, que usted no ha alcanzado. John le insultó públicamente, se comportó *mal*, y le adoran. Y ahora ha muerto y ya no hay manera de arreglarlo. John le ha vencido.

Sí, es verdad. Pero así han sido las cosas. Creo que inmediatamente después de la muerte de John un montón de gente empezó a decir: «Se acabó, él era el único en los Beatles». Porque él es el más famoso en los Beatles, dada la forma en que ha muerto..., y también porque fue un gran personaje, desde luego. Pero el caso es que la gente empezó a decir todo eso y entonces piensas: «Oh, Dios, esto sí que va a solidificar ahora el mito». Pero hay que ser paciente, porque lo que sucedió es que después de aquella ola vino otra ola, y empezaron a decir: un momento, un momento, que las cosas no son tan así, que John era de otro modo y Paul también es otra cosa. Los verdaderos fans saben lo que hay de auténtico en mí. Que no soy simplemente...

dulce, como se ha dicho. Que he escrito bastantes canciones duras, por así decirlo. Cuando hablabas con John, cuando intimabas con él, empezabas a descubrir la verdad, y no tenía nada que ver con su imagen. John era una persona dulce, debajo de todo su personaje. Pero él sabía que a la gente le gusta el elefante furioso. Era lo suficientemente sensato como para saberlo.

El año pasado grabó usted un disco de rock and roll puro, *Back to the URSS*, pero sólo lo ha sacado en la URSS. Hace un momento, en la entrevista para la televisión norteamericana, ha dicho que no deseaba editarlo en Occidente porque, al ser rock and roll, no quería que se le comparara con Lennon. ¿Se da usted cuenta? Estamos en 1989 y sigue usted atrapado en la trampa de John.

Sí. Es que esa trampa estará ahí para siempre. Pero no me preocupa. No es tan malo. Yo sé lo que he contribuido a Lennon y a McCartney, sé lo que he contribuido a los Beatles. Y estoy contento con lo que he hecho. Puede que nunca salga a la luz, que nunca sea reconocido exactamente todo lo que he hecho. Pero bueno... No importa tanto. Es curioso, recuerdo que hace muchos años, debió de ser a mediados del tiempo de los Beatles, John hablaba sobre su preocupación por cómo iba a ser recordado después de su muerte. Y recuerdo que le dije: «Pero John, tú no vas a estar aquí, ¿para qué preocuparte?». ¿Para qué sirve eso? No lo entendía en absoluto. Ahora lo entiendo un poco mejor, por toda esa trampa de la que estamos hablando. Pero, en fin, no puedo hacer nada al respecto. Puedo hablar con gente como tú, puedo tener la esperanza de que la gente escuche nuestra música y diga: «Bueno, fíjate, John hizo también algunas canciones dulces y Paul hizo algunas fuertes». Mientras éramos los Beatles, los dos fuimos considerados absolutamente iguales. Todo esto se ha generado sólo después de los Beatles, fue entonces cuando John y Yoko comenzaron a convertirse en... Mira, si estás dispuesto a aparecer en la cubierta de tu álbum sin ropa alguna, desde luego, vas a causar sensación. Pero yo no estoy dispuesto a hacer eso, porque soy tímido; simplemente no quiero hacerlo. De modo que se me puede vencer muy fácilmente. Si ahora mismo me quitara los pantalones ante ti en esta entrevista sin duda sería sensacional, pero, claro, no lo voy a hacer. No me gusta. Yo sé lo que hay que hacer. Conozco perfectamente la manera de convertirse en un chico duro; ser atrabiliario, hablar de que no hay nada en el mundo más que el rock and roll, ser el más heavy del mundo, vestir de negro todo el día, ir lleno de tachuelas, tener una banda que se llame algo verdaderamente truculento, quizá Evil —Maldad— ... Pero ése no soy yo. Puedo hacerlo, desde luego que puedo hacerlo, es fácil. Pero, simplemente, no sería el tipo de vida que quiero vivir. Conozco a esos tipos, ya he vivido todo eso hasta la saciedad, y no me gustó. Era opresivo. Y tienes que ser muy, pero muy fuerte para sostener públicamente valores normales en este mundo de la música. Para decir: sí, me gusta el amor. Y me gustan los niños. ¿Qué? ¿Decir que te gustan los niños metido dentro de la mafia del rock and roll? ¿O que te gusta la familia? ¡Buf! Venga, hombre... Pero me gusta, ¿sabes? Resulta que soy afortunado y tengo una familia estupenda, mi gente de Liverpool; gente obrera, buena y sólida, muy normales, divertidos, simpáticos, afectuosos, solidarios..., gente profunda. No he encontrado nada mejor que ellos, de modo que realmente no quiero nada más. No me gusta el lado oscuro. Yo no soy tan... intenso.

Prefiere la serenidad.

Sí, prefiero la serenidad. Pero es curioso, porque si miras las causas por las que John ha luchado de esa loca manera que él tenía de hacerlo, yo estoy de acuerdo con todas ellas. De modo que es sólo una cuestión de formas; es sólo que él hizo eso tan especial de meterse desnudo en la cama para luchar por la paz. Yo escribí una canción llamada *The pipes of peace* —*Las pipas de la paz*—, y él escribió una canción titulada *Give peace a chance* —*Dale una oportunidad a la paz*—, pero la sustancia del asunto es que todos queríamos la paz, incluso el llamado *chico duro*. Cuando miras todas las causas que defendía, no hubo una sola mala. Todos eran objetivos buenos, dulces. Sé que uno de los mayores placeres de John era criar a Sean, su hijo. Es decir, ser simplemente *papá*, sólo que John nunca admitiría eso públicamente, ésa es la diferencia. Yo soy un imbécil y lo digo. Porque realmente creo en ello; ése soy yo, y me da lo mismo si por decirlo arruino mi carrera. Sé que no es conveniente decir cosas semejantes en este duro mundo del rock, pero disimular me parece demasiado fácil. Es más duro, mucho más duro, mantener el tipo y mostrarte tal cual eres. Es más duro porque tienes que aguantar todo el rato esas cosas de «oh, es estúpido, es blando». Porque tienes que repetir constantemente: «No, no, yo también he escrito canciones fuertes, he escrito, por ejemplo, *I'm down* —*Estoy bajo*—. ¿Se acuerdan de mí? Lo he hecho yo, he hecho algunas cosas buenas...».

(Es el compositor de mayor éxito de todos los tiempos, con cuarenta y tres canciones que han sobrepasado, cada una de ellas, el millón de copias vendidas. Es el intérprete que ha vendido más elepés en el mundo, el artista con más discos de oro de la historia. Suyos son, entre otros muchos, temas tan perfectos como *Let it be, And I love her, Hey Jude* y, por supuesto, ese *Yesterday* que ha sido grabado en más de mil versiones distintas. Y, sin embargo, este Paul McCartney que lo tiene todo conquistado parece tambalearse aún bajo el peso colosal de una pirámide de agravios. Lennon, su contratipo oscuro, estuvo a punto de destruirlo; la muerte de John, como una burla del destino, petrificó la maldición eternamente. McCartney se convirtió ante el gran público en el dulzarrón, en el tipo convencional y sin sustancia, y no sólo se le negaron los valores venideros, sino que también se le arrebató retroactivamente su prestigio en los Beatles. Aplastado por su gemelo, por el *otro*, el drama de Paul es el de Mozart y Salieri, sólo que en este caso Salieri-McCartney es musicalmente formidable. Pero aquí está, atrapado, como si la medida de su dignidad dependiera exclusivamente de un hombre que ya ha muerto. No es de extrañar que al amabilísimo Paul se le escape de cuando en cuando el vapor de la amargura cuando se refiere a John. Pero siempre muy delicadamente, muy oblicuamente. Porque McCartney, que es un hombre bueno y que sobre todo *desea* ser bueno, no parece permitirse el odio hacia el caníbal que le está devorando. Quizá sea por eso por lo que John aún permanece vivo en su interior, royéndole implacablemente las entrañas.)

La verdad es que tras la muerte de John me sentí muy preocupado. Y hablé con Yoko. No fue siempre una conversación fácil, porque no tenemos mucho en común, pero no estuvo mal. Y hubo un par de cosas que ella dijo que fueron muy buenas para mí, que me ayudaron mucho. Dijo: «Mira, aunque John se comportara de ese modo contigo y dijera todas esas cosas que decía en público, nos sentamos un día a escuchar uno de tus elepés, debió de ser un mes o dos antes de que muriera, y John me hizo escuchar todo el disco y me hizo notar todas las buenas cosas que tenía, y estuvimos llorando». Eso realmente me ayudó muchísimo. Conozco a John; la mitad de las cosas que decía no las pensaba realmente. «La mitad de lo que digo no tiene sentido, lo digo sólo para alcanzarte», dice la letra de *Julia*, una de sus canciones. Y creo que era verdad. Él escribió una canción titulada *I am a jealous guy* —*Soy un tipo celoso*—, y yo creo que era para mí. Era como decirme: «Simplemente estoy celoso, lo siento, pero soy un tipo celoso, no puedo remediarlo». Y respecto a la opinión pública... Yo creo que cualquiera que mire seriamente nuestra obra, que la estudie en profundidad, encontrará que he hecho algunas buenas canciones. Así es que no me quejo.

Y en cuanto a lo de que es usted una persona conservadora...

Yo no creo ser conservador; realmente creo que no lo soy. Soy un tipo bastante loco; no se puede haber estado en los Beatles sin ser bastante loco. Y yo lo soy, créeme.

Tiene usted cuatro hijos ya bastante mayores. Es difícil imaginar a un ex-Beatle convertido en responsable padre de familia.

Es el mismo problema de cualquier hijo de famoso. Porque los problemas vienen con la fama. Por eso yo tengo mucho cuidado para educarlos como gente corriente, para que se relacionen con gente normal. Para que tengan raíces como personas. Van a escuelas públicas normales. La gente dice: «¡Estás loco! ¿Por qué no los mandas a Eton?». Eton es la escuela fina de por aquí. Pues porque vendrían hablando como *pijos*. No me gusta ese tipo de gente, y no quiero que mis hijos sean así. Así es que hemos sido muy, muy cuidadosos. Nunca hemos tenido una *nanny* para los niños... A mí los críos me encantan. Vengo de una familia de ese tipo. Cuando era pequeño siempre había alguien que me largaba un niño entre los brazos. Tenías que pasearlo, dormirlo, mecerlo. Ésa es una suerte, creo. Linda viene de una experiencia distinta a la mía. Viene de una familia rica, nada que ver con ese rollo de pertenecer a la familia Eastman-Kodak, que no es más que un rumor. Pero su padre es un abogado rico y ha sido educada en ese tipo de familia exquisita con grandes casas, casas vacías con un montón de sirvientes y una atmósfera heladora. Y odió ese mundo, creció odiando todo eso, y ha reaccionado en contra de ello. De modo que cuando estuvimos viviendo en Escocia teníamos una pequeña casita con sólo dos dormitorios, y a ella le encantaba. Y durante los primeros diez años criamos a todos nuestros hijos en esa casa, en sólo dos dormitorios. En uno dormíamos nosotros y en el otro dormían los cuatro chicos. Y yo creo que eso está bien. De donde yo vengo eso es lo normal. Algunos de mis primos viven en casas así de pequeñas y tienen nueve hijos. Los chicos duermen en el suelo, en colchones, por todas partes, y las casas quizá no estén muy limpias ni sean maravillosas, pero los chicos están muy bien, tienen unos corazones estupendos.

Pero ¿cómo se compagina la antigua imagen rebelde de los Beatles con la severidad del poder paternal?

Bueno, el asunto es que en realidad los Beatles no eran tan rebeldes como pudieran parecer. Creo que siempre hemos sido más o menos como ahora somos. Muy normales. Parecíamos un poco locos y, desde luego, en los años sesenta se vivía cierta atmósfera de locura. Y era una buena locura. Es lo que te decía, siempre hemos luchado por la paz, siempre hemos luchado por los buenos valores. No, no veo ninguna diferencia en mis valores de ahora con respecto a los que tenía cuando los Beatles. Cuando creces cambias un poco, claro, y sobre todo, el mundo en sí cambia; el mundo de ahora no es el de los años sesenta. Si mis hijos estuvieran en los años sesenta, yo les hubiera dicho, por ejemplo, que el amor libre es una buena idea; pero ahora, a finales de los ochenta y con el SIDA, ya no es una buena idea en absoluto; ahora tienes.que decirles que han de andar con cuidado, ser muy específicos... En fin, hablamos con ellos, estamos muy en contacto, y más que padres e hijos somos amigos... Es gracioso, porque a veces nuestros hijos nos dicen: «¡Mamá, papá, se supone que nosotros deberíamos ser los hippies y los rebeldes, y que vosotros deberíais ser los padres estrictos, pero resulta que aquí sucede justo al revés, que nosotros somos los estrechos y vosotros los excéntricos!».

¿Usted se considera muy excéntrico?

Sí, y es bueno. Yo no quiero crecer mentalmente. Hay tanto siempre por aprender... Espero no llegar jamás a una edad en la que crea que ya lo sé todo.

La generación de los sesenta está llena de bajas. Muchos se quedaron por el camino, rotos por las drogas o por el vértigo de aquellos años. ¿Se ha encontrado usted alguna vez al borde del abismo?

Sí, en los sesenta. Cuando escribí *Let it be*. Antes de escribir esa canción estaba atravesando un periodo muy depresivo. Yo creo que tuvo bastante que ver con las drogas, no sé, pero era un periodo de mi vida muy loco en el que las cosas no parecían tener mucho sentido. Me dedicaba a ir todas las noches por los clubes, ligando chicas y... No había nada profundo, no había nada por debajo de tanto movimiento. Y recuerdo una noche que estaba en la cama y me sentía verdaderamente muy mal. Entonces tuve un sueño, soñé con mi madre, que ya llevaba muerta bastantes años. Y mi madre me decía: «Todo va a salir bien, no te preocupes, todo se va a arreglar». Era un alivio tan grande... Es un momento tan mágico ese de soñar con alguien cercano que se te ha muerto... Después de aquella noche escribí *Let it be (Déjalo estar)*. Y aquel sueño me ayudó, me ayudó de verdad. Ésa fue una de las veces que estuve al borde del abismo, y la otra vez fue cuando se deshicieron los Beatles. Me fui a Escocia y durante varios días no me levanté de la cama y bebí muchísimo... Hice todas esas cosas tan locas y tan habituales que uno hace en momentos así. ¡Pobre Linda! Intentaba ayudarme... De hecho, me ayudó mucho, porque es como una roca. Y me decía: «¡No pasa nada! Estarás bien, no te preocupes...». Y yo: «¡No! No valgo nada, cómo voy a poder levantar cabeza tras esto, qué puedo hacer, no soy más que la cuarta parte de algo, nada más; por mí mismo no soy nada...». Linda me dio fuerzas. Y también los niños. Cuando te sientes absolutamente fatal y llega un crio y te dice: «Papa, te quiero», eso te ayuda. Hay una vieja película en la que Cary Grant está a punto de tirarse por un puente y llega su hijo y le dice: «Papá, te quiero, ven a casa». Grandes lágrimas.

¿Llora usted en el cine?

Síííí. Antes me preocupaba mucho eso, procuraba ser muy macho y disimular que se me saltaban las lágrimas, pero ahora me importa un pito.

(Hacía tres años que no sacaba ningún disco, y ahora, con *Flowers in the dirt,* vuelve a tocar esos temas que tan caro ha pagado: el amor o incluso el matrimonio, como en la magnífica «We got married» —«Nos hemos casado»—. En el primer tema del álbum, —«My brave face» —«Mi cara bonita—», habla de cómo los personajes famosos pierden su alma. Un riesgo que sin duda ha bordeado este McCartney, muchachito obrero de Liverpool engullido por una fama inimaginable y envuelto en un vértigo que suele triturar los huesos del ánimo. Por eso, para salir de ese vértigo, para frenar la aceleración del mundo, McCartney se ha aferrado a sus raíces, a los pequeños reductos de la realidad, a la vida simple y campesina. No es una estrella, no es un rebelde ni tampoco un triunfador autocomplaciente. No es más que un hombre tocado por la Historia que pretende, pese a ello, sobrevivir.)

Un día su hija Mary volvió del colegio y le enseñó su libro de texto. Usted aparecía en él. ¿Qué sintió?

Es increíble, sí. Me recordó cuando yo iba a la escuela y leía los libros de texto y veía allí a Winston Churchill y a todos ésos. Y solía pensar:

«Cielos, estos tipos deben de ser muy importantes». Y es tan extraño descubrir un día que nosotros hemos hecho los libros de Historia... Sí, creo que hemos hecho mucho con nuestra música y nuestra actitud. Los Beatles hemos ayudado a que las actitudes sociales evolucionasen. Lo más excitante es mirar hacia atrás y ver todo lo que ha cambiado y decirte: «Hemos tenido algo que ver». Eso es algo grande.

1989

Tina Turner

Pequeña gran dama

Se aparta de un manotazo su fantástico e indomable flequillo y dice:

Oh, sí, ya sé que dije que me había retirado para siempre del escenario, pero... Este disco, *Foreign affairs*, ¡está siendo un éxito tan grande! Así es que me dije, bueno, OK, una gira más no va a matarme...

(Habla como una ametralladora. Las ideas le salen tan a borbotones que ni siquiera se molesta en terminar las frases. ¿Para qué habría de hacerlo? Menuda pérdida de tiempo: a fin de cuentas, todo el mundo la entiende con sólo decir dos palabras, con la expresión de sus manos, de sus ojos, de su cuerpo, con esos labios tan móviles y sangrantes de carmín, con esa voz que sube y baja de tonalidad, que acaricia las sílabas o restalla en el aire, cuando es menester, rubricando estruendosamente algún concepto. Tina Turner es todo lo que esperabas de ella y aún algo más: es de verdad felina, es de verdad magnética. Pequeñita y elástica, tan rápida y compacta como una bala.

Y este prodigio de la naturaleza, a medio camino entre el huracán y el maremoto, anunció en 1987, tras dieciocho meses de una gira titánica por todo el mundo, que se retiraba para siempre de las actuaciones en directo. Nadie llegó a creerlo totalmente, por supuesto.)

Pero yo lo decía de verdad. He estado haciendo giras durante veintiocho años, y el año pasado fue el primero que no he trabajado de toda mi vida. Estoy cansada. Para mí es fácil dejarlo. Sí, claro, me gusta. ¡Me gusta! Subo a un escenario y me encanta, pero ¿cuánto tiempo puede gustarte de verdad, noche tras noche, tras noche? Duermes, te levantas, te subes al escenario, vuelves a casa, al día siguiente viajas... ¡Agotador! Mira a los Rolling, sólo hacen una gira cada cinco años. Bueno, ahora el disco ha sido un éxito, y me he dicho, OK, vale, actúo otra vez... Pero estoy preparada para dejarlo. En realidad lo estoy dejando ya, poco a poco. ¡Y quiero hacer otras cosas!

(Tiene la boca atestada de signos de exclamación y el corazón lleno de hipérboles. Durante la temporada sabática del año pasado, esta estruendosa Tina se dedicó a su nuevo amor, Edwin Bach, un alemán diecisiete años más joven que ella; se vino a vivir a Europa e intentó efectivamente dar el salto al mundo del cine. Pero pronto vio que eso iba a ser más difícil de lo que pensaba.)

Usted ha trabajado en un par de películas. Por la primera, *Tommy*, de Russell, fue designada candidata al Oscar como actriz secundaria. Pero parece que ahora no llegan las ofertas que usted espera. Y, sin embargo, rechazó en su momento el papel protagonista de *El color púrpura*, de Spielberg, que hubiera podido lanzarla. ¿Se arrepiente hoy de haber dicho que no?

Oh, no, no, no me arrepiento... El papel no era bueno para mí. ¡Ni siquiera he visto la película! Esa película era una especie de reflexión sobre mi propia vida... ¡Y yo no quería volver a eso! Mira, consigues salir de esa pesadilla, te liberas, logras cumplir tus sueños y entonces, ¿vas a volver atrás haciendo una película sobre lo que has dejado a tus espaldas? ¡Ni pensarlo! Incluso Spielberg vino a rogarme, a pedirme, a prometerme: te convertiré en esto o en lo otro... No señor. Oh, no. ¡No, no, no! O sea, pasarte todo el tiempo en la película llorando, rezando y cantando... Ni hablar. ¡Olvídame! Que se busquen a otra para hacer esos papeles plañideros. Yo los he hecho demasiado tiempo en la vida real. Estoy harta de ellos. ¡Ja, ja, ja!

(Y se ríe con carcajadas profundas, agitando su ardiente cabellera. Se ríe mucho Tina Turner. Se ríe de un modo espectacular, salvaje, abriendo de par en par su boca potente como si fuera a zamparte de un solo mordisco.

Nació hace cincuenta años en un pueblecito de Tennessee, el sur profundo y segregacionista de Estados Unidos, en una época en la que los negros tenían que sentarse aún en la parte trasera de los autobuses. Se llamaba en realidad Ann Mae y no era ni siquiera completamente negra: su madre era una india cherokee pura y, por tanto, ella era mestiza, un ambiguo territorio racial que suele ser de tránsito difícil. En su infancia no vivió la miseria: su padre, capataz en los campos de algodón de un blanco, sacaba un sueldo suficiente. Pero sí conoció desde muy chica las peleas de sus padres y la inseguridad; vivió sucesivamente con sus tíos y sus abuelos, hasta que, cuando apenas si tenía once años, su madre se marchó definitivamente. Entró en la vida muy pronto la pequeña Ann Mae.

A los dieciséis años conoció a Ike Turner en un club de Saint Louis y se enamoró de un miembro de su banda, con quien tuvo su primer hijo. Ike descubrió de modo casual sus cualidades como cantante y la sumó a la banda; él fue quien le enseñó las reglas básicas del espectáculo: cómo moverse en un escenario, cómo vestirse. Al poco iniciaron una relación sentimental, aunque Ike estaba casado. Llegó un niño, luego dos hijos más. Era el infierno. Ike, metido en drogas y cada vez más enloquecido, la maltrataba bárbaramente, y la empavorecida Tina no se atrevía a marcharse. Más de una vez tuvo que salir a actuar con los ojos tumefactos o escupiendo sangre, y una de las múltiples amantes de Ike ha declarado haber visto cómo el cantante, sin mediar provocación alguna, enterraba un cigarrillo encendido en la nariz de Tina. Turner vivió en el interior de esta pesadilla durante dieciocho años, hasta que abandonó a Ike en 1976, horas antes de un concierto, en un hotel de Dallas.)

Ha dicho usted hace poco que está contenta de cumplir cincuenta años y que piensa que la segunda parte de su vida va a ser mejor que la primera...

Sí, sí, es que han sido demasiados años de infierno... Y si sobrevives a ese infierno, en algún momento tiene que suceder algo bueno. De modo que al fin llegas a cierto punto de tu vida y empiezas a mirar todo lo que has conseguido... Una casa para mi madre, otra para mi hermana, otra para mi hijo... Y una para mí. Y luego me mudé a mi tierra soñada, que siempre ha sido Europa. Y ahora he descubierto que puedo vivir en Europa... No sé, todos mis sueños se están convirtiendo en realidad. ¡Y tengo cincuenta años! Empecé a trabajar poniendo orden en mi vida hace siete años y conseguí barrer toda la basura. Y ahora, de repente, me digo: bueno, aquí estoy, con mejor pinta y más atractiva que nunca, más sana que nunca, estoy cuidando de mi familia, tengo dinero en el banco y puedo tomarme un respiro. Los ochenta han sido los mejores años de mi vida. Así es que puedo celebrarlos, ja, ja, ja.

(Luego, cuando salió corriendo de aquel hotel en Dallas, empezó otro tipo de calvario. *Ike and Tina Turner* habían llegado a ser muy famosos y ganaron un sustancioso dinero, que Tina, tras la separación, no volvió a ver. Durante años vivió huyendo de Ike, de sus gorilas y de sus pistolas; para mantener a sus cuatro hijos hubo de trabajar duramente cantando en oscuros clubes o limpiando, dicen, las casas de quienes la acogieron en su huida, como Ann Margret. Hasta que el promotor musical Roger Davies decidió hacer nuevamente una estrella de ella. Y así surgió en 1984 el álbum *Private dancer,* su gran triunfo, su regreso deslumbrante de las tinieblas.)

Mi vida empezó realmente con «What's love got to do with it» —«Qué tiene que ver el amor con ello», primer *single* del álbum *Private dancer*—, que fue mi primer gran éxito. Pero trabajé tanto por entonces que no pude disfrutarlo, aunque fue como la base de mí misma, de mi reconstrucción. Ahora es cuando estoy empezando a poder disfrutar de la vida. Ahora puedo tomarme un descanso de dos o tres años, puedo vivir de lo que tengo ahorrado, y estar en casa, y librarme de tanto avión y de estos hoteles...

(Se sienta muy erguida, primorosamente vestida con un elegante traje negro. La juventud de su apariencia resulta casi sobrenatural, aterradora. Sí, claro, puede haber bisturí en todo ello, pero ¿y el cuello, y las manos, y la actitud, y la expresión, y la lozanía intacta de sus altos pómulos cherokees? En realidad no es que aparente veinte años menos de los que tiene: es que carece de edad. Su rostro es una afilada talla en obsidiana, tan intemporal como una roca.

«Las mujeres ya maduras, mujeres que han cometido errores, tienen un poco de miedo y no quieren arriesgarse», dice la letra de *I dont wanna love you*, una de las canciones del último disco de Tina. Y le comento que, aun teniendo ella algunos años y un puñado de equivocaciones a la espalda, no parece, sin embargo, padecer miedo ninguno.)

Es que no es miedo en ese sentido, no es miedo a vivir, sino que se refiere a los hombres. O sea, que ya no eres tan crédula, que ahora eres tú la que escoges. Miras y escoges. Después de Ike no he tenido muchos hombres en mi vida. Tuve unos pocos y entonces me dije: OK, ya estoy preparada para tener una relación estable. Y entonces vi a este hombre —Edwin Bach—, y me lancé a ello, y es una historia que ya viene durando tres años.

Claro que en el disco hay también otra canción, *The best*, que dice exactamente lo contrario: «Cuando me dejas empiezo a perder el control».

Ésa es una canción antigua y está escrita en una época en que yo era así. Porque yo he sido así, sí. A veces pensamos que estar enamorados consiste en no poder vivir sin la otra persona, pero no es así. ¡No es así! La mejor manera de amar es cuando no sufres, cuando no pierdes el control de tu vida. De lo que se trata es de encontrarle una armonía a tu existencia. Tienes que aprender a hacerte feliz a ti misma. Es decir, no puedes permitir que tu felicidad dependa sólo de *él*, tienes que guardar algo de tu felicidad para ti sola. ¡Quererte a ti misma y saber hacerte feliz, ése es el quid de la cuestión! Y así puedes apreciar la felicidad sentimental, si llega, pero no depender de ella.

Es curioso: tiene usted una imagen pública casi de mujer fatal, de cantante *supersexy*, que en realidad no tiene nada que

ver con su vida privada. Tengo entendido que a usted incluso le molesta esa aureola *sexy*.

Es que el sexo es algo vacío. Es vulgar, es privado. Nunca le he encontrado ninguna belleza al sexo cuando se ha convertido en algo público. Pero tengo esa fama de *sex symbol* y la gente se cree que voy a llegar contoneándome y que voy a *levantarme* a todos los tipos y... No es verdad, nunca he hecho esas cosas. Todo eso no es más que un sambenito que te cuelgan si eres una mujer con energía y llevas las faldas cortas... Pero es que eso forma parte del espectáculo, ¡en el escenario estoy actuando! Si fuera una actriz no pasaría nada, las actrices actúan y todo el mundo lo sabe. Pero si eres una cantante, ah, entonces... Oh, te apuesto a que esa tía es así y asá, te apuesto a que fuera del escenario hace esto y lo otro... En fin, no les echo la culpa, porque no tienen otro punto de referencia. Es decir, ¿qué es lo que siempre han dicho los cantantes de rock? Pues no hacen más que hablar de sexo, droga y rock and roll. Y lo que yo quería era ser una estrella de rock. Ése es el precio que pagas por el éxito.

(De esa imagen tópica de la que reniega posee, sin embargo, la fuerza legendaria, la cualidad eléctrica. Casi asombra no verla nimbada de un halo de neón, de tanta energía como derrocha. Una energía pura, sin nerviosismo ni tensiones. Y además es amable, cortés y afectuosa, sin divismos ni ferocidad seudorrockera. Es una pantera formidable con vocación de gata siamesa y señorita.)

Usted dijo una vez: «Jacqueline Kennedy Onassis es la dama que más me hubiera gustado ser».

Todos tenemos una reina. Una imagen a la que respetamos por encima de cualquier otra cosa. Yo creo que Jacqueline siempre mantuvo un comportamiento impecable frente a todos los problemas que le tocaron vivir... Me gustan sus modales, su inteligencia, cómo maneja y manejó toda la basura que le echaron encima... Lo que quiero decir es que hay gente a la que respeto. Porque tiene clase, ¿entiendes? Jacqueline siempre será una dama, se vista como se vista.

Habla usted de clase. Eso, la clase, parece haber sido siempre muy importante para usted. Hablando de su infancia, y recordando a un tío suyo que había viajado a Europa y era un hombre cultivado, ha dicho usted: «Para mí [el tío Plej] significaba el mundo, porque en él veía clase».

Yo fui criada como una chica de campo... Mi madre no era una mujer educada... No estábamos mal, no éramos pobres... Sabíamos cómo comer en la mesa y demás, pero, vamos, nada que ver con lo que se entiende por maneras de mundo. Además, mi familia se rompió cuando yo era pequeña, de manera que tuve que terminar por educarme yo misma. Estamos hablando de *clase*, estamos hablando de la manera en que una persona se comporta. Estamos hablando de ser una verdadera señora. OK, tú puedes decirme: ¿y cómo puede ser una señora llevando el pelo tieso, y las faldas cortas, y los labios pintados de ese color? Pues es que estoy actuando, ¡eso es escenario! Ésa es la mejor interpretación que puedo hacer en el escenario de mi vida, estoy desempeñando un papel que me da de comer y que a la gente le gusta. Pero eso no quiere decir que cuando me bajo del escenario esté en la calle con la misma pinta. Nunca me atrajeron las drogas ni la bebida, y, sin embargo, me atrajo la gente con maneras. Les observaba. No quiero decir con esto que tengas que ser de la alta sociedad y poseer mucho dinero, porque hay gentes de la alta sociedad que tienen muy malos modales, lo sé, les he conocido. Lo que estoy hablando no consiste en tener dinero. Consiste en preocuparse por tener una buena reputación. En tener clase.

(Es, me parece entender, el anhelo de una elegancia interna, de una feliz armonía con las cosas. Y todo esto debe de estar también relacionado con su credo budista, que empezó a practicar hace trece años, justo después de que un día, estando aún con Ike y demasiado desesperada para seguir viviendo, se tragara cincuenta tabletas de Valium una detrás de otra.)

Yo vivo el budismo cotidianamente, de la misma manera que me visto o que como. Y hago mis prácticas diarias, que se relacionan con la mente inconsciente, no con la consciente. El budismo no es una filosofía simple. Te habla desde dentro, es el sonido mismo del cuerpo. Y cuando al fin comprendes las palabras, los sonidos y el ritmo, porque la Tierra es toda sonido y ritmo, entonces contactas con tu mente inconsciente y eres capaz de cambiar tu vida. Sí, entré en el budismo inmediatamente después de aquel intento de suicidio... Nunca lo había practicado antes, pero siempre estuvo ahí, me parecía conocerlo, de hecho creo que ya he sido budista en otra vida. Y entonces me introduje en esa filosofía y todo tenía sentido. Porque el budismo decía: puedes cambiar. Y yo por entonces creía que mi pesadilla no tenía salida: cualquiera, en mi situación, se hubiera convertido en un drogadicto o en un alcohólico. Así es que, cuando estás en ese pozo y algo o alguien te dice que sí hay salida, que sí puedes cambiar, entonces te dices: déjame verlo, déjame probarlo, a ver si es verdad. ¡Y lo probé y cambié!

(Lo reunía todo para ser una pobre mujer, para quemarse la vida en una existencia miserable. Era la tópica negrita mestiza de los campos de algodón del sur, la esposa apaleada, la mujer cercada por el alcohol, las drogas y esa brutalidad que muchas veces va pareja con la miseria cultural. A la aplastante fealdad de ese destino ella opuso un enternecedor empeño en cultivar lo bello, lo que ella llama —pues es aún inocente, pesé a todo— los «buenos modales». Ha luchado duramente por ser una dama porque a las damas de sus sueños no les rompen la boca los maridos bestiales. Y aquí está ahora, dueña de su vida, poderosa, más *señora* que nadie, liberada. Es una criatura primordial y por sus venas corre lava.)

Si alguien grita el nombre de Ann Mae, ¿se vuelve?

Hay veces que oigo Ann Mae y se me hiela la sangre, porque pienso que puede ser alguien del pasado, y no me atrevo a volver la cara. Así es que mi respuesta depende de cómo me lleve ese día con la Ann Mae que fui. Alguien me preguntó hace poco: «Cuando te despiertas por las mañanas, ¿te sientes Tina o Ann Mae?». ¿Cómo? Yo he cambiado mi mente. ¡He cambiado mi mente! Dejé a Ann Mae hace muchos años en Tennessee y desde entonces he sido muchas personas distintas. Y ahora me encuentro en el mejor momento de mi vida, de modo que, ¿por qué tengo que ser Ann Mae por las mañanas? He trabajado tan duro para ser Tina, y no me refiero a la estrella, sino a la persona... Me he ganado el nombre de Tina, ¡me lo merezco! Es todo lo que tengo en la vida, es mi triunfo. Y es un nombre que está usado y que... Es lo que soy, exactamente lo que soy, ¿me entiendes?

1989

Joaquín Sabina

«Uno es más imbécil de lo que uno cree»

Joaquín Sabina tiene cuarenta y un años, nació en Úbeda, su padre era policía y él quiso ser artista desde niño: «En mi primer DNI ponía músico, que es justo lo que no soy. Pero siempre me pareció que era más serio ser músico que cantante. Yo lo que quería es ser artista, lo cual englobaba escribir, hacer teatro, hacer guiones... O ser torero. Yo creo que lo único que nunca quise ser es cantante. Es más, ésa era mi actividad, cantar, pero siempre me pareció que era una ocupación pasajera, hasta llegar a la gloria de verdad, que no tiene nada que ver con la canción, sino con las sinfonías, las novelas y esas cosas.

Es tan increíblemente delgado que, de primeras, te crees que está perennemente de perfil. Pero no. Luego te fijas y compruebas que lo que ves es todo lo que hay. Brevísimas caderas, patitas como palos de escoba. Pero la espalda recta y aparentes los hombros. Es decir, parece un maniquí para sastre hecho en alambre: no es canijo, sino famélico. Y, por encima de tanta levedad, una densa cabellera que debe de pesar unos doscientos kilos.

Viniendo hacia aquí, he visto que la ciudad está empapelada con carteles suyos. ¿Qué se siente al ver la cara de uno por todas partes?

Pues la verdad es que uno es mucho más imbécil de lo que uno cree. Es decir, yo voy en un taxi y veo carteles míos pegados por las paredes y, si viene alguien conmigo en el taxi, miro de reojo para ver si se ha dado cuenta de que yo estoy ahí. Hago como que no me entero, pero... Lo peor que puede pasarte es que la ciudad esté empapelada y que la chica que va en el taxi no se dé cuenta.

¿Siempre tiene que ser una chica? ¿Y si el del taxi fuera hombre?

Si fuera un tío, la cosa ya me da más igual.

(Así, canturreando para pasar el rato, estuvo en Londres y luego volvió. Y cantó en La Mandrágora, y después se convirtió en una gran estrella. Dice Sabina que no aspiraba a ese éxito multitudinario, y yo le creo, porque es hombre que ha sabido hacer de la más cruda sinceridad un arma seductora. Ahora bien, una vez que te metes en el éxito, o te meten, quedas atrapado irremisiblemente, «porque el veneno está por todos lados y es imposible salirse de esa espiral tremenda. Quien diga que lo tiene superado, yo creo que miente».)

Pero supongo que usted estará intentando prepararse mentalmente para un posible fracaso. El mundo de la canción pop es muy duro, y, tal como se sube, siempre se puede bajar.

Oh, sí, yo eso me lo he planteado muchísimas veces, y además he chuleado mucho por los bares diciendo que estoy perfectamente preparado para volver otra vez a actuar en La Mandrágora o en pequeños locales como ése. Bueno, pues es mentira. Lo único que es verdad es que tengo mucha curiosidad porque me pase, para ver cómo lo vivo. A ver si es verdad que soy tan chulo.

¿Y usted qué cree? ¿Es tan chulo como aparenta, o no?

Yo creo que no, en absoluto, porque soy un ser completamente vulnerable. Lo que ocurre es que siempre he funcionado a la contra. Me parece que yo lo que soy es un resentido social desde niño. Porque si la chavala que a mí me gustaba se iba con el riquillo que a mí me parecía imbécil, en vez de venirse conmigo, que era mucho más feo y tenía la cara llena de granos, pero me consideraba más listo, pues yo ese resentimiento lo he guardado hasta hoy, y cada vez que escribo una canción es para darles en las narices a los dos. Por ejemplo, siempre cuento mi infancia mucho más triste que lo que fue. Que no fue triste. Y hablo de mi pueblo siempre mucho peor que lo que en realidad fue. Porque yo llevo dentro algo que no sé qué es, el convencimiento de que me han tratado mal y de que tengo que reivindicarlo; y la sensación de que me tengo que ganar el cariño de los demás con mucho esfuerzo.

(Lo más singular en él es la manera en que se mueve. Con pasos silenciosos y muelles, rebotando ligeramente sobre el suelo; con un mirar solapado y tímido que se le escurre por las comisuras de los ojos; con el aire inquieto y receloso de los recién llegados, como si se pasara la vida doblando esquinas y teniendo por tanto que enfrentarse a paisajes siempre nuevos y quizá hostiles. Y con una sonrisilla lobuna entre los dientes, el rictus del depredador que anda al acecho. Porque Sabina es un cazador, de eso no hay duda. Pero un cazador que no hace sangre. Digamos que es un lobo hambriento de emociones y afectos.)

Javier Krahe, que es mi mejor amigo, siempre me dice que a él su madre lo quería muchísimo, por lo que él no tenía que hacer nada para ganarse un beso suyo; y que él sospecha, en cambio, que yo tenía que hacer mil monerías para que mi madre me besara, porque me paso la vida haciendo cosas para que me den besos, y a él, en cambio, se los dan sin hacer nada. Pero nada, ¿eh? Ni siquiera se siente obligado a tener éxito para que lo quiera la gente. Yo sí. Yo creo que cada beso me lo tengo que ganar trabajándomelo muchísimo.

También da usted el aspecto de ser una especie de Peter Pan que se resiste a crecer...

Pues sí, pero eso no me enorgullece en absoluto. Yo carezco de costumbres: no me acuesto, no como, no desayuno nunca a la misma hora; no desayuno nunca las mismas cosas. Estoy tan bien en un hotel como en mi casa; y puedo leer un libro al día durante dos meses y luego pasarme medio año sin abrir un volumen. Y no tengo ningún sistema fijo de trabajo. Toda la gente que conozco de mi edad, y aun con diez años menos, poseen costumbres. Pero yo no, y eso me alarma. Porque físicamente resulta agotador.

Pero usted sí posee una rutina: la de vivir la noche.

Es que, aunque parezca un topicazo, las noches son distintas. En la noche, por ejemplo, las clases sociales se desdibujan, y en los bares de madrugada hay mezclas infernales, cosa que me encanta. En la noche, las gentes no vienen del trabajo, sino que van y vienen buscando cosas inclasificables que no existen y que no se encuentran. No hay nadie que no esté a las cuatro de la mañana por ahí que no esté buscando algo. Yo por ejemplo, siempre he escrito de madrugada. Mi último disco, *Mentiras piadosas*, lo escribí de dos a seis de la madrugada, aquí, en casa. Y luego, a las seis de la mañana, me iba a un bar en donde me dejaban una oficinita, porque el dueño es amigo mío. Y ahí participaba de todo el mogollón del bar, y, al mismo tiempo, podía seguir escribiendo. De vez en cuando, me pasaban una copita y tal, y, si yo tenía ganas de ver qué pasaba, salía a dar una vuelta, miraba quién había, controlaba un poco, y luego seguía escribiendo... A partir de determinada hora de la madrugada, sabes que cualquier tipo con el que te cruces en un retrete es un golfo, y eso es muy excitante.

¿Y qué es para usted ser un golfo?

Es estar dispuesto a cualquier cosa sin ataduras o haciendo como que no tienes ataduras. Es aparentar que uno siempre se puede apuntar a la orgía mayor del mundo, lo cual, por cierto, nunca se produce, porque la noche, en general, es aburridísima. Esto lo saben los que de verdad la frecuentan: nunca pasa nada. Pero que la noche sea aburridísima no tiene nada que ver con la necesidad de seguir yendo.

Es decir, con el deseo. La noche, supongo, es el deseo.

Eso es. Lo que te obliga a seguir yendo es tu voluntad de no renunciar al deseo. A ese deseo puro de una noche perfecta, en la que todo parezca funcionar, y te digas: «Qué bien estamos todos aquí, y qué contentos, y este instante va a durar para siempre». Yo creo que lo que se busca en la noche es más bien una cosa metafísica... Porque, si me quedo aquí, ya sé lo que va a pasar. Voy a leer un libro, o veré la tele y me iré luego a la cama... Pero, si salgo, no sé qué va a pasar.

Usted lo ha dicho: normalmente, nada.

Pero el aficionado a los toros sabe que la memoria de un solo pase basta para ir a ver a Curro Romero durante veinte años.

Y usted guarda algún que otro pase en la memoria...

Sí, claro: el profesional siempre tiene tres o cuatro noches gloriosas.

(Arrastra Sabina tras de sí esos jirones de penumbra y de turbias atmósferas que son como el halo de los golfos, y que se adquieren tras acodarse noche tras noche, con meritorio esfuerzo, en apestosas barras. Anda el hombre buscando esa fisura en la realidad a través de la cual pueda alcanzar la brillante sustancia de la vida; y la busca en las madrugadas, en los turbios garitos y en el fondo manchado de los vasos. Y, cuando no la encuentra; cuando, como suele suceder, en el fondo de la copa sólo descubre el solitario reflejo de su propia cara, entonces siempre le queda el recurso de escribir un poema, una canción. Es un artista.)

1990

Lou Reed

De regreso de la zona salvaje

No le he visto los dientes a Lou Reed. He hablado con él durante más de una hora y en ningún momento he conseguido ver ni tan siquiera el borde de sus incisivos. Está claro que su cara no está hecha para sonreír. Permanece impávido durante todo el tiempo, tan quieto y tan frío como un trozo de roca. Vestido todo en negro, taciturno, pálido. Con el rostro añoso y batido por el viento: pura piedra caliza que las inclemencias han erosionado.

Y en mitad de semejante cara, unos ojos tremendos. Unos ojos que miran y miran y que quizá no parpadeen, como no parpadean las estatuas. Desde luego se diría que sus duros rasgos están esculpidos: su rostro recuerda un antiguo medallón grecorromano, el retrato amenazante de algún dios violento. O de la Medusa: porque la mirada de Lou Reed *parece* verdaderamente peligrosa. Quizá sea por eso por lo que cubre sus ojos con unas gafas poco usuales: dos pedazos hexagonales de un vidrio verde dulce tan luminoso y denso como dos rebanadas de esmeralda. Si se quitara las gafas, te dices para tu coleto con gran susto, capaz sería de fulminarte con su feroz mirada.

Anda ahora metido Lou Reed en la para él evidente tortura de dar entrevistas porque quiere promocionar su nuevo disco, *Magic and loss* (*Magia y pérdida*), un insólito elepé cuyas catorce canciones se agrupan temáticamente en torno a la muerte por cáncer de un ser querido. Es un trabajo espeluznante, hermoso y denso. Se lo digo: «Su disco es hermoso y estremecedor al mismo tiempo...». Reed calla y te escruta con su cara de gárgola. «Sin embargo, y pese a lo durísimo del tema, me parece advertir en este elepé un tono de esperanza que no hay en otros trabajos suyos anteriores...», aventuro sobre su abrumador silencio. Ya me habían advertido algunos colegas que Lou Reed podía ser terriblemente parco en palabras. Pero mi último comentario parece haber puesto en marcha un remoto mecanismo parlante: sin cambiar de posición, sin agitar ni un músculo, la figura pétrea saca una voz de bronce y empieza a hablar. Es casi un milagro.

Yo creo que el disco es un regalo para el oyente, creo que es un elepé muy realista y muy positivo, porque, además de ser una celebración de la amistad, te explica cómo puedes relacionarte con la muerte. La vida merece la pena vivirse incluso si en ella hay dolor: ésa es una de las lecciones que encierra este disco.

Una lección que resulta muy difícil de aprender...

Torturantemente difícil.

(Responde Reed enfáticamente y deja un punto final enorme flotando en el silencio detrás de él, como si sus palabras fueran siempre definitivas y después de dichas nadie pudiera añadir al tema ni medio suspiro. No sé si a estas alturas ha quedado lo suficientemente claro que Lou Reed resulta aterrador. Sobre sus hombros acarrea su sombría leyenda de príncipe negro de la música: los turbulentos comienzos con Andy Warhol y la Velvet Underground; la época transformista con David Bowie, cuando se teñía de rubio y vivía con Rachel, un travestido mexicano; los años de fuego y de destrozo, tan roto por el alcohol y la heroína que tenían que sacarle en brazos a los escenarios y sus actuaciones terminaban a menudo en un escándalo —como el que se organizó en Madrid en 1979—. Pero no es todo eso, el eco de un pasado ya remoto, lo que hoy asusta de él. Lo que da miedo es su inmovilidad, su mirada implacable. Y ese extraño lugar desde el que te contempla. Porque Lou Reed está lejos, muy lejos. Es un tipo distinto, un forastero.)

***Magic and loss* es un trabajo tan inusual dentro de la industria discográfica que me pregunto cómo lo habrán tomado en su**

compañía de discos. ¿No le han intentado presionar para que hiciera algo más comercial?

¿Presionarme? Oh, no. Jamás lo hacen, en absoluto.

No se atreven...

No sé si es que no se atreven o si más bien es que creen en mí. El presidente de la compañía me dijo un día que él pensaba que yo trabajaba mejor cuando se me dejaba solo. Y lo decía en serio, porque siempre me han dejado ir a mi aire. En cuanto a *Magic and loss*, me han dicho que les gusta mucho, pero que es un disco difícil. *Yo* sé que es un disco difícil: está dirigido a una audiencia que quiere comprometerse con una música seria, con letras serias.

Lleva usted años diciendo que lo que pretende hacer es un rock para adultos...

Sí, y es exactamente a esto a lo que me refiero. Para entender *Magic and loss* tienes que tener cierta experiencia, cierta madurez, tienes que conocer la vida.

Supongo que un disco así, tan íntimo, ha de salir de una vivencia propia, de una muerte cercana.

Sí, éstas no son emociones que puedas inventar. El disco refleja en concreto la pérdida de dos amigos que murieron durante el mismo año, con once meses de distancia entre un fallecimiento y el otro. Dos de mis mejores amigos, de mis más queridos amigos. Además, yo soy simplemente un escritor, y el tema de la muerte es uno de los grandes temas para un escritor, tienes que enfrentarte a él antes o después, y yo decidí hacerlo ahora.

Siempre se ha definido usted como escritor, un escritor que utiliza un soporte musical. El aspecto literario resulta evidente, porque sus discos son cada vez más temáticos...

Así es. Hace mucho tiempo hice un único álbum temático, *Berlín*, y ahora, desde hace tres años, a partir del disco *New York*, empecé de nuevo con la idea de no querer hacer catorce canciones aisladas, y decidí que lo que me interesaba en este momento de mi vida era hacer canciones que estuvieran conectadas las unas con las otras temáticamente. Y así salió *New York*, y después *Songs for Drella* —*Canciones para Drella,* el apodo de Andy Warhol, una mezcla entre Drácula y Cenicienta-Cinderella—, con el que intenté desmitificar a un personaje legendario, y ahora viene *Magic and loss*, que va un paso más adelante y cuyo tema es cómo manejar la pérdida y también una celebración del amor y de la amistad.

(Lou Reed posee un ritmo de conversación desconcertante. A tus preguntas responde, por ejemplo, con una escueta frase o una sola palabra. Y es después, cuando tú ya estás a medio camino de la siguiente pregunta o ya la has formulado por completo, cuando Reed contesta a la anterior cuestión. En el momento mismo de la entrevista, y paralizada como estás por su mirada tórrida, este desacuerdo temporal emborrona el diálogo y te deja la vaga sensación de un gran malentendido, de un debate entre sordos. Es después, al pasar la cinta, cuando adviertes la perfecta ilación de todo lo dicho; cuando descubres, para tu sorpresa, que a la postre el forastero hablaba en realidad tu mismo idioma. Quiero decir que Lou Reed parece más *raro* en persona que después, cuando uno lo recuerda y se lo piensa. Y él debe de ser consciente de esa dificultad de comunicación, de esa zozobra: si repite una y otra vez, hasta el aburrimiento, que *Magic and loss* es «una reflexión sobre la pérdida y una celebración de la amistad y del amor», no es sólo porque quiera promocionar su disco, sino sobre todo, me parece, porque no está nada seguro de que le entiendan.)

A mí me gusta escribir. Necesito escribir. Y escribiría aunque no tuviera ningún contrato con una casa de discos. Sin embargo, eso sí, me gusta tener fechas límites, me son muy útiles, y si no las tengo me las invento.

Para forzarse a trabajar...

Sí. Para levantarte y ponerte realmente a hacerlo, para dejar de pensar en ello y pasar a la ejecución. Porque de otro modo puedo pasarme pensando mucho, mucho tiempo...

¿Y ahora no siente miedo a bloquearse? Hubo una época, lo ha dicho usted en alguna entrevista, en que creyó haber perdido el talento. ¿Ya no le asusta quedarse en blanco?

En absoluto. Ya he pasado por todo eso y no me preocupa más. Ahora entiendo mejor el proceso creativo, y sé que el talento no se va a ir... Simplemente, puede que no esté accesible las veinticuatro horas del día.

Y ahora ya no se pone nervioso si la inspiración tarda un poco en aparecer, mientras que antes sí que se ponía...

Oh, sí, te aseguro que decir que me ponía nerviosísimo es quedarse muy corto... Especialmente cuando tenía una fecha de entrega y había delante de mí una hoja de papel en blanco, sin nada escrito... Pero ya no me pongo nervioso nunca más. Y sé que lo único que tengo que hacer es permanecer receptivo, no entorpecer el proceso, y especialmente no introducir emociones inútiles como la de la angustia. En fin, ahora me conozco a mí mismo. Ésa es una de las cosas que llegan con la madurez. Sé cómo trabajo. Sé que mi talento nunca me va a traicionar. Nunca me va a dejar.

Esa seguridad en uno mismo es estupenda...

Es mucho más que estupenda, déjame que te diga, porque sé cómo son las cosas cuando eso no funciona... Me puse muy mal.

Sí, fue toda aquella época terrible, la etapa de las drogas y la leyenda negra, cuando usted parecía estar destrozado.

Es que para alguien como yo, si no puedes escribir, nada tiene sentido. Escribir es mi todo, mi vida, y que de pronto te lo quiten... o ni siquiera eso, porque si alguien viene y te lo quita siempre puedes ir a recuperarlo, pero era peor, era la sensación de que se había evaporado, mirabas alrededor y no había nada, no quedaba nada. Y seis meses después, aún nada, cero... Era inaguantable. Pero al final he conseguido alcanzar un equilibrio con el talento, he hablado con esa parte de mí... O sería más exacto decir que esa parte de mí, la inspiración, el talento, como quieras llamarlo, me ha hablado a mí.

Y firmaron un tratado de paz.

No, de verdad, me lo dijo. Me dijo: «Nunca te abandonaré». Literalmente. Li-te-ral-men-te. En palabras reales. Literalmente. «No te abandonaré nunca y no te traicionaré». Y como contrapartida, yo, a mi vez, no haré ya más cosas que puedan romper el equilibrio.

¿Y cuándo sucedió esto?

Hará un par de años... Justo antes del álbum *New York*. Sucedió mientras estaba conduciendo mi coche. Iba conduciendo y me perdí. Estaba furioso, porque odio perderme. No tengo buen sentido de la orientación. Me estaba poniendo verdaderamente fatal. Y entonces sucedió eso. Esa voz diciendo: «No te pongas nervioso».

Estaba usted solo en el coche, naturalmente.

Sí, claro. Pero por supuesto que era simplemente yo hablando conmigo mismo. No hay nada místico en todo ello. Simplemente, sucede que de cuando en cuando tienes la oportunidad de hablar directamente con tu subconsciente, por así decirlo. Y fue entonces cuando me dijo que no me abandonaría nunca.

Supongo que le sería muy tranquilizador.

También me sucedió algo semejante en una exposición de Van Gogh. Y estaba contemplando el autorretrato de Van Gogh cuando de repente escuché: «Te hablo a ti a través de ti». ¿Cómo, qué? «Te hablo a ti a través de ti.» Y entonces me di cuenta de que, si mi equilibrio no fuera lo suficientemente tranquilo, no sería capaz de escuchar esa voz interior, y que el proceso se detendría. Porque eso que llaman bloqueo muchas veces sucede solamente porque, en tu ansiedad de alcanzar la inspiración, lo estropeas todo. De modo que para conservar el talento tienes que tranquilizarte. Y por eso soy muy cuidadoso, porque no quiero perder nunca a mi amigo.

Sin duda en su mala época, cuando salía dando traspiés a los escenarios, carecía de la calma necesaria para escucharse. Recuerdo que la gente comentaba que usted se estaba muriendo. Estuvo *muriéndose* así durante varios años y despertando ese interés morboso de las figuras al borde del abismo.

Creo que en todo ello también hubo más cosas, también había compasión e identificación. Compasión por los marginados, por los *outsiders*, por los alienados. Durante mucho tiempo me identifiqué con ellos.

Se diría que en los últimos años ha intentado usted destruir la leyenda negra que le persigue desde aquella época...

Yo no he querido destruir nada, eso está sólo en tu mente. Simplemente, he sido lo más recto y honesto que he podido en todas las cosas. No quiero destruir ninguna parte de mí mismo ni de mi pasado.

No me refiero a alterar, camuflar o repudiar su pasado. Me refiero a escapar de un tópico que le persigue. He leído muchas entrevistas suyas de los años ochenta, y parece harto de que siempre le pregunten por lo mismo, por si elogió la droga o no en su canción *Heroin*, por la violencia, por el sexo, por el alcohol...

Sí, digamos que algunas personas se quedan colgadas de ciertas partes de tu vida, de ciertos aspectos, y quieren que permanezcas allí. Pero yo soy una persona desarrollándose, y además un artista madurando, y no quiero quedarme anclado en ningún lugar, diga la gente lo que diga. Lo que sucede es que, claro, todos los errores que he cometido los he cometido en público, y además he escrito canciones sobre ellos, de manera que cuando la gente viene a hablarme de todo eso sólo puedo decir: «Lleva usted cinco años de retraso y quiere que yo también retroceda en el tiempo, cosa que no me interesa en absoluto...».

De todas maneras, me parece que ahora ya vienen a verle con menos prejuicios...

Yo creo que cuando hablo de determinados temas la gente sabe de qué estoy hablando. No soy una persona que ha permanecido en una torre de marfil. Yo he estado ahí fuera, en la calle, me he mezclado con las gentes, con la vida. De modo que creo que me merezco cierta credibilidad. Una credibilidad ganada muy duramente. Pero aquí estoy. Mi amigo Rubén Blades, muy amigo mío, me dijo un día que había conocido a diversos autores y que, con sólo mirarles a la cara, podía decir: «Éste es de la calle, éste no es de la calle. Esto es de verdad y esto es mierda». Lo cual no quiere decir que la gente que venga de la calle sea la única válida en el mundo, pero sí que, si tienes una educación y además conoces esa otra parte de la vida, quizá tengas un mayor espectro de comprensión del mundo que si sólo tienes una preparación académica.

Quiere decir usted que pasar por el dolor y por el infierno te hace más sabio...

Es un camino que, por lo general, no puedes escoger: en realidad, la vida te lleva adelante a patadas. Y desde luego no recomiendo a la gente que haga lo que yo hice, de ninguna de las maneras. Creo que hay vías más rápidas y menos peligrosas que la mía para ir desde A a B. Pero, por otra parte, yo ignoraba la existencia de esas vías, de manera que tuve que aprender las cosas del modo más duro. A veces piensas que si pudieras empezar de nuevo... Pero por supuesto no tienes una segunda oportunidad. En fin, estoy contento de haber llegado al punto en el que estoy, a esta cierta serenidad, por lo menos ahora, cuando todavía soy relativamente joven. Me imagino que si alcanzas la serenidad a los ochenta años envidiarías haberla conseguido a mi edad, mientras que yo a mi vez puedo decir: «Cielos, ojalá hubiera llegado a esto cuando tenía ocho años...». Pero no fue así, de modo que...

(Se quita las gafas de cristal verde mágico y se frota los ojos con cansancio. Me contempla sin el vidrio protector, y su mirada, contra todo pronóstico, no fulmina. Porque Lou Reed, ahora lo comprendo, no es una gárgola: es un oráculo. Estuvo en el infierno y regresó. Y guarda en su memoria un saber oculto, un conocimiento de lo terrible, que dispensa algo crípticamente. Él no nos habla de nuestro futuro, sino de lo que somos; y por eso hay que escucharle con atención. Y entender su conmovedor acuerdo con el otro yo, y la promesa de portarse bien y conservar la calma. Desde que volvió de la zona salvaje se ha ido reconstruyendo poco a poco, en la austeridad, con discos cada vez más sinceros, más llenos de una ternura rota y dolorida. Vibrando de emociones y por fuera de piedra.)

Como usted decía antes, es inútil y absurdo intentar borrar lo que uno fue.

Además, hay otra cosa buena de todo esto, y es que así uno puede sentir una compasión real por la gente, y por determinadas situaciones, y por las cosas que hacen... Por algunas cosas horribles que la gente hace. Yo tengo un entendimiento de todo eso, y en ocasiones meto a personas así en mis canciones, porque las comprendo.

Pero ahora, alcanzado ya ese acuerdo básico con la vida, ha sido usted capaz de descubrir la magia, el placer de la existencia. Como dice en su último disco, «hay una brizna de magia en todas las cosas y luego alguna pérdida para guardar el equilibrio...».

Eso es... *Magic and loss* intenta no sólo explicarte que esa magia existe, sino darte una demostración de ello, porque, después de todo, ¿qué es la música sino magia? Y el disco quiere ser sobre todo un ejemplo, un regalo mío para el oyente. Un regalo hecho con mucho amor.

1992

Mario Vargas Llosa

Guapo y caimán

Tiene el pelo muy gris y dice la leyenda que todas las canas le salieron juntas durante la campaña para la presidencia de Perú. Pensé preguntarle sobre la veracidad de este súbito desfallecimiento capilar, pero luego se me olvidó, abrumada como estaba por la conversación de Vargas Llosa, que es no sólo torrencial, sino que, además, puede llegar a ser muy correosa. Y es que, bajo su exquisita amabilidad, en Vargas Llosa se esconde un polemizador de acero templado. Va a lo suyo, esto es, a desovillar el tema que le ocupa, y cuando está engolfado en esa labor escucha poco y te resulta bastante difícil meter baza. Y así, gran parte de la entrevista —lo verifiqué después al transcribir la cinta— está pespunteada con los tartajeantes «pe... pe... pe...» con los que luché por introducir el humilde «pero» de mis frases adversativas. Y, sin embargo, Vargas Llosa no resulta ni violento ni grosero al no prestar atención a tus palabras, sino, más bien, absorto en lo que dice, ajeno a ti, ausente.

Cuando llegamos a su apartamento en Berlín, en donde ha permanecido durante nueve meses con una beca, el fax estaba escupiendo página tras página de los diarios peruanos, todas insultando a Vargas Llosa en ese tono absurdo e ignominioso propio de las dictaduras. El escritor había criticado en TVE a los militares golpistas de su país, y éstos, junto con Fujimori, le han declarado antipatriota, enemigo de Perú y otras lindezas.

Parecería que está en su destino, o en su temperamento, lo de llevarse mal con los militares. Con trece y catorce años

245

estudió usted dos cursos en el colegio militar Leoncio Prado, en Lima, y por lo visto aquello fue un verdadero trauma. De allí sacó el tema para su primera novela, *La ciudad y los perros*, muy antimilitarista.

Ah, mira, la experiencia del Leoncio Prado fue para mí en cierta forma traumática, pero por otro lado allí descubrí lo que era el Perú. Hasta entonces yo tenía una idea del Perú completamente falaz, había vivido en un medio muy pequeñito, muy protegido, muy ciego a la inmensa complejidad y la enorme violencia del país. Y el Leoncio Prado era, por lo menos en mi época, una de las pocas instituciones peruanas que reproducían el Perú, porque allí llegaban muchachos prácticamente de todos los sectores sociales, cada uno aportaba sus prejuicios, sus resentimientos, sus enconos y eso, claro, hacía muy explosiva la vida en el colegio.

Antes de llegar a ese colegio, ¿tenía usted alguna relación con el Perú indígena?

Solamente con los sirvientes de la casa. Y la mía no era una familia acomodada, lo había sido, pero cuando yo nací era una familia totalmente en decadencia, de clase media más bien modesta. Pero cuando yo era un niño ese mundo de clase media era un mundo que vivía prácticamente sin contacto con el mundo indio.

Supongo que al colegio militar le mandaría su padre, con el que usted mantuvo, al parecer, un fuerte enfrentamiento. Usted creció creyendo que su padre había muerto, hasta que un día reapareció...

Así es. Yo conocí a mi padre cuando tenía diez años. Mis padres se habían separado, y mi familia era tremendamente conservadora, mi madre era una mujer muy católica, de manera que un divorcio era impensable. Así es que me hicieron creer que mi padre estaba muerto, pero a los diez años se arreglaron y súbitamente mi madre me anunció que estaba vivo y que, además, nos íbamos a vivir con él, je, je, je.

Bueno, fue desde luego un trauma que creo que todavía no he superado del todo. Yo había sido educado por mi familia materna y estaba muy mimado, y mi padre, un hombre sumamente duro, supuso un contraste tremendo con eso. Bueno, dicen que para un escritor no hay experiencia mala. Y creo que incluso esa relación dificilísima con mi padre, que realmente me hizo sufrir mucho, es una experiencia que fue definitiva para mi vocación. Porque si no hubiera tenido el tipo de padre que tuve, tan hostil a una vocación literaria...

¿Él quería que fuera militar y por eso le envió al Leoncio Prado?

No, mi padre tenía una enorme admiración a eso que los americanos llaman el *self-made man*, el hombre que se ha hecho a sí mismo a base de esfuerzo y de disciplina. Y él quería que yo fuera eso, un hombre de trabajo que hiciera negocios y que se hiciera rico. Y entonces un muchacho que leía y escribía versos... eso a él lo volaba, le parecía que era una excentricidad muy peligrosa que podía hacer de mí, en el menor de los males, un bohemio, y en el peor, un marica, ¿no? Y pensó que uno de los antídotos era la disciplina militar del Leoncio Prado, sin saber el pobre que me dio el tema de mi primera novela, je, je, je.

(Y se ríe con esas carcajadas tan suyas, hondas y truculentas, como de ogro, celebrando la venganza del destino. A sus cincuenta y seis años, Mario Vargas Llosa se conserva aún muy bien. Tiene fama de hombre guapo y lo debe de ser, con esos ojos rasgados y muy negros y esos dientes tan blancos; pero en el perfil del galán juncal, elegante y latino, yo siempre he entrevisto sombras desaforadas e inquietantes, raras desmesuras. Y así, sus ojos a veces parecen no ya rasgados, sino directamente acuchillados en el rostro, y su sonrisa es, sin lugar a dudas, de caimán: y no porque sea fingida, como dicen que es la sonrisa de estos saurios, sino por la capacidad letal de su mordisco. A decir verdad no creo que haya en Vargas Llosa ningún tipo de fingimiento, ninguna clase de doblez, sino, por el contrario, un prurito de honestidad cuyo rigor admiro. Pero lo que sí que hay es mucha oscuridad. Quiero decir que el Mario Vargas Llosa que conocemos no es más que la punta del iceberg.)

¿Por qué parecen perseguirle siempre los escándalos?

Oh, bueno, Patricia —su mujer— me dice: «Mira, ya no abras la boca, ya no des más entrevistas». Porque cada vez que hablo provoco una polémica y mucha gente debe de tener la idea de que soy un provocador profesional. Pero yo no creo que ése sea conscientemente mi caso, detesto las polémicas, estoy cansado de las polémicas, me vine a Berlín porque quería tener una vida muy tranquila y fíjate...

Es curioso que, siendo usted un señor tan comedido y correcto, sea luego verbalmente tan transgresor.

Parece que soy transgresor, pero no hay voluntad de... Trato de ser coherente, trato de decir las cosas en las que creo. Me he equivocado muchas veces, y ya lo sé que me he equivocado, tampoco lo he ocultado nunca, nunca he pretendido modificar retroactivamente mis opiniones ni nada de eso... Pero yo creo que a un escritor hay que pedirle un esfuerzo de transparencia, sobre todo si opina, si entra en un debate cívico que ya desborda lo puramente literario. Porque al hacerlo está usando todo el peso que le da el escribir y el tener un público, y creo que lo menos que puedes pedirle es que tenga coherencia, transparencia, una cierta autenticidad, que no haga trampas, que no utilice el prestigio que le da el hecho de ser escritor para contar el cuento también cuando habla de otras cosas, que cuente el cuento cuando escribe novelas, ése es su derecho, y no cuando habla de valores sociales o de política.

Dijo usted hace unos años: «Soy una persona libre y eso me ha dado muchos dolores de cabeza».

Muchos, muchísimos. Me he visto envuelto en polémicas desde que era muy joven. Creo que hasta en una época, en el campo político, yo mismo manipulé también un poco mis opiniones, porque vivía sometido a un chantaje que yo mismo me hacía, que era el chantaje de decir que no se deben dar armas al enemigo y que entonces hay que sintonizar las opiniones de uno con lo que es conveniente para una cierta causa. Ésa fue mi actitud, de la cual yo me he avergonzado mucho, hasta el año que rompí con Fidel Castro.

En 1971, cuando el *caso Padilla*.

En 1971, sí. Cuando se publicó el manifiesto —pidiendo la libertad del escritor cubano Heberto Padilla—, que yo prácticamente redacté, lo que sucedió fue muy revelador para mí del poder de la izquierda intelectual, porque al día siguiente de haber firmado el manifiesto yo era atacado de una manera inmisericorde prácticamente en todo el mundo. Se firmaban manifiestos, se escribían artículos feroces, me expulsaban de asociaciones de escritores y amigos muy próximos se volvían enemigos despiadados en veinticuatro horas... Desde entonces yo nunca he dicho nada en función de una causa si es que eso no coincidía enteramente con mi manera de pensar. Y eso me ha traído efectivamente muchos problemas, he perdido muchas amistades que yo quería mucho. Pero, por otra parte, me ha dado, cómo te diría, mucha libertad. Porque de las cosas que he dicho desde entonces sí me considero responsable y no me he vuelto a avergonzar de nada.

En un *Abc* de 1988 leí que usted decía: «Cuando era joven me dediqué a jugar la clásica estrategia izquierdista para tener la fiesta en paz, que es lo que suelen hacer los intelectuales progresistas». Es fuerte, ¿no?

Pero eso es exactamente lo que ocurría. En los años sesenta yo empecé a ver cosas en Cuba, adonde fui varias veces varios años seguidos, cosas que me sorprendían y me disgustaban pero que mantuve en silencio. Me acuerdo mucho de lo que fue la persecución de los homosexuales, porque hubo amigos míos que fueron víctimas de esta historia, pero era impensable hablar de esas cosas en público, parecía que te ponías al servicio del imperialismo, y además te ganabas enemigos que no te convenía tener, ¿no es cierto? Yo creo que durante aquellos años funcioné dentro de esa mentalidad que sintonizaba mucho el compromiso con la conveniencia.

¿Usted cree? Una cosa es equivocarse en un análisis y otra manipular para...

Sí, sí. Yo creo que en la clase intelectual progresista, que era la mejor, no sólo gente talentosa, sino la más comprometida con la buena opción, pues creo que había este tipo de oportunismo a la hora de su pronunciamiento político, de manera consciente o tal vez en muchos inconscientemente. Pero lo había. Y creo que eso continúa siendo un problema muy serio en el medio intelectual, y desde luego yo también fui cómplice de esas actitudes hasta 1971. Desde entonces todo lo que he dicho lo he creído. Sólo he mentido cuando escribía novelas, je, je.

Escuchándole parecería que todos los intelectuales de izquierdas son unos manipuladores y unos mentirosos.

No, no, todos no.

Desde luego, conozco casos como los que usted describe, pero le aseguro que he visto a mucha gente que se ha perjudicado en sus intereses por sostener sus ideas de izquierdas.

Eso para mí es muy respetable. Mira, yo puedo discrepar tremendamente de algunas personas... Y te voy a poner un ejemplo para no hablar en abstracto; una persona con la que yo creo estar diametralmente en oposición, pero a la que respeto, que es Mario Benedetti. Mario Benedetti es un escritor muy coherente. Su compromiso con Cuba, que yo creo que es lamentable, lo ha llevado hasta ahora con gran coherencia. Tú no ves a Benedetti viviendo en las universidades norteamericanas, por ejemplo: él cree que ése es el monstruo imperialista y no vive de él. Yo he polemizado con Mario Benedetti pero le tengo mucho respeto, porque me parece una persona muy coherente, muy auténtica y muy transparente. Y ese tipo de transparencia y de autenticidad serviría de mucho si los intelectuales hicieran de eso una norma. Pero él más bien es una excepción.

Y dígame, los intelectuales de derechas, esos que pisan tantos salones oficiales y que muchas veces son el adorno de Gobiernos a menudo dudosos, ¿qué le parecen?

Bueno... Mira, no hay muchos intelectuales de derechas, la verdad es que son muy pocos, incluso los intelectuales que no son de izquierdas no quieren ser considerados de derechas, precisamente para no verse confundidos con gente que muchas veces no era muy respetable o que no tiene gran solvencia intelectual, ésa es la realidad. ¿Cuáles son los intelectuales de derechas de los últimos treinta años en América Latina? ¿Borges, Octavio Paz? Sería muy injusto identificar a Borges o a Paz con ciertos posmas que han estado adosados a los Gobiernos dictatoriales y que pasaban por intelectuales sin tener ni tan siquiera obra. Creo que las famosas categorías de izquierda y derecha ya no tienen mucho sentido, y sin embargo siguen teniendo unos efectos prácticos muy dañinos para la independencia y la libertad del intelectual. Durante mucho tiempo el terror del intelectual a no ser considerado de izquierdas, a perder la etiqueta que le pone a salvo, le ha castrado moralmente y le ha impedido ejercitar la crítica, por ejemplo, al interior de la izquierda, contribuyendo mucho al gran empobrecimiento del pensamiento de izquierda en nuestro mundo. De modo que si no eres comunista y no juegas el juego de la izquierda, se te exilia dentro de esa categoría de escritor reaccionario, que no tiene mucho sentido ni en el caso de Borges, ni en el de Paz, ni en el mío. Llamarme escritor conservador es bastante absurdo, ¿no? ¿A qué escritor conservador el ejército le hace manifestaciones públicas de odio como a mí me hacen mis oficiales compatriotas?

Desde luego, sus novelas no son en absoluto conservadoras, ni en los valores ni en la forma, pero...

Pero lo que sí me gusta dejar bien claro es que no me importa nada que me llamen escritor de derechas o conservador, no me importa en absoluto. Todo eso ahora, desde 1971, ya no me intimida nada.

En el volumen de artículos y ensayos políticos que publicó en 1983, titulado *Contra viento y marea*, decía usted: «Seguir batallando en los dos frentes, que, en verdad, son uno solo: contra el horror de la dictadura militar, la explotación económica, el hambre, la tortura, la ignorancia, y contra el horror de la dictadura ideológica, los partidos únicos, el terrorismo, la censura, el dogma, los crímenes justificados con la coartada de la historia».

Yo creo que ésa es mi posición, y es una posición que yo he mantenido muy coherentemente desde antes de escribir eso. Por eso critico al señor Fujimori, pero también al PRI mexicano; y por eso critico al mundo comunista pero también a Pinochet.

Mire, yo suscribo ese párrafo suyo de cabo a rabo. Pero le confieso que cuando leí hace algunos años un artículo suyo en el *Abc* poniendo a Margaret Thatcher por las nubes me quedé patidifusa.

Porque seguramente tienes una visión prejuiciosa de Margaret Thatcher.

Pues no sé qué decirle. Usted vive en Londres, y habrá visto lo destrozada y empobrecida que está esa sociedad. Yo tengo la sensación de que la Thatcher se ha cargado en diez años dos siglos de conquistas sociales.

No, Margaret Thatcher es una revolucionaria, inició una verdadera revolución y yo creo que la historia se lo va a reconocer. El problema es que, junto a la revolucionaria, en Margaret Thatcher hay una conservadora en las cuestiones de moral y de forma, y con esa parte, naturalmente, yo no me identifico. Pero como dirigente política fue revolucionaria, y lo que intentó hacer fue una cosa extraordinaria, y es desestatizar no sólo a una sociedad, sino a los ciudadanos concretos, devolverles una responsabilidad, hacerles sentir que lo que ocurre en esa sociedad no depende del Estado, de quienes gobiernan, de quienes están ahí arriba, sino de él o de ella particularmente. Y en cuanto al empobrecimiento de la sociedad inglesa, sin Thatcher estarían aún peor; porque ella intentó hacer frente a un sistema irreal que el Reino Unido ya no podía pagarse, y que estaba llevando al país a la parálisis desde hacía treinta años.

(Arranca aquí un larguísimo debate sobre la Thatcher y el liberalismo que, de transcribirse, ocuparía todo este suplemento semanal. Es Vargas Llosa un liberal radical, de estos que se preocupan por limitar cualquier tipo de poder y que desconfían de los Estados. Asegura que muchos de los que se dicen liberales son en realidad conservadores, y defiende sus ideas con grandes dosis de pasión y casi diría yo que de romanticismo; de hecho, naufragada ya en el mundo la opción marxista, quienes parecen haber tomado el relevo del enardecimiento ideológico y la fe en el futuro son estos liberales radicales, inmersos en un sistema de pensamiento que, valga la paradoja, viene a ser como la utopía del pragmatismo.)

El liberalismo parte del supuesto de que no hay sociedades perfectas. El mercado crea riqueza, es un sistema que estimula como ningún otro la creatividad y la producción de riqueza, pero al mismo tiempo trae desniveles y diferencias económicas. Y ahí es cuando entra el Estado: porque tiene que hacerse cargo de los débiles, de los ancianos, de los huérfanos.

Todo eso me parece muy bien, pero, dígame, ¿cree usted que es recomendable una sociedad como la de Estados Unidos, que aun siendo rica tiene millones de miserables y que lleva a una desesperación y una violencia social como la manifestada en Los Ángeles?

Pero esos desniveles, ¿por qué se los achacas tú al sistema? Achácaselos a defectos del sistema, en Estados Unidos el liberalismo funciona de una manera muy imperfecta respecto a lo que es la propuesta liberal radical... Mira, el capitalismo está muy lejos de ser un sistema perfecto. Es un sistema frío, de eso soy consciente, el mercado es muy frío.

El mercado crea riqueza, pero elimina, margina, destruye al incompetente, al perezoso, al débil. Por eso necesitas que, junto con políticas de mercado, haya una cultura profundamente humanista que compense de alguna manera los altísimos costes sociales que tiene el mercado, su frialdad y su inhumanidad. Eso lo saben todos los liberales coherentes.

Pues no sé qué decirle, porque yo lo que veo alrededor es una tremenda autocomplacencia en el sistema, parece que vivimos en el mejor de los mundos, cuando no es así.

Yo creo que esa autocomplacencia existió en los primeros momentos, en el año 1989, cuando los países comunistas se desplomaron como castillos de naipes... Pero hoy en día, cuando se ven los traumas y las tremendas convulsiones que hay en el interior de las sociedades capitalistas... Ahora lo que debe venir es una actitud nada triunfalista, sino, por el contrario, muy autocrítica respecto a las limitaciones del capitalismo. Pero eso no debe llevarnos a la revalorización de un sistema que sí ha demostrado que es un absoluto fracaso en la resolución de los problemas sociales.

Pero eso es evidente. Tan evidente que usted mismo declaraba a *El País*, a principios de año, que el enfrentamiento «ya no es con el marxismo o el totalitarismo de izquierdas». En realidad su sentido crítico debería llevarle ahora a criticar a las derechas. Lo mismo ahora vuelve a parecer usted un intelectual de izquierdas.

Bueno, ya estoy pareciendo más de izquierdas, ¿no es cierto? Ya ves que las últimas tomas de posición mías resultan más de izquierdas. Yo creo que el gran enfrentamiento del futuro inmediato va a ser entre liberales y conservadores. Ahí va a estar la lucha, en deslindar quiénes están por una verdadera internacionalización del mundo, en la desaparición de las fronteras, como los liberales, y los conservadores, que son nacionalistas. O en otra batalla interesantísima que es la idea del Estado; porque yo creo que ahora la sociedad democrática va a tener que plantearse de una manera seria al Estado como fuente de problemas: tal como están constituidos, hoy, los Estados no funcionan en la mayor parte de los países democráticos y producen en la gente una gran frustración. Otro punto de fricción es la xenofobia: porque el rechazo al otro, y la idea de unas comunidades homogéneas, es un principio conservador y totalmente antagónico a toda perspectiva liberal.

(La complejidad de la personalidad de Vargas Llosa, o quizá de sus muchas personalidades, se advierte también en su voz, pituda y chillona, casi desagradable, que, sin embargo, de cuando en cuando desciende a un tono grave que tal vez sea el suyo verdadero, aunque no lo use jamás. Guapo y caimán, apasionado y frío, lúcido e ingenuo, transparente y secreto, Mario Vargas Llosa es el ser más encantador y más cortés que pensarse pueda; pero hay algo, un foso, una distancia oscura y vagamente conmovedora que le separa de los demás. Un abismo que, para suerte de sus lectores, él ha llenado de novelas.)

Sé que terminó usted de candidato presidencial prácticamente por azar, porque empezó en 1987 escribiendo un manifiesto contra la estatalización de los bancos y terminó articulándose una corriente de opinión en torno suyo.

Sí, nadie podía imaginarse que acabara así, no fue más que un artículo y un manifiesto como tantos otros que he escrito y firmado en mi vida.

Y creo que entiendo la responsabilidad moral que uno puede sentir para hacer política en Perú, porque allí la política es una cuestión de muerte y de vida. Pero, en su decisión de presentarse a las elecciones, ¿hubo otros ingredientes además del compromiso ético? Patricia, su mujer, dice que lo hizo usted por afán de aventura.

Sí, en el libro autobiográfico que estoy escribiendo ahora, *El pez en el agua*, en el que hablo de todo esto, recojo esa opinión de Patricia, y, como ella me conoce bien, le concedo el beneficio de inventario.

Patricia nunca creyó que yo me metiera sólo por una cuestión de principios. Ella dice que en el fondo hubo esta ilusión de vivir una aventura, de escribir la gran novela en la vida real.

En su libro de ensayos literarios *La verdad de las mentiras* decía usted: «Los hombres no están contentos con su suerte y casi todos quisieran una vida distinta de la que viven. Para aplacar ese apetito nacieron las novelas». Puede que lo de presentarse a la presidencia fuera una manera más de sacar a la luz alguna de las diez mil vidas ideales que todos llevamos dentro.

Es muy posible. Y en cuanto a la novela, desde luego para mí es así. En el fondo de mi vocación hay siempre esa necesidad de vivir muchas vidas, de salir de mi propio destino.

También dice en ese libro: «Las novelas tienen principio y fin y, aun en las más informes y espasmódicas, la vida adopta un sentido que podemos percibir». O sea, que las novelas lo que aportan es un orden a la vida.

Un orden, sí. Es esa cosa maravillosa que tienen las novelas logradas, y es que te muestran un mundo en donde todo tiene sentido, todo está relacionado, algo que la vida real no tiene nunca, sólo lo adquiere cuando la conviertes en literatura, cuando la haces historia o biografía. Pero cuando estás viviendo día a día jamás tienes esa visión tan ordenada y coherente, al contrario, vives en una especie de caos. Por más claras ideas que tengas, por más firmes creencias, vives en una enorme incertidumbre, en una enorme inseguridad. Y la novela te defiende de esa disolución que está ahí mismo. ¿Tú no tienes la sensación de que si abres la puerta todo se desmorona? Tengo la impresión de que este orden en el que vivimos es una película muy delgada que en cualquier momento se quiebra y estamos como en Sarajevo, en Líbano o en Lima ahora, un mundo en donde todo se vino abajo, ya no sabes cómo orientarte y puede venir un señor a querer matarte.

1992

Javier Marías

En estado de gracia

Javier Marías debe de ser un hombre de natural más bien obsesivo y meticuloso, porque, antes de comenzar la entrevista, insiste en dejarlo todo bien atado: «Entonces, ¿empezamos ya? Lo digo porque a veces los fotógrafos prefieren tirar las fotos antes y... ¿Y cómo nos vamos a tratar, de usted? Porque he visto que en las entrevistas siempre usas ese tratamiento y... ¿Que eso es una norma del periódico? ¿Que me pondrás de usted y a mí de tú? Ah, pero eso me parece mal, ¿no quedará raro? ¿Y ahora nos vamos a hablar de tú, o de usted? Qué risa, resultaría divertido...».

Quiere tenerlo todo claro, aspiración curiosa en un hombre que, como Javier Marías, parece vivir en medio de una extraña indefinición, en una confusión menor pero inquietante, en la que hasta los objetos parecen contagiados de esa indeterminación que le rodea. Y así, cuando llamé por teléfono no reconocí su voz en el contestador —aunque era él—; en su portal había una verja que al principio creí cerrada —aunque estaba abierta—; el ascensor no subía cuando apretabas el botón —aunque al final subió—; y el timbre de la puerta parecía no sonar —aunque sonaba—.

Pero al cabo nos abrió Javier Marías y entramos en la casa, un piso de los años sesenta grande y estupendo, pero también extraño y oscuro porque tienen las persianas echadas y porque todo el espacio disponible, lo que se dice todo, está devorado por un mar de papelotes y de libros. Vamos avanzando por un sombrío pasillo con puertas entreabiertas a los lados que dejan entrever nuevos paroxismos de papelería, en medio de un silencio reverberante y como submarino.

Hasta que al fin se acaba el corredor y entramos en una habitación minúscula y también llena de libros, pero ordenada con un primor casi diría yo que vengativo: ése es el cuarto de Javier Marías. Porque Javier vive con su padre, el conocido pensador Julián Marías, o quizá sería mejor decir que ambos viven juntos, como después se encargará Javier Marías de especificar puntillosamente.

Acaba usted de sacar una novela de gran éxito, *Corazón tan blanco*, y un libro de biografías de escritores, *Vidas escritas*. El escritor José María Guelbenzu me decía el otro día: «Marías está en ese momento de gracia en el que todo lo que hace cae bien». Se está convirtiendo usted en el escritor de moda del 92.

Supongo que eso es un poco porque he sacado dos libros juntos y entonces parece que se habla más de ti... Y es casual que hayan aparecido juntos, porque *Vidas escritas* es una recopilación de veinte artículos que he ido publicando durante casi dos años en la revista *Claves*, y... Hombre, sí es cierto que la gente ha recibido bien estos dos libros, pero no tengo mucha sensación de eso de la moda que tú dices, porque como mi trayectoria ha sido como muy paulatina, pues... Cada vez que me veo incluido entre los nuevos narradores me quedo perplejo, porque llevo publicando veintiún años, con diferente resonancia, y no necesariamente creciente; por ejemplo, mi cuarto libro, *El siglo*, una novela en la que en su día, ahora ya no sé, pero que en su día yo había puesto mucho, sólo tuvo tres críticas y dos de ellas en periódicos de provincias.

Lo que ocurre es que antes tenía usted fama de ser un escritor intelectual, en el peor sentido de la palabra, esto es, un novelista pesado y difícil de leer. Y esa fama ha cambiado.

Sí... Eso del «escritor intelectual» creo que fue una etiqueta un poco falsa, porque quizá por haber empezado muy joven he tenido por lo menos tres etapas distintas, y mi primero y mi segundo libro no tenían nada de difíciles, eran frenéticos, pasaban miles de aventuras...

Luego vinieron dos libros que sí, que eran más densos, más difíciles, incluso más experimentalistas... No sé, todo el mundo cambia mucho a lo largo de su vida, y eso se nota en tus novelas, y más si has empezado a escribir muy joven. Tal vez yo hice mucho ejercicio literario, primero de un tipo y luego de otro, y ahora he empezado a escribir de las cosas que también me importan a mí en la vida.

Le diré que su literatura me parecía antes totalmente gélida, artificial y artificiosa, llena de corazas. No me interesaba absolutamente nada. Y, sin embargo, ahora, a partir de *Todas las almas*, y sobre todo con *Corazón tan blanco*, me interesa mucho.

No sé, es que cada uno empieza de la manera que empieza, yo tanteé mucho. Al principio, con dieciocho o diecinueve años, la verdad es que no tenía nada que contar, aunque esos libros primeros me siguen divirtiendo... En fin, el caso es que ahora, y desde hace algún tiempo, escribo sobre los mismos temas que me interesan en la vida real, *y* eso quizá tenga que ver con la manera en que los libros son percibidos.

Supongo que los libros cambian porque uno cambia... A usted siempre le han acusado de ser pedante.

Sí, yo soy algo pedante, sí.

En 1978, cuando publicó su libro más experimentalista, *El monarca del tiempo*, dijo en una entrevista a *El País*: «Este libro es una novela en el sentido más extenso, si es que se pueden llamar novelas el *Finegans Wake*, *Don Quijote*, *Tristram Shandy* o la *Fenomenología del espíritu*». ¿No le parece excesivo eso de compararse con Joyce, Cervantes, Sterne y Hegel?

No, es que ya sabes que en las entrevistas a veces... Creo que esa entrevista a la que te refieres es una que además estaba llena de confusiones, porque fue la que dio origen a un malentendido que luego me ha perseguido durante años, y es esta fama de haber denostado a la novela española.

En efecto, en esta entrevista asegura no haber leído la literatura española.

Eso es. Pues yo recuerdo cómo se produjo esa conversación, y fue un equívoco, salió como una especie de jactancia mía y de menosprecio a la literatura española, cuando en realidad yo lo dije de una manera... Reconociendo una laguna, vamos, un vacío que tendría que llenar. Y lo que sucede es que cuando salió hubo personas que se enfadaron tanto, incluso gentes así como de izquierdas tuvieron una especie de ataque de patrioterismo y empezaron a decir que yo no debería escribir en español. Y ante esa reacción a mí la cosa ya me hizo gracia y empecé a insistir en el asunto a modo de provocación, pero el principio fue un malentendido.

Y ahora, ¿ya ha llenado esa laguna?

Bueno, sí, sí, claro... Pero es que uno no puede leerlo todo, ¿no? Cuando dije eso yo tenía veintisiete años, y bueno, yo no sé tú, pero en fin, yo no lo he leído todo, así como de niño, y por entonces, por una serie de circunstancias, yo conocía más la literatura anglosajona, y la francesa, y... Pero volviendo al principio, a lo que decías de la pedantería, creo que sí, que es verdad, que en aquella época era más pedante que ahora. Y posiblemente también más pedante que antes, cuando era más joven lo era menos...

Es decir, que atravesó usted una época horrorosa.

Pues debo de haber tenido varias, debo de haber tenido varias épocas malas, sí, y nadie me garantiza que no lo sea también ésta...

(Riiiiing. A lo lejos, al otro extremo de oscuridad y silencio del pasillo, suena el timbre de la puerta, pero Javier Marías ni siquiera pestañea y prosigue impertérritamente su discurso:)

Nadie me lo garantiza. Y es que yo creo que la pedantería viene dada en muchos casos por timidez. Esas corazas que tu percibes en un libro pueden estar en tu vida, y yo creo que sí, que uno puede atravesar periodos que...

(Riiiiing.)

No sé si se ha dado usted cuenta de que están llamando a la puerta —advierto prudentemente.

Sí, pero esto ya no es para mí, ya abrirán, porque yo ya no espero a nadie más.

Vaya, así es que lo tienen ustedes muy organizado todo...

(Riiiiing.)

Sí, en esta casa estamos muy compartimentados, si suena el teléfono y no es el mío, yo no lo cojo, y si es el mío no me lo coge mi señor padre. Y ahora él debe de estar esperando visitas, creo...

(Riiiiing.)

Aunque a lo mejor se ha ido, ¿o será algún impaciente?

(Riiiiing.)

Bueno, si insisten de nuevo, iré yo, a lo mejor a mi padre le ha dado algo en este rato y está caído en el suelo y por eso no abre la puerta, no sé...

(Riiiiing. «Está bien, iré», murmura; se levanta de la silla tan resuelto como el héroe clásico que sabe que va a enfrentarse a su destino y desaparece pasillo adelante, y no se escucha nada, ni un abrir de puertas, ni una voz de saludo, en esta casa de espesísimos silencios. Hasta que al ratito regresa Javier Marías con cara satisfecha: «Todo en orden». Y se sienta, y prosigue:)

De modo que uno atraviesa, sí, ciertos periodos de timidez, de inseguridad, y una de las maneras más tópicas en que esta inseguridad se manifiesta es a través de cierta soberbia, de afirmaciones rotundas propias de la juventud.

(Hay que explicar aquí que Marías posee un curioso sentido del humor. Todo lo dice en broma o medio en serio, como quien se está observando constantemente desde fuera y se considera, en conjunto, un personaje bastante chistoso. Y desde luego resulta listo y muy gracioso, y tan amable como si estuviera de visita. Es pequeño, y carnoso, y sobre todo imperturbable: me imagino que no se le movería el gesto ni se le alteraría el tono de voz aunque viera volar un elefante por el pasillo. Pero por debajo de tanta impavidez me parece adivinar a un Marías frenéticamente empeñado en tapar todo tipo de fisuras. Tan sutil y sensible como su *Corazón tan blanco*.)

De muy jovencito, usted empezó a frecuentar a un grupo de escritores (Juan Benet, Hortelano) que le adoptaron a usted como una especie de mascota...

Sí... En esa época yo era aún más tímido todavía, y recuerdo haber estado muy callado durante años, en aquellas reuniones yo fundamentalmente lo que hacía era escuchar y casi tenía que tomar carrerilla para decir algo...

Y, por lo que he oído, se dedicaba usted a deleitarles dando volatines. No tenía ni idea de que fuera buen gimnasta, no le pega nada.

Pues sí, yo había sido un buen gimnasta en el colegio, además fui a un colegio en el que además de correr y tal te enseñaban algunos saltos con nombres tales como *la paloma*, *la ballesta* y cosas así. Y también el pino, que yo era capaz de aguantar mucho rato y que creo que sería lo único que hoy sería capaz de hacer.

Pero cuando habla de saltos, ¿se refiere a volatines laterales y cosas así?

No, no, de laterales nada, eso no es más que una pirueta y es facilísimo de hacer... No, eran saltos más complicados, de correr y... de levantarse en... Bueno, son difíciles de explicar. Total, que era bueno en gimnasia, y entonces en aquellos días, cuando yo tenía diecinueve o veinte años, a la salida del *pub* de Santa Bárbara, que era adonde se iba a las tres de la madrugada, pues no sé cómo se tomó la costumbre de irnos caminando hacia las terrazas del paseo de Recoletos, y entonces allí yo daba volatines sobre el pavimento, que ahora me da pavor de sólo pensarlo. Y yo creo que Hortelano y Benet se interesaron más por mí no porque yo hubiera escrito un libro, sino porque les distraía y daba esos saltos y luego ellos recaudaban un dinero porque la gente que estaba en las mesas empezaron a decir: «Vamos a ver esos volatines», y Juan Benet, sobre todo, y un poco Hortelano, dijeron: «Qué es esto de hacerlo gratis». Y pasaban la mano y recogían unas propinas y luego a mí me daban para que me volviera en taxi.

O sea, que lo explotaban vilmente.

Sí, me explotaban. Se lo embolsaban. O sea, se lo embolsaba Benet, y luego yo llevaba a Hortelano en taxi, y en vez de llevarme él a mí yo le llevaba a él con la parte que me daban.

(A sus cuarenta años, Javier Marías ha hecho infinidad de cosas. Ha publicado una decena de libros propios y ha traducido otros tantos, entre ellos el monumental clásico *La vida de Tristram Shandy*, de Sterne, «que la verdad es que ahora ni yo mismo sé cómo lo hice», por el que ganó el Premio Nacional de Traducción. Además ha dado clases —en España, en Oxford, en Estados Unidos—, y escribe regularmente artículos en prensa. Y dice Javier que de chico quiso ser futbolista o artista de circo, pero nunca escritor. Si la escritura se le impuso fue sin duda porque era una actividad que realizaba desde pequeñito. ¿Lee su padre sus novelas?, le pregunto. Y Marías contesta: «¿Mi padre? Pues sí», con ese aire de casualidad y de extrañamiento con el que habla de las cosas, como si en vez de estar refiriéndose a su padre estuviera comentando, sin interés, lo nublado que se está poniendo el cielo.)

¿Y le critica sus libros?

Pues muy levemente. En mi casa hay mucho pudor, nadie se mete mucho en la vida de los demás, y yo nunca he tenido mucha confianza para contar cosas ni siquiera con mis hermanos; cuando se casó el mayor, por ejemplo, yo ni sabía que tenía novia... De modo que sí, él lee mis cosas y yo leo las suyas, y... Así como muy sobriamente dice: «Pues ya he acabado esto, no está mal». No sé, muy levemente.

Usted, que es el único de los hermanos que no se ha casado, es algo así como el rebelde de la familia...

Bueno, rebelde, no, menuda rebeldía... Pero sí he sido el que he tenido la vida más desorganizada, una vida menos estable.

Y dígame, ¿no resulta un poco raro que siga viviendo con su padre a los cuarenta años?

Ehhhhhh, supongo que lo puede parecer, lo puede parecer... Pero claro, no es exactamente así. Digamos que, ehhhhhh, yo he vivido en varios sitios diferentes, tres años en Barcelona, y luego en Inglaterra, y unos meses en Boston, y después, durante varios años, he vivido a caballo entre Italia y España. De tal manera que nunca me he sentido muy estable en Madrid. Y supongo que todo esto tiene que ver en parte con cierta voluntad de provisionalidad. Y bueno, mi padre vive aquí desde hace muchos años, la casa es bastante grande como para no interferirnos mutuamente... En el fondo, más que vivir en la casa de mi padre es como compartir la casa con otro varón que resulta ser mi padre, y es un poco como si fuéramos dos viudos o dos solteros, como prefieras. Además, creo que es un privilegio tener cerca a una persona de edad, sobre todo si es una persona con la que uno se lleva más o menos bien y con la que se puede hablar, una persona civilizada, como sin duda mi padre lo es. Y es que la gente de cierta edad es la que mejor conserva la memoria, y a mi algo que me angustia de los tiempos actuales es que nadie se acuerda de nada. En parte eso viene, creo, porque el país acordó no pasar factura tras la muerte de Franco, y eso fue muy útil y estuvo muy bien, sin duda alguna, pero con el tiempo ha creado, me parece, una burbuja excesiva de desmemoria que arrastra hasta lo más reciente.

Hablando de memoria, por cierto, la suya tiene fama de ser portentosa.

Procuro acordarme de las cosas, sí, pero ya he perdido mucha memoria. Antes me acordaba perfectamente de lo que había hablado con cada persona, no existía jamás el riesgo de que volviera a contarle dos veces a alguien la misma cosa y, por supuesto, a la hora de mentir no tenía ningún problema, porque recordaba perfectamente lo que había dicho.

¿Miente usted mucho?

No, no mucho, lo normal.

¿Y qué es para usted lo normal?

Pues lo normal es... Lo normal es... Más o menos, dos veces a la semana. Me estás haciendo recordar la confesión, que es algo que abandoné hace ya mucho... Bueno, se miente más por omisión que por otra cosa.

(Cuantifica Marías su respuesta sobre la normalidad y hay algo profundamente serio en su contestación humorística, del mismo modo que siempre hay algo humorístico en sus contestaciones serias. Aquí está Javier Marías, amable y cortés. Vestido siempre como debe ser y diciendo siempre lo que debe decir. Y, sin embargo, hay algo en él absolutamente excéntrico, una rareza que le hace mucho más interesante. «Si yo tuviera que escribir sobre mí mismo una de esas biografías que he hecho para el libro *Vidas escritas*, me temo que tendría que hacer muchas bromas sobre mí», dice él, inteligente como es, intuyendo el agujero. Pero lo más fascinante de Javier Marías, lo que le convierte en todo un personaje, es su empeño en parecer *normal* hasta la imposibilidad y convencional hasta el aburrimiento, mientras que dentro de él, afortunadamente, bulle lo estrambótico.)

Observo en usted varios rasgos de carácter... Uno de ellos es cierta tendencia al fatalismo.

Probablemente... No sé, hay periodos en los que uno se retrae mucho, en los que te dices: «Bueno, tengo tantos líos que casi voy a estarme una temporada sin ver a nadie, me voy a aislar». Pues bien, yo creo que aun aislándote siguen sucediéndote cosas, no estás a salvo. Incluso en esos periodos en los que dices, no quiero nada, ni bueno ni malo, sólo aislarme..., pues no se puede. Porque el mero hecho de hacer algo que es el no hacer también trae sus consecuencias. Lo que a veces angustia es saber que incluso el no hacer tiene consecuencias.

En sus novelas últimas está ese fatalismo, y la sensación de que ahí fuera hay un mundo enemigo.

Yo no creo que el mundo sea enemigo. En la vida hay cosas estupendas, y las consecuencias son buenas, o por lo menos son buenas momentáneamente. Porque un poco pesimista sí que soy, en fin, pienso que todo termina.

Que todo va a peor.

No, no necesariamente a peor. Es decir, a veces las cosas van a mejor, pero es para ir a peor luego, más tarde. Todo acaba deteriorándose antes o después. Lo cual no impide afortunadamente que pueda haber momentos buenos.

Y otro de los rasgos a los que me refería es que usted me parece un hombre dubitativo.

Mucho, mucho, enormemente. Aunque más que dubitativo es... Antes me preguntabas que por qué seguía viviendo con mi padre, y yo te contestaba que en parte porque me da una sensación de provisionalidad y, de hecho, aquí tengo las maletas, a la vista, porque no me caben en ningún otro sitio. Yo creo que lo que soy, la palabra más adecuada, es que soy un indeciso. Me gusta la indecisión, y no ver claro lo que va a pasar.

Si uno no decide, siempre es inocente. Si uno no decide, no crece.

No, no, creerme eso ya sería muy ingenuo por mi parte. Porque uno ya se va dando cuenta de que no decidir es también decidir. Quizá hace diez años, quizá entonces sí funcionaba algo de ese engaño, eso de decirte: «Mientras no tenga un trabajo normal, mientras no decida vivir en esta ciudad, mientras no me case y no tenga familia, sigo siendo una especie de joven...». Ahora ya no puedo pasarme ese engaño ni a mí mismo, y en el fondo me voy dando cuenta de que estoy determinando mi propia vida, y mi propia historia. Y de que es así.

1992

Claudia Schiffer

Helada y hermosa

Pues sí, al natural, Claudia Schiffer es tan guapa como dicen —«la modelo más hermosa del mundo», dictaminó Karl Lagerfeld, el *genio* de Chanel—, pero su belleza es una obviedad. Tiene algo demasiado perfecto y evidente: ese cutis de nata, esos ojos altivos, esa boca impecable. Parece diseñada por ordenador como prototipo de la beldad de fin de siglo.

Estamos en el hotel madrileño de la Schiffer, en una habitación minúscula y demasiado llena de sofás y de gente. Hay un equipo de televisión que está haciendo un documental sobre ella, que nos rodea y filma y fastidia de cuando en cuando; están el peluquero y la maquilladora, y una chica joven que entra y sale, y una señora que está todo el rato; y el de la Coca-Cola, muy discreto, y Chema Conesa, el fotógrafo de *El País*, sudando tinta para colocar sus focos y sus fondos entre tanto gentío. Y está el busto de Claudia Schiffer, que apenas si deja sitio para más. Lo lleva como servido en bandeja, muy escotado y ceñido, tan realzado y prominente, tan ofrecido como protagonista de su anatomía, que una, aun teniendo un poco de lo mismo, no puede evitar que le tropiece la mirada ahí de cuando en cuando. A los hombres les debe de dejar descolocados.

Su vida, vista desde fuera, parece de cuento de hadas. Seguramente habrá un millón de chicas soñando en ser como usted. ¿Cree que tienen razón en su embeleso?

Es que mi vida es de verdad como un cuento de hadas, y comprendo que muchas chicas sueñen con ella. ¿Por qué no van a hacerlo?

Lo que quiero decir es que siempre pensamos que la existencia de los demás es mejor que la nuestra, pero a lo mejor desde dentro no es así. Su vida ¿es tan fulgurante como se ve en las revistas?

Sí lo es, es una vida estupenda para vivirla siendo una chica joven. Yo no había pensado hacer esto, convertirme en modelo, y es maravilloso. Es como el sueño que podría tener cualquier muchacha.

O sea, que después de cuatro años de profesión sigue despertándose usted por las mañanas y diciéndose: «Guau, qué vida tan excitante».

No lo digo todas las mañanas, pero sí casi todas. Y no te puedes acostumbrar a esta profesión porque cada día es distinto, cada día te suceden cosas nuevas. Hasta ahora he hecho tantas cosas preciosas y estupendas y he conocido a gente tan maravillosa que... Muy a menudo me despierto por las mañanas y me digo: «Dios mío, no me puedo creer lo que de verdad estás haciendo».

Pero todo esto tiene también sus inconvenientes, supongo. Por lo visto, ayer vino de Mónaco, hoy está en Madrid, mañana va a Düsseldorf... ¿Dónde vive usted? ¿Tiene una casa?

Es verdad que es muy difícil tener tiempo para ti, porque por mis contratos con Coca-Cola, Revlon y Chanel tengo que viajar todo el tiempo... Pero aun así... Yo tengo mi casa en Monaco, la mayoría de mis amigos están ahí... Si de verdad quieres sacar tiempo para tu vida privada puedes hacerlo.

Decía usted que nunca pensó en dedicarse a esto. Sus comienzos también fueron de novela rosa: estaba usted en una discoteca y se acercó un señor y le dijo que si quería ser modelo...

Sí, así sucedió, fue todo muy simple. Era un fin de semana y yo había salido con mis amigos a bailar a una discoteca de Düsseldorf. Yo no solía ir a bailar muy a menudo, porque mis padres no me permitían salir todos los fines de semana, y nunca antes había estado en esa discoteca, de modo que aquél fue uno de esos días mágicos en los que todo parece coincidir. Me descubrieron de esa manera, y realmente es increíble, porque me cambió toda la vida.

¿Se creyó usted lo que le decía aquel hombre?

Por supuesto que no, estuvimos haciendo bromas sobre ello con mis amigos.

Quizá pensó que era un truco para ligar demasiado visto...

Bueno, no era ya eso, sino que, en un club nocturno, pues no tomas en serio lo que dice la gente y, desde luego, no te dedicas a hacer negocios. Así es que le dije: «Si lo dice en serio, hable mañana con mis padres». Y eso hizo el hombre, y así empezó todo.

Por entonces pensaba usted estudiar Derecho. El ponerse a trabajar como modelo suponía un gran cambio. ¿Tuvo usted clara su decisión, o se metió en esto sólo para probar?

Primero, yo estaba aún en el colegio cuando fui descubierta, y todavía tarde un año en ir a París, porque tuve que terminar el colegio antes. Y en ese año tomamos nuestra decisión, hablamos con un montón de gente, y hable con mis padres, y decidí que me iría un año a París, porque, de todas formas, después de terminar el colegio quería viajar un año a Francia o a América antes de empezar en la universidad. Entonces decidí ir a París y probar el trabajo, y si no me gustaba siempre podía volver y ponerme a estudiar una carrera. Y resultó que cuando llegué a París tuve un gran éxito desde el mismo principio, y apenas un par de meses después ya me di cuenta de que lo más probable era que no regresara.

(Dice siempre la Schiffer «cuando me descubrieron» —no «cuando me ofrecieron este trabajo», por ejemplo—, como si ella fuera una piedra preciosa, un tesoro oculto, una supernova cuya luz fulgurante hubiera sido atrapada un día por los telescopios de entre la sopa cósmica. Y en la frase de Claudia hay una rara certidumbre ontológica, la seguridad de saberse valiosa tan sólo por *ser*: ella es su propia mina de diamantes. Por lo demás, esta frase quizá algo excesiva es el único exceso que se permite esta muchacha de veintidós años. Porque, además de ser hermosa, Claudia Schiffer es lista. Y helada, y muy dura.)

A Madrid ha venido usted sola. ¿Viaja mucho sola? Para alguien que está todo el día en un avión, eso debe de ser un poco duro.

No voy a todas partes sola, muchas veces mi agente viene conmigo, siempre que hago un viaje largo ella me acompaña. Pero sí, otras veces voy sola y me las apaño bien, no me importa. Llevo libros conmigo, leo...

¿Novelas?

No, novelas no; fundamentalmente cosas sobre arte, sobre pintores y demás. Me encanta leer todo eso.

Y usted misma pinta...

Sí, me gusta. Colecciono arte y pinto, por diversión, por *hobby*. Siempre me gustó el arte en el colegio, pero nunca sentí tanta pasión por ello como ahora. En los últimos años he visto tantas cosas de arte que he empezado a interesarme más y más, y llegó un día en que me puse a pintar por mi cuenta. Pero ya digo que no con aspiraciones profesionales.

También me han dicho que está dirigiendo usted este documental que están rodando ahora mismo esos señores de la cámara. Un programa sobre usted.

Bueno, no lo estoy dirigiendo exactamente. El director es un francés que se llama Daniel Ziskind, y yo estoy trabajando con él. Es un documental de cincuenta y dos minutos para la televisión mundial. Y yo estaré con el director cuando haga el montaje final, y escogeremos juntos las escenas. Es muy divertido.

¿Y qué quiere mostrar en ese documental? ¿Qué imagen de Claudia Schiffer va a potenciar?

Va a mostrarlo todo, va a mostrar mi vida cuando trabajo, en Revlon, en una sesión fotográfica o en un *show* de moda, y luego habrá también escenas privadas en mi apartamento de Montecarlo, que nunca ha sido filmado antes, y en la casa de mis padres.

(Dice lo del rodaje en su apartamento, «que nunca ha sido filmado antes», como si esa exclusiva doméstica, esa completa tontería, fuera algo importantísimo. Y lo tremendo es que lo es: las fotos del apartamento de la Schiffer pueden valer millones para esa prensa mundial por la que Claudia se pasea como una reina. Y es que Schiffer es mucho más que una modelo: es una supermodelo, esto es, una estrella absoluta de la vida banal. Claudia sabe bien lo que eso vale en el mercado del oropel y las apariencias, y lo explota a conciencia: dicen que cobra dos millones de pesetas por día de trabajo si se trata de una sesión fotográfica normal. Si se trata de una campaña publicitaria, el precio es aún mucho más alto.)

Usted y tres o cuatro mujeres más son las supermodelos. Son un fenómeno nuevo dentro del mundo de la moda: poseen una celebridad y una popularidad semejantes a las de las antiguas estrellas de Hollywood. Ahora que Hollywood ya no crea ese tipo de estrellas, ustedes han tomado el relevo en la encarnación de mujeres perfectas e imposibles. Y se me ocurre que digerir toda esa celebridad y divinización a los veinte años debe de ser difícil. Muchas de las antiguas estrellas de Hollywood acabaron destrozadas, por ejemplo.

Eso depende de la persona. Hay algunas mujeres que son muy fuertes y... Y también depende de la educación, si has tenido una buena edu-

273

cación o no. Desde luego, algunas chicas fracasan al meterse en esto, algunas terminan en las drogas o en el alcohol, no pueden soportar las presiones de la popularidad, no saben manejar la fama, ni los fans, ni los fotógrafos. Pero yo creo que soy fuerte y que hasta ahora lo he llevado todo bastante bien. Y todavía mantengo los pies en la tierra y soy la misma persona que era hace cuatro años. Para mí es... La vida que estoy llevando es estupenda, es fantástica, con toda la gente admirándome, es muy halagador, no he tenido ninguna experiencia negativa y simplemente me gusta.

Y, puesto que le gusta que la admiren y la amen, ¿ni siquiera tiene miedo a que algún día, que llegará, dejen de amarla?

Seguro que sucederá, pero no importa; he sido también feliz antes de que empezara todo esto. Créeme, he tenido una muy buena educación, soy una persona muy sensata; era feliz antes y lo soy ahora. Algún día haré otra cosa en mi vida, tendré una familia, tendré hijos, otra profesión. Este trabajo es sólo para chicas jóvenes.

(Continúa el barullo alrededor, el equipo de televisión, la gente, Chema Conesa sudando la gota gorda al hacer fotos, porque en la minúscula habitación hace mucho calor. Pero en el centro de ese agobio Claudia Schiffer sigue estando inmaculada e impecable, tan helada como un sorbete de fresa, quieta y erguida dentro de su rebeca de color dulce, que pone un estudiado toque de inocencia a su ceñido vestido negro de vampiresa. Y, por encima del omnipresente escote, una mirada testaruda, una seguridad aplastante.)

Sin embargo, el hecho de estar siendo observada constantemente no debe de ser muy agradable...

No tengo nada que ocultar.

Mire, todos tenemos algo que ocultar: nuestra intimidad, en primer lugar.

Sí, claro, hay situaciones incómodas, como, por ejemplo, el otro día, que entré en París en unos grandes almacenes y todo el mundo se arremolinó en torno a mí para pedirme un autógrafo, y entonces el director me pidió que me fuera de la tienda, porque le daba miedo que la gente enloqueciera. Pero yo entiendo por qué sucede eso, simplemente quieren decir hola, pedir un autógrafo... Lo entiendo, me halaga, no lo veo negativo.

¿Y para las relaciones sentimentales? En primer lugar, cada vez que sale con alguien, todos los periódicos la casan con ese alguien, como en el caso de Alberto de Mónaco; y, en segundo lugar, se me ocurre que una mujer como usted debe de dar miedo a los hombres.

Espero que no.

Es usted demasiado famosa, demasiado guapa.

Sí, estoy de acuerdo en que, para que un hombre pueda salir con una celebridad, tiene que tratarse de un hombre muy fuerte, muy seguro de sí mismo... Sí, probablemente las relaciones sentimentales sean para mí un poco más difíciles que para las personas que pueden salir libremente a la calle y encontrarse con alguien de una manera casual.

Ha hablado usted varias veces de su educación. Tengo entendido que fue muy estricta.

Estricta, pero en un sentido moderno. Cuando mis padres no me autorizaban a hacer algo, por ejemplo, a salir todos los fines de semana, siempre había una razón detrás de ello, de modo que mis padres siempre nos explicaban, a mi hermana y a mí, las razones que había detrás de su decisión, y tú acababas comprendiéndolo. Por esto estoy muy cercana a mi familia, porque hablamos mucho y son muy abiertos. Pero es cierto que nos educaron muy minuciosamente. Se nos enseñó a ser educadas, a ser puntuales, a ser responsables... Principios de este tipo.

¿Y los principios religiosos? ¿Es usted creyente?

Soy católica, es decir, me educaron dentro del catolicismo, pero no practico.

(Su mente debe de estar montada como un ajustado mecano: en los silencios casi me parece escuchar el susurro de los engranajes y las ruedas dentadas. Quiero decir con esto que es muy práctica en sus razonamientos, que tiene una cabeza de caja registradora. Siendo como es una chica lista, carece por completo de sutileza: si hay una ligera ambigüedad en tu pregunta, no la entiende. Por lo demás, parece estar perfectamente preparada para bandearse en el mundo en que se mueve: es firme, ambiciosa, conoce lo que quiere y manda mucho. Al final de la entrevista, y como no hablábamos de Fanta, el producto que ha venido a promocionar, me interroga adusta y fieramente: «¿Has visto el anuncio televisivo? ¿Lo tienes? ¿No vas a decir nada de la campaña?».

Antes, cuando Chema le pidió que se quitara la chaquetita rosa dulce para las fotos, ella contestó «preferiría no quitármela» en un tono de militar con mando en plaza poniendo firmes a los soldados rasos. Después, mientras le hacía las fotos finales, señaló tajante: «Éste es el último rollo». Y como Chema se inclinara a cambiar de objetivo, casi montó en cólera: «¡Dije que éste era el último rollo!». Un enfado también frío y controlado, porque esta chica, quizá esta mutante sin emociones y sin nervios, parece tan educada como implacable. Y sólo tiene veintidós años. Da un poco de miedo.)

Dicen que el mundo en el que usted se mueve es muy duro, que hay una enorme competitividad, que silban los cuchillos por el aire...

Yo nunca lo he sentido así, porque, en primer lugar, nunca quise ser modelo, es decir, no entré en este negocio pensando: «Oh, quiero llegar a ser la número uno». Entré en esto porque pensé que sería divertido y para ver qué pasaba. Y siempre he trabajado así. Nunca he alterado mi forma de ser ni me he forzado para subir en la escala, para ganar la competición y llegar a no sé dónde. Siempre he sido yo misma, de modo que nunca he sentido esa competencia.

Y dígame, ¿ha tenido usted siempre esa mente tan sensata y tan práctica, o ha ido aprendiendo por el camino?

Es mi educación. He sido criada de este modo.

1993

Margaret Thatcher

La abuela de hierro

Nada más entrar en su despacho, y tras estrecharte la mano con exacta cortesía, lady Thatcher señala un sofá y dice: «Siéntese ahí». Y el tono es tan conminatorio y tan preciso —no te está diciendo por pura fórmula social que tomes asiento, sino ordenándote que te sientes *ya* en *ese* sillón— que una se deja caer de inmediato sobre el sofá, aferrada al bolso y a la grabadora, para descubrir a los pocos instantes que todavía hay que hacer las fotos, y que eres la única persona de la sala que está sentada, y que tienes que volver a levantarte. Esto pasa por ser demasiado dócil ante la voz de mando. Pero qué voz de mando, y qué costumbre de usarla y de sentarles a todos se le advierte.

Dice usted en sus memorias que cuando llegó al poder en 1979 pensó una frase del antiguo primer ministro inglés Chatham: «Sé que puedo salvar este país y que nadie más puede». Me pasma su nivel de confianza en sí misma.

Pero yo creo que eso es porque otras personas pueden haber probado suerte, pero no han perseverado lo suficiente con la política correcta. El Gobierno del señor Heath, por ejemplo, del cual yo fui miembro —ministra de Educación— en 1970, tenía al principio un programa político muy parecido al nuestro. Pero luego las cosas se pusieron feas en el país, y me temo que entonces abandonamos algunas de las líneas maestras de nuestra política, e incluso se empezaron a implantar algunas medidas socializantes. ¡Fue asombroso! Y yo aprendí mucho de todo aquello. Aprendí que si quieres lanzar una política verdaderamente nueva tienes que mantenerla con firmeza a través de todas las dificultades que origine en los primeros momentos hasta que los beneficios se hagan evidentes. En general, todo cambio de este tipo te lleva unos tres años hasta que los beneficios son visibles. Es como una medicina: no es agradable tomársela, pero sabes que si la tomas durante el tiempo suficiente se harán evidentes los beneficios y tu cuerpo recuperará la salud. Una nación es lo mismo.

(Si no fuera por su aspecto un tanto ortopédico, por el peinado de acero batido, el perfil impasible, los rígidos trajes de señorona y las perlas inevitables, que más que un adorno parecen remaches del blindado mecanismo de su persona, Margaret Thatcher sería una mujer bastante atractiva. En sus fotos de juventud está guapa: buenos pómulos, buenos labios, un rostro fuerte y original encendido por una mirada voluntariosa. Hoy, el azul de sus ojos está un poco aguado por la edad y su cutis sonrosado es el de una abuela bien cuidada. Una abuela coqueta y dura de pelar, matriarca de una familia numerosa. Antes de dejarse retratar se pasa revista a sí misma de arriba abajo: los zapatos, las perlas, las manos, la postura. Se recoloca la falda con unos tironcitos: «Es que esto —el aspecto físico— es importante, ¿no es cierto?», me dice en un aparte de intimidad femenina, con una complicidad un tanto mayestática, pero complicidad al fin. Es una mujer que no ríe, que apenas si sonríe. «¿Podría sonreír un poco?», le preguntó el fotógrafo. Y ella lo intentó y espachurró los labios.)

Leyendo su libro se saca la impresión de que sus años como primera ministra han sido una larguísima batalla en solitario que ha entablado usted contra todo el mundo.

Sí, algunas de las batallas sí fueron muy solitarias. No hubiera podido llevar adelante los cambios sin la ayuda de unos pocos amigos, pero lo cierto es que al final la batalla del Sistema Monetario Europeo fue absolutamente solitaria. Creo que al final la única que se oponía era yo. Y cinco o seis semanas antes de irme dije: «Bueno, vale, probémoslo, pero sólo con la condición de que no lo uséis como un sistema rígido». Y en el momento en que me fui se manejó como un sistema rígido, y por supuesto que eso estaba condenado a fracasar... Pero, en conjunto, el total de los once años y medio en el poder fue fascinante. Cuando miro hacia atrás me doy cuenta de que fueron años muy importantes. Nos las arreglamos para cambiar muchas cosas en el Reino Unido; pero, aparte de la política interna, creo que lo más importante que he hecho en mi vida es el hecho de que Ronald Reagan y yo estuvimos trabajando muy juntos en la escena internacional.

¿Y desde cuándo tuvo usted tan claro su destino? Porque en agosto de 1974, sólo seis meses antes de ser elegida jefa del Partido Conservador, usted dijo: «Pasarán muchos años, y ni siquiera sucederá en mi tiempo, antes de que una mujer pueda liderar el Partido Conservador o convertirse en primera ministra».

Es que yo no pensaba que fuera fácil convertirse en primera ministra, no puedo decir que por entonces me lo esperara. Pero la vida está llena de sorpresas. Y cuando el Partido Conservador insistió en que Heath, que era por entonces el líder, se sometiera a unas nuevas elecciones internas, porque ya había perdido tres de cuatro elecciones generales, pues alguien tenía que hacerlo, alguien tenía que presentar su candidatura. Y yo esperaba que se presentara sir Keith Joseph, que es un hombre notable. Pero él no se veía a sí mismo en ese papel. Y cuando me dijo que no sería candidato, pues dije: «Muy bien, si tú, que es a quien yo hubiera apoyado, no te presentas, entonces me presentaré yo». Y mucha gente esperaba que mi candidatura fuera simplemente una especie de señuelo para que se presentaran muchos otros, pero resultó que no lo hizo nadie, y, para asombro de todos, gané en la primera ronda. Entonces sí que aparecieron nuevas candidaturas y muchos volvieron a pensar que yo no ganaría la segunda ronda. Y, de nuevo para su asombro, la gané. No sé cómo sucedió, pero sucedió. Y la verdad es que el título de este libro de memorias que acabo de publicar bien podría haber sido *Sucedió lo inesperado.* Porque este tipo de cosas me han pasado toda la vida. Lo que ocurre es que luego tú sacas partido de las oportunidades que la vida te da.

Y ésa es la clave de todo. Yo podría haberme dicho: es imposible. Pero me dije: vamos a probar.

Sí, leí en *The Times* que, al recibir un premio de poesía a los nueve años, usted declaró: «No ha sido la suerte. Me lo merecía». Es lo mismo que siente ahora, ¿no? No ha sido la suerte: me lo he trabajado.

Sí, yo también leí eso, y no sé si la frase es cierta, quizá sea apócrifa. Pero, bueno, en cualquier caso el sentimiento sí que es ése, sí. Trabajé por ello.

(Posee la señora Thatcher un orgullo fiero y frío que cada dos por tres se cuela en la conversación como un cuchillo. No ha perdonado aún a sus compañeros que la abandonaran y la obligaran a dimitir con una maniobra que ella considera mezquina y traidora, como bien explica en sus memorias en un capítulo brutal contra sus antiguos colegas. Cree tener, en fin, una cuenta pendiente con la historia, y se afana en cobrársela con tozuda insistencia. En esto es como esas abuelas o esos abuelos que guardan en su corazón un gran agravio, y a los que todas las palabras se les vuelven referencias machaconas al asunto. Y así, si habla de «aquellos que sólo te apoyan cuando las cosas marchan bien», ya sabemos a quién está señalando; cuando menciona que Heath había perdido tres elecciones generales de cuatro, está queriendo resaltar que a *ella* la echaron habiendo ganado tres elecciones generales de tres. Y cuando dice que lo más importante de su vida es la estrecha colaboración con Reagan, está indicando su certidumbre, evidente en el libro, de ser ella la máxima responsable —con cierta ayuda del presidente norteamericano— de la caída del sistema comunista y del fin de la Guerra Fría. Desde luego, parece indudable que Margaret Thatcher es uno de los líderes políticos más importantes del siglo XX, pero de entre todos los habitantes de la Tierra posiblemente sea ella misma la que menos dudas alberga al respecto.)

Nunca di nada por hecho en mi vida, nunca. Cuando fui elegida líder de los conservadores no di por hecho que volveríamos al poder, y si no hubiéramos ganado las elecciones de 1979 creo que seguramente habría habido otro cambio en el liderazgo del partido y que habrían puesto a otro en mi lugar. Pero en 1979 ganamos. Y para el año 1983 ya habíamos vuelto la economía del revés y habíamos pasado la crisis de las Malvinas. De manera que mostramos firmeza: firmeza en el frente nacional, firmeza en el frente europeo, firmeza en el frente internacional, y por eso volvimos a ganar las elecciones con una enorme mayoría. Los británicos tenían instintivamente la sensación de que esa decadencia en la que estaban viviendo no era propia de ellos. Y yo fui justamente elegida para dar la expresión de ese sentimiento. Enderezar la situación nos costó una etapa primera muy difícil, una época muy dura de unos dos años, durante los cuales creo que yo estaba en lo más bajo en las encuestas de opinión, el peor primer ministro en no sé cuánto, etcétera. Pero yo seguí adelante, sabiendo y creyendo que al final terminaría funcionando.

Cuenta usted en sus memorias cómo aprendió el funcionamiento del mercado internacional desde muy chiquitita, observando cómo trabajaba su padre en la tienda de ultramarinos que tenían.

Sí, en nuestra tienda teníamos productos de todo el mundo. Yo veía de dónde venía el té, y el café, y las frutas... Era un sistema de cooperación internacional, si quiere verlo de ese modo: en la otra punta del mundo se ganaban la vida vendiéndote cosas a ti y tú te ganabas la vida vendiéndoles cosas a ellos. Ésta es la mayor, la más persistente, la más efectiva forma de cooperación internacional, y está hecha por gente común y corriente.

Para usted, el mercado libre es una idea romántica. En el libro incluso habla del «complejo romance de las fuerzas del mercado».

El ideal tiene una parte romántica, pero en la práctica has de ser persistente con tus ideas.

Me parece que los neoliberales radicales, de los que usted es la madre y la impulsora, han sustituido en el mundo la colapsada fe marxista por la fe en el mercado libre. En realidad, la actitud básica de unos y otros es muy parecida, el mismo idealismo extremo, la misma...

El mercado libre no es un concepto idealista. Es la fórmula más vieja de organización común que conoce la humanidad, la plaza del mercado. No es una teoría económica, es la vida tal cual es.

Sí, usted puede decir que sus ideas se basan en la antiquísima plaza de mercado, de la misma manera que los marxistas podían decir que su comunismo se basaba en las comunidades primitivas, antes de que existiera la propiedad privada, pero...

No creo. No creo que tener el control de todos los medios de distribución... ¿De distribución? —consulta rápidamente con la mirada a su ayudante, que está tomando notas a su lado—; sí, no creo que tener el control de todos los medios de producción, de distribución y de cambio estuviera en el principio de la... Bueno, me podrías decir que los antiguos romanos, los antiguos reyes hicieron eso, pero en los pueblos siempre hubo plaza de mercado. Y por supuesto también están los tiempos bíblicos, se habla de hacer acopio de la producción en los siete años buenos para los siete años malos, pero no creo que haya habido un completo control de la propiedad salvo en las sociedades esclavistas, eso sí, desde luego de ahí es de donde viene *tu* comunismo.

(Margaret Thatcher parece haber perdido un poco el pulso de su respuesta, enredada con sus citas de los romanos y de la Biblia: ya había leído yo en algún lado que su fuerte no era la historia. O quizá es que la sola mención del marxismo, su gran obsesión, le ha desbaratado ligeramente la línea del pensamiento. Una vez nombrada la bicha, sale a la palestra la Thatcher ancestral dispuesta a ablandar mi alma con una homilía llena de citas bíblicas. Es una misionera, una guerrera de la fe. A veces, cuando expone el cogollo de sus ideas, su voz adquiere las resonancias líricas de un predicador. Es una buena actriz, pero justamente de la escuela del púlpito: esto es, con el énfasis excesivo de quien tiene que conmover a toda una iglesia y con la necesidad de creer lo que interpreta. Por lo demás, lo marcial la enardece. Toda una pared de su antesala está llena de recuerdos de la guerra de las Malvinas: fotos de destructores y de aviones, el mapa militar de los campos minados de la zona, dibujos de soldados... En las otras dos paredes, fotos de sus Gobiernos y de las reuniones de la Commonwealth. Ni un solo retrato de las cumbres de la CE.)

Yo más bien estaba hablando de las comunidades primitivas que...

Ayudarse los unos a los otros es más antiguo que el socialismo. Es bíblico. Es una de las obligaciones de la sociedad en la que vives. Tu primera obligación es cuidar de ti mismo y de tu familia. Bien, tu segunda obligación es cuidar de tu vecino si necesita ayuda. De modo que es bíblico, son las obligaciones de la sociedad libre. Como decía Moisés, tienes que amar a tu prójimo como a ti mismo, es una obligación de la sociedad. Una obligación que se extiende a toda la comunidad, porque vives en colectividad, no vives aislado. Y ésa es la mayor manifestación de libertad, que aceptes tus responsabilidades y aceptes algunas obligaciones para con el prójimo lo mismo que el prójimo acepta algunas obligaciones para contigo. Eso es la vida. Mientras que con el comunismo, ¡mira cómo es el credo comunista y lo que luego sucede en la realidad!

Ya. Mire, yo no soy ni he sido comunista...

Ah.

Y no tengo ningún interés en discutir sobre las bondades y las maldades del marxismo. Lo que quería decir es que usted rodea sus ideas con un marco de pasión, emoción, idealismo y fe.

Sí, lo hago.

Y yo veo en usted el mismo tipo de fe absoluta que tenían los marxistas.

Esto es más fuerte que el marxismo.

Y toda fe de ese tipo supone una simplificación de la realidad.

Sí, el marco es siempre más simple que el cuadro. En el cuadro hay más detalles. Pero los principios son simples.

Pero usted no puede aplicar esos principios para explicar absolutamente todo. Eso es una fe, un dogma, no un análisis racional.

Esos principios no pueden explicarlo todo, pero explican una aproximación a la vida. Digamos que la sociedad libre reconoce que todas las personas tienen talentos y habilidades, y que tienes derecho a desarrollar esas habilidades en unión a otras personas que a su vez tienen sus talentos y sus habilidades propias. Para todo esto debe existir un marco de ley y de justicia, porque en el mundo también hay mucho mal, y ese mal ha de ser constreñido por el Estado. Y este marco de vida nos ha dado una sociedad mucho mejor que cualquier otra alternativa.

Mire, hoy que hay tanto cínico en la política, usted destaca por su cualidad de creyente. Eso, el ser tan creyente en su doctrina, es lo que le confiere grandeza, lo que ha hecho que entre usted en la historia. Pero, al mismo tiempo, eso es también lo que la hace temible.

¿Ah?

Porque alguien que tiene unas ideas tan firmes, tan poco flexibles... Parecería que usted nunca duda. Y alguien que no duda nunca amedrenta bastante, ¿no cree?

Lo que sucede es que tus ideas son más fuertes y más firmes precisamente porque las has cuestionado antes, y aun así salen reafirmadas de tu cuestionamiento. Una idea realmente no toma raíces si no la has cuestionado, de manera que la educación, en principio, es preguntar cosas para reafirmar tus creencias. Pero hubo un tiempo en el que la educación simplemente intentaba desprestigiar todo tipo de creencias, y en ese momento los comunistas impusieron su credo en las personas que se habían desnudado de todas las creencias anteriores.

(Y el conocido tópico de los comunistas vuelve a colarse en la conversación: su obsesión es tediosa. En persona, Margaret Thatcher no habla de la misma manera que en televisión. En sus actos públicos se expresa muy lentamente y con un acento exageradísimo, como una caricatura de la clase alta. Pero en la intimidad de nuestra entrevista habla mucho más deprisa, mucho más natural, sin ese deje forzado y ampuloso. De modo que su voz pública es la voz de la representación, la voz del púlpito.)

Pero esas creencias no deben ser impuestas en los demás, ¿no?

Uno no impone la libertad. Todos deben tenerla.

Ya, pero es que todo el mundo habla de libertad. Los soviéticos también hablaban de libertad, por ejemplo, y ya ve con qué resultado.

Es que violentaban las palabras. También hablaban de democracia, de centralismo democrático. El violentar las palabras era una de sus técnicas.

No era mi intención volver a hablar de los soviéticos, sino indicar que no todos tenemos la misma idea de lo que es la libertad.

Creo que hay ciertas ideas que deben ser observadas, y la mejor expresión de libertad, desde luego, está en la Constitución americana.

¡Muestra usted siempre tal certidumbre en todo! Le diré que en su libro de memorias, y son casi ochocientas páginas, no he encontrado una sola duda.

¡Estupendo!

¿Sí? Pues a mí eso me parece... Bueno, me temo que yo soy demasiado dubitativa y que jamás podría ser primera ministra.

Oh, no, no. A veces la gente me decía: «Yo no podría estar en política porque veo todos los aspectos de una cuestión», y yo les contestaba: «Eso mismo hago yo, mi trabajo consiste en analizar todos los aspectos de una cuestión. La diferencia entre usted y yo es que yo tengo que tomar una decisión cuando he visto todos los aspectos y usted se esconde y no la toma».

(Cuando tuvo que marcharse de su cargo pasó años muy malos. Entonces declaró que a veces no sabía en qué día vivía, cosa que jamás le sucedía en Downing Street: «Es que mientras estás en el cargo tienes la vida muy organizada, muy estructurada —explica ahora—, y esa estructura desaparece un día de repente y tienes que construirte un nuevo marco vital». Ahora Margaret Thatcher está contenta, porque el libro ha salido, y es un éxito, y además con él ha abofeteado a sus enemigos, y ella está en todos los periódicos del planeta, y su fundación, la Fundación Thatcher, creada para difundir sus ideas en el mundo, marcha viento en popa. Aquí estamos precisamente, en la fundación, haciendo la entrevista, rodeados por una decena de chicos y chicas devotos a su causa: sus nietos políticos. Y es que la Thatcher de hoy tiene algo de pulquérrima abuela. Ha regido los destinos mundiales, ha galvanizado el liberalismo, ha creado un terremoto en el ambiente político de este final de siglo. Pero hoy la encuentro demasiado obsesionada con ideas arcaicas, demasiado inflexible, simple y repetitiva, cabezota como una abuela cabezota. Quizá siempre fue así, pero me parece que antes debió de tener dentro mucha más dinamita. Eso sí, continúa manteniendo su orgullo y su desplante. Sigue siendo de hierro, aunque sea abuela.)

Supongo que en el ambiente conservador de su época no estaba muy bien visto que una mujer tuviera un trabajo propio...

Yo creo que el mundo subestima lo mucho que la mujer ha trabajado siempre y desde siempre. En las granjas, por ejemplo, o atendiendo los negocios familiares. En esas labores, la mujer ha trabajado desde siempre. Lo que empezó a ser distinto, claro, es que saliera a emplearse fuera de casa. Yo nunca hubiera podido hacer mi carrera política, soy absolutamente franca sobre esto, si no hubiera vivido en Londres y mi escaño de diputada no hubiera sido también por Londres. Si hubiera vivido en Escocia, por ejemplo, no hubiera podido ser miembro del Parlamento, y en vez de empezar mi carrera de diputada cuando mis hijos gemelos cumplieron seis años, como hice, hubiera tenido que esperar a que cumplieran dieciocho o veinte. Hubiera sido demasiado vieja para empezar. De modo que tuve suerte, porque nunca estuve demasiado lejos de mi casa.

Pero usted no se adecuaba en absoluto a la imagen de mujer del Partido Conservador. El acento de los conservadores siempre se ha puesto en la mujer como ama de casa.

Ahora no tanto. Es que, además, la revolución tecnológica ha beneficiado más a la mujer que al hombre. Porque el trabajo ímprobo de las cocinas antiguas, de los suelos de piedra, de las mesas de madera que había que raspar... Hoy tienes lavadoras, y batidoras, y neveras, y aspiradoras, de modo que puedes hacer todo en la casa, tenerlo todo limpio y dispuesto y preparado, y a los niños bien atendidos, en un tiempo comparativamente mucho menor. Así es que la mujer tiene mucho más tiempo hoy para usarlo constructivamente porque ya no te lleva tanto tiempo limpiar tu casa.

¿Y por qué no limpian la casa también los hombres? Con la aspiradora, la lavadora…

Mire, los hombres no pueden dar a luz.

Claro que no, pero sí pueden cuidar a los niños.

Sí, claro, claro que pueden ayudar, y muchos de ellos lo hacen, los sábados y los fines de semana.

¿El ser mujer le ha puesto las cosas más difíciles en su carrera política?

Yo no diría eso. No diría eso. De hecho, por ser una mujer casada, y dado que mi marido tenía buenos ingresos, nunca tuve que preocuparme del aspecto económico que conllevaba el perder tu escaño. Es decir, si me derrotaban en unas elecciones, mis hijos no sufrirían por ello, de manera que mis decisiones no se vieron influidas por el hecho de que pudieran afectar a la estabilidad de mi familia.

Pero cuando salió usted del cargo dijo que sus compañeros no le habían perdonado nunca que fuera mujer y perteneciera a la clase media.

Bueno, sí, sí, hubo algo de eso, sí, es cierto, en todas las sociedades hay prejuicios y a veces salen a flote. Pero no olvides que tuve una maravillosa oportunidad en aquellos once años y medio. ¿Quién podría quejarse de eso? Y se ha acabado, aquello terminó. Lo mismo que llegué me fui, con la única salvedad de que nunca fui derrotada en las urnas. Pero nunca intentaré volver. Vendrá nueva gente, y tiene que tener su oportunidad de la misma manera que yo tuve la mía.

En el libro dice usted de su antiguo ministro Geoffrey Howe: «Pensaba que se había convertido en una persona imprescindible, una ilusión muy peligrosa para un político». ¿No cree que sus enemigos pueden haber dicho algo semejante sobre usted?

No, ¿por qué? Yo podría haberme quedado, podría haber optado a la segunda vuelta en las elecciones internas del partido, y simplemente dije: «No, lo dejo...». Yo nunca he sido derrotada en unas elecciones generales y... No. Uno no es imprescindible en política. Ni siquiera lo era Winston Churchill, que fue el más grande de todos.

1994

Prince

El Príncipe ha muerto

Nació en Minneapolis, Estados Unidos, hace treinta y seis años. Es una figura mítica del mundo del pop, un músico de gran creatividad y un personaje en apariencia un tanto excéntrico que oculta tras sus exagerados afeites una personalidad frágil e inocente, casi virginal. Hasta hace un par de años se llamaba Prince, pero ahora es O(+> y asegura estar viviendo una nueva vida que se desbordará imparable a partir de 1999, cuando, libre de contratos con casas discográficas, logre su sueño: hacer absolutamente lo que quiera con el inagotable caudal de su música.

Come, el último disco de Prince —perdón, del artista antes llamado Prince, porque ahora él ya no es él: pero de todo eso hablaremos más tarde—, muestra en la portada una foto de la Sagrada Familia de Gaudí, motivo por el cual Barcelona le ha nombrado «amic de la ciutat». El homenaje municipal debió de conmover el corazón algo torturado del músico, porque consintió en recibir a un medio de comunicación español. En los últimos diez años sólo ha concedido dos entrevistas, una a la revista *Q* y otra a la celebérrima *Rolling Stone*, de manera que cuando se nos ofreció la oportunidad de hablar con él nos quedamos pasmados.

Pasmo que aumentó, acompañado de cierta tribulación, al recibir un contrato previo a nuestra cita en Londres en el que se estipulaban las condiciones del encuentro. Según ese papel, nos comprometíamos a no llevar ninguna grabadora, bloc de notas ni bolígrafo a la entrevista, que debía desarrollarse como una charla y ser recogida simplemente en los pliegues de la memoria del periodista. Además, en el texto no podría referirme a él llamándole Prince, sino, en todo caso, «el artista antes conocido por Prince» y preferiblemente usaría su nuevo nombre, el signo O(+>, carente, por cierto, de todo sonido pronunciable, un símbolo mudo con el que el músico se autobautizó hará unos dos años. Por último, la entrevista tendría que incluir en algún momento la frase «Prince ha muerto», así como una referencia a que todos los fans y empleados del artista llevan unas pulseras de oro «en memoria de *The gold experience —La experiencia de oro*—, disco que quizá nunca sea editado». Esta última cláusula, sobre todo, me hizo suponer que la mente del músico había despegado definitivamente hacia la estratosfera, e incluso sospechar, o más bien temer, que el encuentro fuera digno de la película *Psicosis*.

No se puede decir que el mundo de las grandes estrellas del pop y del rock sea uno de los ambientes más apropiados para mantener la cabeza serena. Lou Reed me contó con pelos y señales cómo una voz que salía del asiento trasero —y vacío— de su coche le instó un buen día a dejar la heroína, cosa que, por supuesto, él hizo —y quién no, en semejante circunstancia—, y Keith Richards, el Rolling Stone más truculento, podía pasarse cinco largos minutos mirándote y sonriendo amablemente con su cara de ogro sin pronunciar una sola palabra. Quiero decir que una está ya acostumbrada a cierta extravagancia; pero, mientras esperaba en el vestíbulo del hotel de Londres a que bajara a buscarme una tal Karen Lee, pensé que el artista que antes era conocido como Prince podía batir todos los récords de rareza.

El hotel, por cierto, era el exclusivo Conrad, y frente a mí, sentada al otro lado de una mesa en el vestíbulo, había una mujer de unos sesenta y cinco años con un vaso en la mano. «Perdone —dijo de repente, por supuesto, en inglés—: ¿Es usted escritora?» Tuve que admitir que, en efecto, lo era, y expresé mi asombro ante su pregunta. «La vida es asombrosa», contestó ella; para entonces yo ya había tenido ocasión de advertir que, más que agarrar la copa, se sujetaba a ella, de modo que, si alguien le hubiera quitado el whisky de la mano, probablemente la mujer se habría desplomado sobre la gruesa alfombra. En ese momento, unos gritos rompieron el silencio de lujo del hotel. «¡Ah!», —exclamó mi interlocutora—, ahí vienen.» Y en efecto, ahí vinieron, una muchacha de unos veinte años, alta y espectacular, con todo el aspecto de una modelo, forcejeando con un hombre elegante de mediana edad que la arrastraba por un brazo. La chica se tambaleaba y farfullaba: «¡No es así, no es así!», con la voz emborronada por alguna sustancia intoxicante. La mujer del vaso se acercó a ellos: «¡Cállate! ¡Cállate ahora mismo!», le chilló a la chica con sorprendente energía, y la chica se calló, y el hombre la arrastró hacia el ascensor, y desaparecieron los dos en un instante. «¿Qué le pasaba a la muchacha?», no pude por menos que preguntarle a la mujer. «No sé, es la primera vez que la veo en mi vida.» En ese momento empecé a pensar que el hotel Conrad debía de estar especializado en excéntricos ricos.

Entonces llegaron Karen y un mastodonte vestido de negro y con el símbolo ^ hecho en oro e hincado en la solapa, y todos subimos en el ascensor, el gorila ocupando las dos terceras partes del espacio. «Después de la entrevista te haré escuchar "Gold", una canción del álbum *The gold experience*», dijo Karen. «¿Qué es eso de que el disco quizá no sea nunca publicado?», quise enterarme, más que nada por conocer un poco mejor el terreno de juego. «Oh, no te preocupes —contestó ella, agitando la mano en el aire como quien espanta una nube de moscas—: Tú simplemente no le llames Prince y todo irá bien: en realidad, es un encanto.» En ese instante se abrió silenciosamente la puerta de una suite frente a mí, y en el quicio apareció él, minúsculo y relumbrando en la penumbra. Entré yo sola, la puerta se cerró, nos dijimos hola, no nos dimos la mano, me miró con esa cara entre confiada y tímida con que mira un cachorro a un visitante nuevo.

Los sofás y las lámparas de la suite estaban cubiertos con algunas piezas de encaje que tamizaban la luz y neutralizaban la anónima frialdad de los cuartos de hotel. No era una decoración muy recargada, sólo unos cuantos toques primorosos.

Mmm, está muy acogedor.

Gracias. He puesto algunas cosas.

¿Siempre redecora los cuartos en los que se aloja?

No siempre.

No debe de ser muy relajante vivir casi siempre en hoteles...

Yo me encuentro más tranquilo en un hotel.

¿Sí? Supongo que será porque la mayoría de sus viajes son para actuar...Y para usted la música es lo más importante.

Sí.

¿Nunca ha tenido problemas de creatividad?

Nunca... ¿Has visto mi último vídeo?

¿El de *The gold experience*? Creo que me lo van a enseñar luego.

Te lo enseño yo.

(Se levantó, fue hasta el televisor, metió el cartucho. Se movía de una manera rara, pero no exenta de gracia, la espalda muy recta, las manos ondulantes, el cuello erguido, los pasos cortos y algo danzarines, como una bailarina indonesia o como si caminara sobre la punta de los pies, cosa que, en realidad, era lo que hacía, porque calzaba unos zapatos negros con un tacón de aguja de vertiginosa altura. Y a pesar de eso, de los tacones, apenas si me llegaba a la nariz, y no mido más que 1,64. Es diminuto, brevísimo de carnes y de huesos, y sólo su cabeza parece ocupar con alguna rotundidad un lugar en el espacio. Michael Jackson ha dedicado media vida a convertirse en un tipo físicamente anormal, pero el hoy llamado O(+> ha debido de rozar la excepcionalidad desde muy niño. No creo que sea fácil atravesar la adolescencia metido en ese cuerpo.

Así es que nos sentamos en los sofás y nos dedicamos a ver el vídeo. «Dolphin», se llama la canción, y está bastante bien.)

Muy bonito —dije al final—. ¿Y qué va a pasar con *The gold experience*, se va a editar o no?

Probablemente no.

¿Por qué?

Porque no quiero que lo coja la casa discográfica, no quiero hacer con mi música lo que quieren hacer las compañías, no quiero estar dentro del sistema. Digamos que al principio, cuando era más joven, mi interés estaba concentrado en hacer, y ahora estoy más interesado en conservar.

Pero eso plantea un conflicto irresoluble: o está usted con alguna de las compañías discográficas, y entonces no es del todo libre con su música, o no llega al público. Y la música es también comunicación, ¿no es así? Usted querrá que la gente le escuche, supongo.

Sí, claro. Pero eso lo conseguiré en 1999.

¿Por qué entonces?

Porque es la fecha en que se acaba mi contrato con Warner. Y entonces podré hacer absolutamente todo lo que quiera con mi música, podré regalársela si me apetece a mis fans, a los que vengan a ver mis actuaciones. ¡Se puede hacer de todo si eres libre! Puedo comprar una emisora de radio y poner ahí mi música cuanto quiera, puedo sacar todos los discos que desee, ¡pueden ser muchísimo más baratos y yo ganar más a pesar de eso! ¿Tú sabes lo que cuesta hacer un disco? Cuesta infinitamente menos que el precio al que luego se vende.

(Las casas discográficas mantienen un control feroz sobre sus artistas. Hace dos o tres años, George Michael se rebeló ante esta situación y empezó un largo proceso judicial contra su compañía, que hasta ahora ha ido perdiendo, pero que puso en evidencia el absolutismo de estas empresas. Al parecer, a nuestro amigo O(+> la compañía no le permite sacar toda la música que su enorme creatividad produce, porque temen saturar el mercado. *Come*, el último y estupendo álbum, salió el pasado mes de agosto, y ahora, a finales de septiembre, ya tiene preparado *The gold experience*: demasiada abundancia para los usos de promoción y venta habituales. Pero al músico antes llamado Prince no le importa saturar nada, él lo único que quiere es componer y que sus obras se oigan. Porque además, y como casi todos los artistas, ama especialmente lo último que hace.)

Y entonces, ¿cómo se las va a arreglar? ¿Va a permanecer en silencio hasta 1999?

No, podemos hacer algunas cosas. Vamos a emitir este vídeo, por ejemplo. Es la primera vez que alguien va a sacar un vídeo sin tener un disco en el mercado que lo apoye. Y también podemos actuar. De hecho, seguimos actuando, y en los conciertos sólo tocamos las nuevas canciones, canciones que no están en ningún disco, que el público no ha oído nunca. Ya no tocamos ninguna de las canciones anteriores; jamás, ni una sola.

¿No? ¿Y cuál es la reacción del público?

Pues la gente llega esperando escuchar los temas que sabe, y al principio se quedan algo desconcertados. Pero después van entrando poco a poco en las nuevas canciones, y al final yo creo que se adaptan y que les gusta.

Es curioso, porque de algún modo su nuevo nombre es una especie de metáfora de su situación actual. Es un nombre silencioso. Existe, pero no se puede decir en voz alta, lo mismo que su nueva música, que también existe, pero no se puede escuchar en las radios ni comprar en las tiendas. Porque el signo es impronunciable, ¿no? ¿O lo dice usted de algún modo?

No, no se dice nada.

Y entonces, ¿cómo le llaman sus amigos?

No me llaman de ninguna manera, no tienen necesidad de hacerlo porque mis amigos siempre están conmigo.

Hombre, supongo que a veces alguno puede estar en la habitación de al lado y verse obligado a llamarle en voz alta.

No, no, mis amigos siempre están en la misma habitación que yo.

¿Sí? Pues, la verdad, no sé si eso es estupendo o demasiado asfixiante...

(Se echó a reír. Reía silenciosa y dulcemente, como una doncella. Sus discos están hechos de alusiones sexuales —el álbum *Come*, por ejemplo, es absolutamente explícito al respecto y termina con un sonoro orgasmo—, pero él tiene un aire virginal; de hecho, la apariencia más frágil, inocente y virginal que he contemplado nunca en un adulto. Vestía un mono negro sintético con redondeles dorados de lata en los puños y el cuello, un traje como de patinador en actuación de gala, y cada vez que se movía, las grandes lentejuelas de metal entrechocaban y tintineaban con un ruido de cristales levísimos. El pelo era un duro casco esculpido a la laca, los ojos estaban ribeteados por gruesos trazos negros estilo Nefertiti, y llevaba el rostro asfaltado con una espesa capa cosmética que, combinada con el color oscuro de su piel, confería a su cara una extraordinaria tonalidad malva. Y, sin embargo y pese a los afeites, es una persona con un encanto indefinible. Es guapo, no como un hombre, no como una mujer, más bien es guapo como un animalillo, como un perro bonito, con toda esa indefensión y esa humedad en el morro y en la mirada. Ahí estaba, pudoroso y pizpireto, sentado muy tieso y muy modoso en su sofá, como una niña de primera comunión, si es que las niñas de primera comunión fueran vestidas de negro, con tacones de aguja y pintadas como puertas.)

De manera que el cambio de nombre tiene que ver también con la cuestión de los derechos y con su lucha contra la compañía...

No, no querría que esto quedara confuso; no es que me haya puesto ese nombre contra la Warner, para nada; de hecho, además, nos llevamos bien mi compañía y yo, quiero decir que no nos llevamos mal. Todo depende de cómo manejes tu agresividad y la negatividad que encuentras alrededor; yo no discuto con ellos, simplemente quiero hacer otras cosas. Estoy en otro nivel, y cada vez estoy más lejos.

Está usted en ese otro nivel de su nombre sin sonido… o

Karen me dice que, de seguir así, llegará un día en que no les hablaré ni siquiera a ellos.

¿Por qué?

Porque no creo en las palabras, creo que la verdadera comunicación se establece en otro lugar.

Pero las palabras son también necesarias. Son una manera de tocar al otro, de intentar comprenderse.

Con Mayte —cantante de su grupo, supuesta pareja sentimental— no necesito hablar, estamos juntos y eso basta para entendernos perfectamente. Las palabras no son más que discusiones.

Oh, no siempre. Me extraña que diga usted esto; usted escribe las letras de sus discos, a menudo son letras muy buenas, muy expresivas.

¿Te has comunicado por otras vías alguna vez?

Bueno, sí, claro, están los gestos, está la piel. Y está el sexo, que para usted, a juzgar por sus canciones, parece ser muy importante.

Hay un nivel de comprensión mayor que está más allá de las palabras y más allá de esta vida. Las palabras sólo sirven para la vida terrenal.

¿Está hablando usted de percepciones espirituales del tipo de los viajes astrales y demás? ¿Ha experimentado usted algo semejante?

Mmmm... Bueno, voy a parecer a lo mejor un poco loco si digo esto, pero lo cierto es que creo que los humanos somos otros antes y después de pasar por este mundo, creo que la personalidad terrenal no es más que un brevísimo episodio en lo que somos, una pequeña parte de nosotros. Y en esa otra realidad no necesitas palabras para comunicarte, las palabras sólo se necesitan si estás en la Tierra.

¿Y ha estado usted allí, en el otro lado?

Varias veces.

Entonces esto es lo que le sucedió hace un par de años en Puerto Rico, esto es lo que hizo que Prince muriera y usted se pusiera un nuevo nombre: que estuvo allí.

En Puerto Rico fue cuando me di cuenta que había otra manera de vivir, fue cuando decidí cambiar.

Y desde entonces, ¿cómo se las ha arreglado? Quiero decir, ¿funciona decidir que uno va a cambiar? ¿Ha conseguido vivir durante todos estos últimos meses en esa otra realidad?

Dentro de mi cabeza soy totalmente libre; en el resto, no. En mi vida cotidiana me siento atrapado, estoy en una jaula. Pero procuro no perder los nervios, no ponerme frenético. Yo lo intenté todo con la compañía, intenté meterme desde dentro...

Sí, firmó usted un contrato con la Warner en 1992 por el cual, además de cobrar 108 millones de dólares, se convertía en uno de los vicepresidentes de la casa.

Sí, pero no sirve que seas vicepresidente, ni siquiera sirve que estés a la cabeza de la empresa, porque lo que no funciona es el sistema en sí, no puedes cambiarlo desde dentro, sólo puedes salirte. Por eso perdió George Michael sus juicios, porque si te enfrentas al sistema desde el sistema siempre pierdes. Pero de algún modo Michael ganó, ganó con sólo haberse enfrentado a ellos. Si hablas con él de eso, Michael sonríe. Está feliz. Y es que es un sistema absurdo, imposible. Por ejemplo, la Compañía de Danza de Harlem: querían que yo les diera una pieza de mi música para montar un ballet, y yo dije que sí, que les daría una pieza gratis; a mí me gustaba mucho la idea, me era muy halagador que quisieran bailar una de mis composiciones, pero en la casa de discos no me dejaron hacerlo, me dijeron que preferían dar una donación económica a la Compañía de Danza de Harlem, pero no mi música; ellos no quieren que haya ninguna música mía fuera de su control. Yo intenté convencerles, pero no hubo manera. Cosas así son desesperantes. Mira, Miles Davis, Jimi Hendrix, todos los grandes, los más grandes nombres de la música, en realidad fueron como niños con respecto a sus compañías, porque no tenían ningún poder, ningún control sobre su obra. Eso es inadmisible. Así es que ahí me siento prisionero, atrapado. Pero dentro de mí...

¿Sí?

Dentro de mí resido en esa otra realidad, que es un lugar en donde no se necesitan las palabras ni los nombres, en donde no existen ni la violencia, ni la soledad, ni el dolor, un lugar que se puede resumir en la palabra amor.

Pero eso es el paraíso...

Sí.

Y creo recordar que los humanos perdimos ese lugar mítico hace tiempo...

Sí —suspirando—... No hay mucho paraíso aquí abajo, desde luego.

(Su exigencia de no permitir grabadoras ni bloc de notas repercute, sin duda negativamente, en la exactitud de la transcripción de sus palabras, pero contribuyó a lograr que la conversación fuera exactamente eso, una conversación muy fácil, muy relajada. Se diría que no hay en él ni una brizna de agresividad; su tono de voz es bajo, dulce, aparentemente tranquilo. Pero durante todo el encuentro permaneció sacándose y metiéndose nerviosamente un gran anillo en el dedo, y eso, esas manos tensas y agobiadas, mostraban la tortura que la conversación provocaba en una persona que casi está al otro lado de las palabras, el esfuerzo que le suponía comunicarse. En alguien como él, cada vez más sitiado por el silencio, la música debe de ser el nexo con el exterior, una necesidad tan perentoria como respirar. Tal vez por eso compone tanto, tal vez por eso le son tan insufribles las exigencias comerciales del mundo del disco.)

Y desde entonces, desde que estoy en el otro lado, ¡mi música ha cambiado tanto! Ahora es muchísimo mejor.

Sí, la canción del vídeo estaba muy bien.

Oh, ésa es lo peor, digamos que es lo peor de lo mejor; el resto de las composiciones son buenísimas, hay tanta diferencia con lo que he hecho antes, es como de la noche al día, es una música llena de vida.

(Después de la entrevista escuché «Gold», y, en efecto, era formidable.)

Y dígame, ¿no tiene miedo a quedar fuera de juego? Quiero decir que hasta 1999, cuando usted vuelva a ser dueño de su obra, faltan cinco años. Y cinco años son muchos, usted puede sacar vídeos, puede actuar, pero si no pone discos en el mercado y en las radios y prescinde de la poderosa máquina de promoción y publicidad de las casas de discos, quizá su público le olvide.

No creo que eso suceda, porque si amas a alguien de verdad, al menos a mí me sucede eso, si amo a alguien de verdad, y no por su físico, sino por cosas profundas, por su alma, pues entonces amo a esa persona para siempre. Y yo espero que eso pase también conmigo.

Es muy bonito eso que usted dice, pero ¿cree de verdad que el amor de los fans es así? ¿Cree que el amor a las personas públicas tiene algo que ver con la sustancia y la realidad del querer?

Oh, bueno, llevo mucho tiempo en esto, he estado arriba del todo, he visto muchas cosas, conozco lo que es este mundo, así es que, quién sabe... Pero con que haya dos, con que haya dos personas que me quieran y me escuchen de verdad, con eso me basta. No necesito más.

(Así es que, después de todo, el artista antes conocido por Prince no era tan extravagante como parecía, o quizá sí lo es, pero resulta tan comprensible y tan simple en el fondo como todos lo somos —«Muy dentro de nosotros todos somos lo mismo. Cada uno de nosotros conoce alguna clase de dolor», dice la letra de «Papa», una de las canciones del álbum *Come*—: de modo que toda la parafernalia de su personalidad, los tacones, el grasiento maquillaje, el pelo tieso, no son sino trucos conmovedores, escaramuzas privadas de la eterna y única batalla con la vida. Como las voces que escuchaba Lou Reed, y la cogorza de la señora del vestíbulo, y la mirada vidriosa de Keith Richards, y los farfulleos de la chica con pinta de modelo. Son maneras de sobrevivir, manifestaciones de una voluntad básica e imposible: del deseo, en fin, de ser felices.)

1994

Doris Lessing

La escritora combativa

Mientras bajamos del taxi la vemos asomada a la ventana de su casita de ladrillos típicamente inglesa, con su moño blanco y su chaleco azul, una anciana tan guapa y tan pulcra como el hada madrina de un cuento para niños. Hay que subir por las escaleras, llenas de cajas de libros, hasta el primer piso, que es donde la escritora tiene el cuarto de estar y nos espera. Aunque en realidad ella sólo esperaba a una persona: «No sabía que iba a venir un fotógrafo...», refunfuña.

Porque el hada madrina Doris Lessing tiene un genio de mil demonios, un carácter fortísimo que le ha hecho ser quien es y sobrevivir a través de penosas circunstancias. De esas circunstancias habla extensamente Lessing en su fascinante autobiografía, cuyo primer volumen, *Dentro de mí*, será publicado en España en estos días por la editorial Destino. Para apoyar el libro, precisamente, ha consentido que la entrevistaran, cosa que odia; de manera que ahora está aquí, enfrente de mí, para nada antipática, porque es primorosamente cortés y sonríe mucho; pero sí muy tensa, sin duda muy incómoda, deseosa de acabar con este trance. Cuando el fotógrafo la retrate después durante media hora, ella, la coquetísima Lessing («si me quito el chaleco pareceré dos veces más gorda»), aguantará la sesión con mucha más calma y más paciencia; pero la palabra, que es su territorio, la pone nerviosa. Tal vez tema no explicarse bien, o, para ser exactos, tal vez tema la incomprensión del mundo, personificada en mí en estos momentos: durante la entrevista se muestra a la defensiva varias veces. Sea como fuere, la nuestra es una conversación difícil, tartamuda, a ratos íntima, a ratos remota; llena de evidentes y mutuos deseos de

305

EL ARTE DE LA ENTREVISTA

entendernos, pero lastrada por no sé qué distancia insalvable, por ese pequeño abismo transparente que a veces aísla de modo irresoluble a las personas.

En España es usted conocida sobre todo como la autora de *El cuaderno dorado*, que fue un hito para muchas personas de mi generación. Es su novela más famosa en todo el mundo, pero me pregunto si no estará usted un poco harta de que todos le hablen de ese libro, que fue publicado en 1962, y de ser conocida sobre todo como autora realista, cuando ha hecho usted muchas otras cosas, como, por ejemplo, una estupenda serie de ciencia ficción compuesta por cinco novelas...

Bueno, ya sabe usted lo que son los tópicos, la gente necesita poner etiquetas en las cosas. Por eso es por lo que siempre hablan de *El cuaderno dorado*, porque es más fácil decir: Doris Lessing es la autora de *El cuaderno dorado*, y ya está. Pero eso le sucede a todo el mundo.

¿Y no le desespera?

Me irrita un poco... Pero ahora que me estoy haciendo vieja soy más tolerante.

¿Fue por eso, para escapar de esos estereotipos, por lo que publicó aquellos dos libros con el nombre de Jane Sommers? —En 1984, Lessing escribió dos novelas con seudónimo; sus editores habituales se las rechazaron, y cuando consiguió publicarlas las críticas fueron regulares y vendió muy poco.

No, lo hice porque me pareció un experimento interesante. Además, luego he descubierto que eso lo han hecho otros autores, sólo que no se ha hecho público. Simplemente pensé: voy a ver qué pasa. Los críticos dijeron que *El diario de una buena vecina* era una primera novela prometedora... Lo cual resulta curioso. Y también recibí cartas interesantísimas, como una que venía de una escritora de libros románticos muy, muy conocida, que me dijo que llevaba publicados, no sé, pongamos que setenta y tres libros, y siempre era maravillosa y fantástica y fenomenal para todo el mundo, y vendía millones de ejemplares de cada uno; y entonces escribió una novela más, pongamos que la número setenta y cuatro, y puso un seudónimo y la mandó a sus mismos editores, y se la devolvieron diciendo que no se podía publicar, que no les gustaba mucho, y que le sugerían que estudiara las obras de Fulana, o sea, de ella misma. Y entonces ella volvió a enviar el manuscrito a sus editores, esta vez con su propio nombre, y le dijeron: oh, maravilloso, estupendo, querida, cómo lo consigues, siempre escribes tan bien...

Como usted misma dijo cuando el experimento Sommers, nada tiene tanto éxito como el éxito...

En efecto, es absolutamente así.

Usted parece tomárselo muy filosóficamente, pero a mí me resulta terrible. Se diría que es imposible lograr una apreciación mínimamente objetiva de las obras...

Bueno, esa apreciación lleva cierto tiempo. Cada libro tiene su propia vida. Por lo general, todos los libros tienen que luchar al principio contra la negatividad y la indiferencia. La mayoría de mis libros han tenido violentas reacciones negativas en contra, especialmente los de ciencia ficción, pero los demás también. Ahora estoy escribiendo una novela de aventuras, es la primera vez en mi vida que hago algo semejante, y estoy disfrutando muchísimo. Bueno, pues tengo interés en ver qué ocurre cuando salga este libro, porque es un campo completamente nuevo en mi literatura. Y seguro que los críticos volverán a decir lo mismo: pero por qué está haciendo esto, Doris, por qué está perdiendo el tiempo... Es una actitud totalmente predecible.

Me admira esa seguridad en sí misma que muestra: por ejemplo, a pesar del varapalo de los críticos a sus obras de ciencia ficción, usted siguió escribiendo novela tras novela hasta terminar la pentalogía...

Porque me divertía haciéndolas. También me está divirtiendo mucho este libro de aventuras que ahora escribo, y si después a la gente no le gusta me dará igual, porque de todas formas habré disfrutado haciéndolo.

¿Nunca se quedó bloqueada, nunca pasó por una época de sequía creativa?

No, no. A veces he querido escribir un libro concreto y no he sabido cómo hacerlo, cómo resolverlo, y me he pasado diez años hasta encontrar el modo. Pero mientras tanto hacía otros libros. Bueno, he estado algunas épocas sin escribir, pero por decisión propia. Una vez me pasé un año entero sin escribir, a propósito, para ver qué sucedía. Tuve muchos problemas. Creo que no me sienta bien no escribir: me pongo de muy mal humor. La escritura te da una especie de equilibrio.

(Es orgullosa como el héroe de las viejas películas del Oeste, ella sola y siempre rebelde contra el mundo, contra los críticos adocenados, contra las injusticias, contra la estupidez, contra los abusos. Al envejecer todos nos vamos solidificando en nuestra especificidad y nuestras rarezas, y esta digna anciana de pequeños e intensos ojos verdes parece hoy más indómita que nunca. Nació en Persia en 1919, pero a partir de los cinco años vivió en la antigua colonia británica de Rodesia, hoy Zimbabue, en una modesta granja en mitad de los montes, en donde creció obstinada y algo salvaje. A los catorce años se marchó de casa, a los dieciocho se casó; luego se divorció, abandonando a sus dos primeros hijos; se enfrentó al régimen racista de la colonia y se hizo del Partido Comunista, pero años después dejó la militancia y denunció lúcida y tempranamente el comunismo, lo cual le acarreó bastantes críticas.

Llenó su vida, en fin, de actos inconvenientes, y ni siquiera el hecho de llevar veinte años siendo nominada para el Nobel ha hecho de Doris Lessing una mujer convencional. La sala de su casa apenas si tiene muebles: hay unas cuantas alfombras persas muy raídas y varios cojines viejos por los suelos, como en el piso de un hippy o de un okupa. En una esquina, una gran mesa de madera está cubierta por

entero de libros y papeles —un ejemplar en inglés de *Fortunata y Ja-
cinta*, un diccionario de ruso abierto por la mitad, un álbum de pintu-
ras—; como no hay sillas a la vista, es de suponer que Doris lee de pie.
El sofá en el que nos encontramos tiene las patas serradas, de manera
que queda exageradamente bajo. No resulta el asiento más apropiado
para una mujer que está cumpliendo ahora setenta y ocho años, pero
a la luchadora Lessing parecen indignarle las trabas físicas de la edad,
e insiste en sentarse en los suelos como si semejante gimnasia no le
costara nada. Pero sí que le cuesta, por supuesto, aunque aún esté bastante ágil. Se apoya en la rodilla y gruñe: «Esto es la vejez, ¿se da cuenta? La vejez es esta dificultad para levantarse».)

**Tengo entendido que ha escogido usted a Michael Holroyd
para que sea su biógrafo oficial...**

Leí la biografía que le hizo a Bernard Shaw, y era tan buena, tan llena
de sensibilidad y entendimiento de la penosa infancia de Shaw, que
pensé que, si me tenían que hacer alguna biografía, prefería que fuera
él quien la hiciese.

¿Le preocupa la posteridad?

No. Pero es que han empezado a hacerse biografías sobre mí por ahí.
En un momento determinado de mi vida yo puse en mi testamento
que no quería que me hicieran biografías, pero luego me di cuenta
de que eso no servía para nada, porque otros escritores también lo
pusieron en sus testamentos y nadie ha respetados sus deseos. Y la
cosa es que, si van a hacer libros sobre mí de todos modos, preferiría
que al menos uno fuera de Holroyd.

**Habla usted de la penosa infancia de Shaw... Usted dijo en
una entrevista: «He sido una niña terriblemente dañada, terriblemente neurótica, con una sensibilidad y una capacidad
de sufrimiento exageradas».Y en el primer volumen de sus
memorias escribe: «Estaba luchando por mi vida contra mi
madre». Desde luego no parece una niñez muy agradable.**

Fue una infancia muy tensa, y creo que la mayoría de los escritores han tenido una infancia así, aunque esto no quiere decir necesariamente que tenga que ser muy desgraciada, sino que me refiero a ese tipo de niñez que te hace ser muy consciente, desde muy temprano, de lo que estás viviendo, que es lo que me sucedió a mí.

Su autobiografía está llena de mujeres frustradas, y la primera de ellas es su madre. Era un ambiente muy opresivo del que usted necesitaba huir.

Sí, mi primera sensación era: tengo que escapar de aquí. Ahora bien, cuanto más mayor me hago más entiendo a mi madre, no la condeno en absoluto. Ahora entiendo exactamente cómo era y por qué hacía las cosas que hacía. Entiendo su drama, y también entiendo que para ella fue una tragedia tener una hija como yo. Si hubiera tenido una hija distinta las cosas le hubieran ido mucho mejor.

¿Cuándo murió su madre?

Uhhh... A principios de los sesenta.

¿Y consiguió usted decirle que la entendía?

No. Desearía haber estado más cerca de ella. Y eso es una cosa terrible. Éramos personas tan diferentes, temperamentalmente hablando. Y eso fue una tragedia. Simplemente no podíamos comunicarnos la una con la otra. Y eso no fue culpa de nadie. Yo he tenido tres hijos, sabe, y sé que los hijos son una lotería.

En su autobiografía, de todas formas, su madre es un personaje maravilloso. Frustrada, autoritaria y depresiva en ocasiones, pero al mismo tiempo tan fuerte, tan valiente, matando serpientes a escopetazos y llevando adelante una existencia de lo más difícil.

Sí, era un personaje extremadamente fuerte y muy capaz. Odiaba su vida, y sin embargo se enfrentó a ella y la manejó muy bien y con gran valor.

Usted se recuerda, de niña, diciéndose mentalmente una y otra vez: «No seré como ella, no seré como ella». Y sin embargo me parece que de algún modo es usted muy parecida a ella.

Sí, seguro que sí. Hay en mí una dureza y un rigor que seguro que vienen de mi madre. Y me alegro, porque ciertamente era una mujer muy resistente.

Y usted también lo es.

He tenido que serlo.

Ya sé que nunca llora.

Eso no es cierto.

En sus memorias, usted misma dice que por desgracia llora muy raramente.

Bueno, desearía llorar más. Sí, es una pena que no llore más. De hecho, creo que eso es lo que subyace tras este tremendo fenómeno que se ha suscitado con la muerte de Diana. Leí en un periódico que el mundo entero estaba necesitado de una buena llantina, y que la gente aprovechó la excusa de la muerte de Diana para darse una panzada a llorar. Y sí, creo que eso es la verdad más absoluta, porque de otro modo ese lío absurdo que se montó no tendría ningún sentido.

Oscar Wilde dijo que la desgracia de los hombres era que nunca se parecían a sus padres, mientras que la desgracia de las mujeres era que siempre se parecían a sus madres...

Wilde dijo muchas cosas agudas, pero no necesariamente verdaderas. Otra es: todo hombre mata aquello que ama, y tú te dices: oh, sí, qué brillante. Pero luego te pones a pensarlo y te dices: pero si no es verdad.

Tiene usted razón, pero esa frase de Wilde sobre los padres me parece acertada. Claro que él se está refiriendo a aquellas madres tradicionales que no podían desarrollar una vida independiente. Ahora las cosas han cambiado, pero ha habido unas cuantas generaciones de mujeres que crecieron intentando huir, a menudo sin éxito, del destino de sus amargadas madres.

Sí. Yo siempre sentí pena por mi madre. Incluso desde que yo era muy pequeña pude percibir muy claramente lo desgraciada que era. La combinación de encontrarla intolerable, y sentir al mismo tiempo una desesperada compasión por ella, era lo que hacía la situación difícil de soportar. Ahora, en efecto, las cosas han mejorado muchísimo, porque ahora las mujeres trabajan, y el principal problema de muchas de aquellas mujeres era que hubieran querido trabajar y no podían. En realidad ya no veo mujeres como mi madre alrededor. Era terrible lo que pasaba antes. Toda mi generación tiene madres frustradas y amargadas. Y todas estuvimos intentando escaparnos de lo que ellas eran.

Sus memorias dejan la clara impresión de que usted se sentía muy distinta a todos cuando era pequeña, y esa diferencia, llevada hasta su extremo, es la locura. ¿Ha tenido usted alguna vez miedo a volverse loca?

Mire, esto es muy interesante. No creo haber temido la locura, porque, primero, eché mis miedos fuera a través de la literatura, es decir, escribí mi miedo a la locura. Y, en segundo lugar, creo que tengo muchos puntos de contacto con aquellas personas que están locas, pero creo que yo puedo... Es algo en sí mismo interesante, creo que puedo... no me gusta la palabra sublimar, pero, en fin, creo que puedo simplemente pasar mi locura a... tal vez a otra gente. Puedo rebotarla fuera de mí.

En un momento del libro cuenta usted que durante muchos años lloró con tan lacerante desconsuelo la muerte de los gatos que por fuerza tenía que pensar que estaba algo demente.

Es que hay algo loco en una persona que llora con absoluta y total desesperación durante diez días por la muerte de un gato, cuando no se ha comportado así en la muerte de su propia madre. Es algo demencial, irracional. Es un desplazamiento del dolor.

(Siempre buena anfitriona, Lessing nos pregunta media docena de veces si queremos tomar algo. No, no queremos nada, muchas gracias. Al final de la entrevista, entre el alivio de haber acabado y la inquietud de no haber sido lo suficientemente afectuosa, Lessing me regala dos de sus libros, e insiste en que tomemos un pedacito de dulce de jengibre. Salimos al jardín a hacer las fotos: el piso bajo y la cocina están atestados de libros y de trastos. Al parecer siempre fue bastante desordenada, y vivir solo suele multiplicar nuestra tendencia al caos. Hasta hace muy poco, Lessing vivió con Peter, su tercer hijo, que debe de andar por los cincuenta: «Pero ahora él se ha cogido un apartamento por su cuenta».

De modo que Doris se ha quedado en la casita de ladrillo acompañada por El Magnífico, un gato guapo y grande pero viejísimo, un animal de diecisiete años al que acaban de amputarle una pata porque tenía cáncer en el hombro. «Pobre —suspira Doris—: El pobre está muy anciano y con sólo tres patas. Pero qué se le va a hacer, así es la vida.» La vida para Doris, me parece, es una negrura contra la que hay que luchar enarbolando palabras luminosas. O es como su jardín, tan crecido como una selva: «En primavera estuvo hermoso, pero ahora, ya lo ve». Ahora está devorado por la maleza. Es la vida como un asedio, en fin, y afuera se agolpan la edad, la muerte, la decadencia y la melancolía. Pero ella resiste los ataques y sigue defendiendo la plaza día a día, valerosa Lessing, luchadora, tan bella con su moño bien atusado y sus ropas coquetas, tan poderosa aún con su lucidez y su prosa perfecta.)

En sus memorias se refiere de pasada a una época en la que sufrió muchísimo...

Ah, sí, habla usted de la época de depresión... Fue un dolor tan enorme, tan poderoso... Creo que entiendo lo que es el dolor, ¿sabe? Suprimimos cosas de nuestra conciencia, reprimimos sentimientos y los llevamos enterrados en el fondo del corazón. Y de repente sucede algo como... No sé, como el asunto de Diana, por ejemplo, y la gente encuentra una razón para llorar. Porque en realidad están llorando por sí mismos.

¿Y qué le sucedió en aquella ocasión, para sufrir así?

No importa lo que sucedió, seguro que fueron razones de lo más irrelevantes. Lo importante es saber que sucede así, que un día de repente, inesperadamente, cae sobre ti toda esa pena y te inunda, y entonces te tienes que preguntar sobre qué habrás estado sentándote, qué te habrás estado silenciando a ti misma durante todos los años anteriores.

Si le pregunto sobre la razón de aquella caída, no es por mera curiosidad. Usted es una persona que vive, reflexiona sobre lo que vive, y escribe después sobre todo ello, y para mí, y para muchos otros de sus lectores, es una especie de exploradora de la existencia, una pionera que camina delante...

Ésa es una imagen bonita.

Es el adelantado que nos va explicando a los demás lo que nos espera en la vida.

Me gusta mucho esa idea.

Y me gustaría saber qué es lo que hay ahí delante que puede resultar tan doloroso.

Tendría que pensar sobre ello. He conocido a personas que están deprimidas clínicamente hablando, y cuando yo experimenté aquellos momentos de intensa pena me pareció que sólo había un escalón de bajada entre mi pena y la depresión clínica, que era muy fácil bajar de la una a la otra. Y entonces tienes que preguntarte de dónde viene todo ese dolor. No sé, creo que la gente bloquea a menudo el recuerdo de sus infancias porque les resulta un recuerdo intolerable. Simplemente no quieren pensar en ello. Y a menudo está muy bien que no nos acordemos, porque de otro modo seríamos incapaces de vivir. De manera que paso mucho tiempo de mi vida mirando a los bebés y a los niños pequeños y pensando: qué estará sucediendo realmente por ahí abajo.

Por cierto que usted, al separarse de su primer marido, tuvo que abandonar a sus dos niños. Debió de ser algo muy doloroso.

Fue una cosa terrible, pero tuve que hacerlo. No puedo decir que fuera una buena decisión, pero pudo haber salido mucho peor en todos los sentidos. Mis hijos fueron siempre extremadamente generosos, ni mi hijo ni mi hija me condenaron jamás y siempre me apoyaron. Mi hijo John murió, no sé si lo sabe. Murió hace algunos años de un ataque al corazón.

No lo sabía. Debía de ser muy joven.

Mucho. Cincuenta y pocos años. Bebía mucho, comía mucho, era una de esas personas que tenían que vivir al límite... Pero, en fin, el caso es que tuve que dejar a mis hijos, tuve que hacerlo, era cuestión de vida o muerte para mí. No hubiera podido seguir soportando aquella vida de blancos en Sudáfrica. En fin, qué más da. Todo esto ya es agua pasada hace mucho, mucho tiempo...

Usted siempre ha hecho y dicho cosas poco convencionales. Es la antítesis de lo políticamente correcto. Y esto le ha granjeado muchas críticas: los de derechas la odian, la izquierda ortodoxa considera que es una traidora...

Así es.

Ese lugar suyo del rigor y la lucidez, ¿no es muy solitario?

Bueno, alguien dijo que uno de los grandes problemas de ser viejo era que no puedes decir en voz alta casi ninguna de las cosas que realmente piensas, porque siempre resultas ridículo o chocante o molesto.

Suena bastante triste.

Siempre puedes hablar con los contemporáneos.

¿Y cómo vive usted todo esto, cómo vive sus setenta y ocho años?

Lo que está usted preguntando es cómo llevo ser vieja, ¿no? Pues bien, ¿qué le vas a hacer? No hay más remedio que vivir la vejez. No puedes hacer nada contra ella.

Ya le he dicho antes que para mí usted es una especie de exploradora. Por favor, dígame que también a esa edad hay momentos en los que la vida resulta hermosa.

Yo nunca pensé que la vida fuera hermosa.

Pues entonces dígame por lo menos que todavía se conserva la curiosidad, y la excitación de conocer cosas nuevas, y el placer de escribir...

Sí, eso sí. Todo eso se mantiene aún intacto.

1997

Martin Amis

Palabras contra las tinieblas

A sus cincuenta y cinco años, este *enfant terrible* de la literatura ha dejado definitivamente de ser un niño y desde luego resulta poco terrible. En las fotos de su brillante y triunfal juventud —en 1973, con su primera novela, *El libro de Raquel*, ya ganó el prestigioso Premio Somerset Maugham— se parecía a Mick Jagger: era un muchacho melenudo, salvaje y atractivo de formidables labios. Hoy ofrece un aire juvenil pero marchito, como si se hubiera acostado vestido de sí mismo hace treinta años y ahora acabara de despertarse con el cuerpo arrugado y alicaído. Como les sucede a muchos anglosajones, no ha envejecido demasiado bien. Conserva un pelo abundante, pero pajizo y seco como un estropajo. La piel está enrojecida y sus ojos azules son demasiado pálidos. Lleva unos vaqueros y una camisa perfectamente olvidables, y una pequeña barriguilla se aferra a su cintura. Pero su voz es estupenda, grave y poderosa, y la utiliza para hablar con una intensidad de alto voltaje. Creo que nunca he entrevistado a alguien físicamente tan anodino que fuera tan subyugador al conversar. Te observa quieto e inexpresivo como un búho, apenas si gesticula y, aunque ríe mucho —lo he descubierto al pasar la cinta—, se guarda las risas para dentro, en los subterráneos de su rostro de piedra. Pero inviste sus palabras, hasta las más banales, de un peso extraordinario, como si le fuera la vida en ellas, como si las dijera con una veracidad inusitada, con una autenticidad fuera de toda norma social. Hablar con él resulta incluso un poco emocionante: es como rozar con la punta de un dedo la carne secreta del caracol, esa sustancia blanda que todos los demás escondemos bajo el caparazón.

Acaba de publicarse en España su libro *Koba el Temible* (Anagrama), una interesante mezcla de ensayo histórico y memorias en donde denuncia la diferencia de actitud de la izquierda ante los crímenes de Stalin y de Hitler, y la relativa permisividad con el primero. Aunque en realidad Amis no vino a Madrid a promocionar su obra, sino invitado por la Feria del Libro. Como actualmente vive en Uruguay, es decir, muy lejos, al parecer al principio rechazó la propuesta. Pero cuando ocurrió el atentado del 11 de marzo, él mismo telefoneó para ofrecerse.

Cuando *Koba el Temible* salió en Inglaterra, hace un par de años, leí este titular en un importante periódico español: «Martin Amis provoca la ira con un egocéntrico ensayo sobre Stalin». Me pareció insólito que dijeran «egocéntrico», es decir, que se hiciera un juicio de valor tan negativo en el titular de una noticia... Y tuve la sensación de que se le castigaba desde cierto pensamiento tópico de una izquierda fosilizada. Usted, que viene de un pasado izquierdista, cometía el pecado y el enorme error de salirse de los valores del grupo. Hablo de esa autocomplacencia que se advierte en algunos izquierdistas que, por el hecho de adherirse ciegamente a las ideas del grupo, consideran que ellos nunca pueden equivocarse, cuando una de las pocas cosas que sabemos de los humanos es que nos equivocamos siempre.

Yo nunca me he considerado verdaderamente de la izquierda, me considero un poco a la izquierda del centro, y siempre he permanecido en ese lugar. Nunca he sido un ideólogo, siempre me he sentido muy incómodo con el pensamiento de grupo o con las creencias en general, como bien dices siempre estamos equivocados, y creer en algo con total certidumbre sólo empeora nuestros errores. Eso sí, tengo amigos que han sido muy de izquierdas, aunque ahora ya no lo son tanto... y con ellos he tenido desencuentros a causa de *Koba*, desde luego. Mi amigo Christopher Hitchens escribió tres textos diciendo que había distorsionado algunos hechos y... Y hubo muchos ataques por parte de los historiadores. Pero un editor me dijo que ellos odian que...

... que venga alguien de fuera a opinar sobre la historia.

Sí, exactamente. Además hay otro elemento, y es la manera en que ahora se escribe la historia. Yo creo que es un desastre, porque la nueva generación de historiadores escribe sin ningún compromiso, incluso sin ninguna pasión, les aterroriza hacer ningún juicio sobre nada o nadie. Bueno, a Hitler sí le condenan, porque es un icono mundialmente reconocido del mal, pero fuera de eso la nueva ortodoxia consiste en no hacer ningún juicio. Y con *Koba* yo he escrito historia *amateur* personal y mis sentimientos están por todas partes de manera muy evidente. Pero, en fin, cada día tengo más claro que creer ciegamente en una religión, en una ideología, en lo que sea, es algo nefasto. Se puede decir que yo creo en la democracia, que apoyo la democracia, pero no creo en ella de esa manera ferviente y mágica... Porque esas creencias ciegas nos llevan al desastre. Quizá la historia sea incluso la historia del esfuerzo de cómo arreglárnoslas sin creencias, de cómo arreglárnoslas sin Dios... Y es un camino muy largo.

Y un fracaso.

Hasta ahora sí, y además últimamente hemos tenido muchos traspiés... Pero puede que este fascismo islámico que estamos experimentando ahora sea el principio del final de esa religión, y quizá de todas las religiones. Aunque el islam es diferente a las demás religiones, es una visión total de la sociedad, no es una cosmología teológica.

Es la Ley.

Exacto, es la Ley, y ni siquiera es una cuestión de la separación entre Iglesia y Estado, en el islam hay una verdadera indivisibilidad entre ambas cosas, no hay diferencia alguna, ellos no entienden de qué estás hablando cuando hablas de Iglesia y Estado. Pero, en fin, quizá todo esto a lo que estamos asistiendo sea la decadencia, el comienzo del final.

Un final muy sangriento.

Una violencia terrible en todo el mundo, furia, ira infantil... Porque ellos han estado muertos políticamente durante siglos. Los árabes fueron descritos por un historiador del siglo XVIII como el gigante indefenso... Y esa humillación... déjame decirte, nosotros no sabemos lo que significa la palabra humillación, ellos sí que lo saben. Y esa humillación es tan dolorosa, tan agónica. Y también hay otro punto central en todo esto, y es que el éxito del islam en los primeros siglos fue tan deslumbrante que entonces tenía cierto sentido pensar que Dios les favorecía. Pero ¿dónde ha estado su Dios en los últimos trescientos años?

Volviendo a sus libros, hace poco sacó en Inglaterra su última novela, _Yellow dog_ —_Perro amarillo_—, todavía no traducida al español, y volvieron a despellejarle de una manera bárbara... Volvió a «despertar la ira». Enfurecer a todo un país con una novela tiene su mérito, casi es para sentirse orgulloso.

Sí, saqué cierto consuelo de ese pensamiento... Pero fue una respuesta salvaje. Lo que sucedió con mi novela estuvo muy lejos de ser una respuesta sana.

Y en toda esa irritación tan desproporcionada, ¿no puede tener algo que ver esa independencia de pensamiento de la que antes hablábamos, ese salirse del rebaño? Tengo la sensación de que la gente se pone muy nerviosa cuando alguien intenta ser dueño de sus propios errores.

Sí, eso es cierto. Se extrae un gran alivio cuando vas con la masa. La ideología está en descenso en Inglaterra, ahora mismo es bastante suave, se reduce a una idea igualitaria, a lo políticamente correcto, a la multiculturalidad... Es una ideología basada en la moderación, pero toda ideología, aun la más suave, incluye, por su misma naturaleza, un sustrato violento. Porque cuando tú decides creer en algo, y te rindes a la creencia, estás cayendo en parte en un espejismo, es decir, estás describiendo la realidad de una manera que la realidad no puede sostener. Por consiguiente estás obligado a caer en cierta violencia, porque no puedes defender ese espejismo sólo con tu razón, tienes que recurrir a tu pasión y a tus puños, porque es una fe. De manera que sí, me imagino que, de algún modo, y desde luego no deliberadamente, he provocado este tipo de respuestas. Llevo algún tiempo estando en oposición a la ideología dominante, escribiendo deliberadamente relatos y otros textos sobre temas sensibles, sobre tópicos candentes para esta ideología, y supongo que he pagado un precio por todo esto.

Lo curioso es que todo el mundo dice que usted antes era un tipo muy arrogante, un soberbio, que hacía críticas literarias despiadadas...Y últimamente todos cuentan que se ha dulcificado, que está encantador y amable. Cuando se murió su padre en 1995, usted dijo: «Una de las consecuencias de la muerte de mi padre es que ya no seré un chico malo nunca más».Y lo gracioso es que, cuando usted era un chico malo, todo el mundo le ponía por las nubes y Martin Amis era un dios.Y ahora que se ha convertido en un adulto bueno, todo el mundo le ataca.

Bueno, el contexto ha cambiado. Cuando empecé, la gente me veía con mucha simpatía y consideraban que el hecho de ser hijo de un escritor famoso era una dificultad para mí. Pero ahora la cultura ha cambiado completamente, y aunque se supone que, según el igualitarismo y el multiculturalismo, los orígenes de una persona no deben ser usados en contra suya, lo cierto es que ahora se me considera como perteneciente a una élite por ser el hijo de mi padre, una especie de élite genética.

Y todos estos ataques, ¿no le afectan gravemente?Yo creo que todos los escritores son personas muy frágiles, muy necesitadas de reconocimiento...Y cuando todo el mundo empieza a decir que es usted un ídolo declinante, que está siendo sustituido por la nueva generación de novelistas y demás, ¿no se siente herido, inseguro y asustado respecto a su próximo trabajo?

Oh, sí, desde luego. Quizá menos que la mayoría de los escritores, porque aquello que me hace asequible a los ataques también me protege, yo he visto desde la infancia cómo mi padre ha tenido que luchar contra todo esto, y sabía que estaba por venir, sabía que estaba llegando de una manera más clara de lo que puede saberlo alguien que no es hijo de escritor. Yo sabía que iba a pasar algo así, pero claro que no lo imaginaba de este calibre... Y, en cualquier caso, cuando atacas a un autor le estás quitando a sus niños la comida de la boca, porque todo lo que posee un autor, lo único que tiene, es su confianza. Porque puedes aguantar mucho, pero llega un momento en el que te sientes apaleado. Pero, en fin, luego vuelves a notar que tu espíritu peleón se despierta y sigues adelante como siempre has hecho.

Y además, siempre está el placer mismo de escribir.

Sí, eso no se acaba.

Bueno, a veces sí. Ha habido escritores que no han podido soportar los ataques y se han roto.

Sí, por ejemplo Keats, muerto por una crítica.

O Melville.

O Melville, en efecto, que se bloqueó. Sí, sí, tienes que ser fuerte. Y cuando escribes y te ha sucedido algo así, cuando has sido apaleado, con cada frase que escribes te dices: esto no les va a gustar a los críticos... Y tu inspiración se va. De manera que sí, ha sido una lucha, pero me parece que ya... ya estoy bien. Y que estoy en forma y al mando de las cosas. Además es que no veo cómo evitar hacer lo que hago, no me veo capaz de escribir una novelita romántica o histórica.

Hablando de nuevas generaciones de escritores, su padre se vanagloriaba de no leer a los jóvenes, y usted, refiriéndose a esa actitud paterna, dijo: «Los viejos escritores deben desdeñar a los jóvenes: las próximas generaciones siempre son basura». ¿Piensa de verdad así?

Bueno, creo que es muy humano pensar eso. Creo que a medida que envejeces el mundo empieza a parecerte extraño. El sabor del mundo está decidido por la mente colectiva de todos los que tienen menos de treinta y cinco años. Y cuando ya estás muy por encima de los treinta y cinco, el mundo empieza a saber de manera distinta. Y la respuesta más natural y humana ante esto es decirte que ha habido una decadencia. Sabes, las primeras palabras que se han escrito jamás, el primer graffiti en la pared de una cueva, dice que los hijos ya no respetan a sus padres, que son desobedientes, que están perdiendo los valores. Es una actitud eterna.

Pero usted, ¿lee a los escritores jóvenes, o no?

Mmmmmmmmmm, no, pero es que creo que no es una manera económica de leer. He leído a algunos, he leído a Zadie Smith y... Pero creo que es sensato leer a autores mayores porque el mejor crítico es el tiempo, y si los autores duran probablemente sea por buenas razones, mientras que de los jóvenes no se sabe...

(Durante mucho tiempo fue el niño mimado de los medios de comunicación, pero desde hace algunos años este espléndido escritor está siendo objeto de los ataques más furiosos. Textos insultantes hacia él ocupan páginas enteras de los periódicos anglosajones, se organizan debates de televisión para criticar sus tratamientos odontológicos —ha sufrido graves problemas dentales que cuenta con traumatizada precisión en *Experiencia*— y se le da por muerto y enterrado, con rabiosa rechifla, en cada nuevo libro. Lo más curioso es que la prensa internacional se hace eco de estas desmesuras y, así, aquí también se ha publicado, de modo destacado, que tiene malas críticas o que se ha puesto implantes. No me digan que no resulta estrafalario que en España se considere como noticia la visita al dentista de un escritor británico.)

Volviendo a la extraña ira que despierta, quizá otra de las razones que facilitan que se le ataque es la inclusión en algunos de sus libros de material autobiográfico... Ahí es cuando le tachan de egocéntrico...

Pues sí, aunque no he escrito tanto autobiográfico... sólo *Experiencia* y *Koba*. Pero ahora precisamente estoy escribiendo por primera vez una novela que es autobiográfica. Mucho de lo que narra está basado en la experiencia, aunque, claro, cuando lo pasas a la ficción se convierte todo en algo muy diferente... Ahora me doy cuenta de que hay algo en mí muy combativo... Estoy combatiendo contra ellos, es decir, estoy haciendo más de aquello que justamente me dicen que no debo hacer.

A mí su uso de lo personal me parece muy interesante... Le veo más bien como un entomólogo diseccionando un escarabajo. Como si hablara de usted no egocéntricamente, no ya para entenderse a sí mismo, sino para entendernos a todos, para saber qué somos los humanos. Pero hay algo que yo no sería capaz de hacer... Saca a personajes reales y dice cosas de ellos que tal vez puedan sentarles mal. Por ejemplo, en *Experiencia* cita usted a Rob, su mejor amigo desde la infancia, y dice que él nunca paga nada y que usted siempre tiene que invitarle... No sé, escribir cosas así de otras personas es algo muy valiente pero también muy...

Imprudente.

Exactamente. Imprudente y duro.

Bueno, le enseñé el texto a Rob antes de publicarlo... Rob ha muerto, sabes... Con cincuenta y un años. Y va a estar en mi nueva novela, leerás más sobre él.

En fin, lo que quiero decir es que si yo fuera amiga suya me sentiría...

Preocupada.

Eso es.

Hay un autor que escribe muchas novelas autobiográficas que dijo: cuando un escritor nace en una familia, eso es el fin de la familia. Y yo desde luego no quería que pasara eso y no ha pasado. Realmente cuando hago autobiografía intento escribir sobre lo mejor que tiene cada uno. El problema es que con este libro que estoy haciendo ahora las cosas son distintas, porque en una novela no puedes hacer eso, no puedes ser cortés, el texto tiene que salir como sale. Y ahora Rob está muerto... No sé.

¿Tienen sus amigos ese miedo a lo que usted pueda decir? O a lo peor tienen el miedo contrario: y si no me nombra...

Sí, eso es lo malo... Es lo que dije en mi novela *Campos de Londres*: ¿qué es lo que quieren las mujeres? Todas quieren ser la mala del libro. Es decir, prefieren con mucho estar en el libro a no estar. Y creo que todos somos de esa manera. Pero sí, la verdad es que tratar con la vida de los demás es algo peligroso.

Hay una línea muy fina que puede ser desastroso cruzar.

Sí, una línea muy fina... Después de *Experiencia*, pagué a mis hijos. Les di dinero. Les dije: me he tomado una libertad con vosotros...

Sí, precisamente en ese libro usted dice que le costó perdonar a su segundo hijo que no hubiera sido una niña... Cuando lo leí, me pareció un poco fuerte.

Bueno, no, ahora tengo ya tres hijas, y creo que a él no le importó lo que dije. Es un chico estupendo.

En *Experiencia* usted también habla mucho de su madre, pero tengo la sensación de que hay algo que no está dicho sobre ella... un gran silencio de algo que se ha guardado. Por cierto que describe usted una escena terrible de 1963, cuando usted tenía catorce años. Sus padres se acababan de separar y sus dos hermanos y usted vivían con su madre. Y su madre entró

en una depresión y desapareció de casa y les dejó solos durante una semana... Hasta que llegó un amigo de la familia y se los encontró a los tres metidos dentro de los armarios. Debió de ser muy difícil.

Sí, muy duro. Fue un verdadero colapso de la familia. Y fue mi madrastra, la nueva mujer de mi padre, quien proporcionó la energía suficiente para sacarnos de aquel marasmo, porque mi padre se quedó paralizado, no podía actuar. Pero es cierto lo que dices sobre mi madre respecto a ese gran silencio de lo no dicho, porque en esta novela autobiográfica que ahora estoy escribiendo... tampoco está ella. No sé, quizá sea que no puedo escribir sobre ella mientras esté viva. Es una mujer formidable y todo el mundo que la conoce queda encantado con ella, es una persona muy original y muy pura. Así es que quizá simplemente no quiero... no puedo hacerlo por el momento.

Sigue usted contando en *Experiencia* que, después de esa depresión, su madre tomó accidentalmente una sobredosis de tranquilizantes. Sus novelas están llenas de suicidios... El suicidio parece ser una obsesión narrativa para usted, y en alguna obra es hasta el tema central. Hagamos una hipótesis: imaginemos que su madre no se tomó las píldoras accidentalmente...

(Amis abre literalmente los ojos como platos. Lo cual, traducido a su parquedad de gestos anglosajona, significa que los ojos se le abren un poquito, redondeados por una expresión de estupor.)

No había pensado nunca en eso...

¿De verdad?

No.

No me lo puedo creer.

Bueno, quizá lo había pensado con esto —se toca la nuca—, pero no con esto —se toca la frente—. No lo había articulado nunca de ese modo hasta ahora... Pero es cierto, el suicidio también tiene una presencia muy importante en mi próxima novela...

Citando unas palabras de Vladimir Nabokov, usted dice que el suicidio es un omnicidio, que el suicida mata al mundo entero... Siguiendo con la anterior hipótesis, y suponiendo que su madre hubiera querido matarse, lo que usted estaría diciendo en realidad es que su madre habría intentado matarle a usted.

Sí, bueno... Realmente creo que el suicidio es un crimen contra la humanidad. Contra toda la humanidad. Los hijos de suicidas piensan en el suicidio todas las tardes, cuando el nivel de azúcar de su sangre es bajo. Y cuando tienen algún pequeño problema, como por ejemplo que no funcionan las cañerías, en vez de pensar, bueno, llamaré a un fontanero, piensan en el suicidio. Se convierte en una opción en una manera en que no es una opción para las demás personas. Pero sí, es una buena percepción...

Porque, cuando una madre se suicida, mata al hijo en quien no ha pensado, al que no parece haber querido lo suficiente...

Sí, es un fallo en su amor hacia el hijo... Pero también siento una gran simpatía, una gran comprensión hacia los suicidas. Es como con los matrimonios, cuando se rompen. Cuando un matrimonio se rompe tú no decides marcharte, te vas porque literalmente no puedes quedarte. No puedes, y eso es lo mismo que ocurre con los suicidas. No pueden quedarse.

Cuenta usted en el mismo libro que de joven pensó varias veces en suicidarse, nunca muy seriamente, y que se le quitó definitivamente la idea en 1984, cuando tuvo a su primer hijo.

Bueno, ya sabes, cuando era joven pensaba que me iba a matar a los veinte años, porque sería demasiado viejo... Y estoy seguro de que no he sido la única persona en el mundo que ha pensado ese tipo de cosas, de la misma manera superficial, estúpida y punk... Pero de todas maneras siempre he encontrado un pequeño consuelo, en cierto sentido, en el pensamiento de que, si algún día no puedes soportar la vida, siempre puedes matarte. Es una pequeña puerta de escape.

Su novela *Tren nocturno*, que es una de mis preferidas, está escrita justamente en torno al suicidio inexplicable de una joven que lo tiene todo. Y lo más turbador de *Tren nocturno* es esa idea de que la vida puede resultar insoportable incluso para...

Para los mejores. Sí. Y también está la idea de que la gente no puede soportar la felicidad. La felicidad, lo digo en *Yellow dog*, es un estado paranoico, porque cuando las cosas vienen mal, bajas la cabeza y luchas contra ellas, pero si las cosas te van bien, estás constantemente pensando que un aeroplano va a caer sobre ti. Estás constantemente convocando el desastre. Hay un párrafo de mi próxima novela que estoy escribiendo en mi cabeza, y que viene a decir que incluso en el paraíso no pudieron aguantarlo, porque la mitad de los ángeles se levantaron en una rebelión, no podían aguantarlo ni un segundo más... Y ni siquiera tenían que preocuparse de la muerte, porque eran inmortales. Pero no podían soportarlo, toda esa inmortalidad y esa felicidad era horrible para ellos. No se podía soportar ni en el paraíso.

Precisamente sus libros están llenos de historias de personajes exitosos que se derrumban en estrepitosos fracasos. Cuanto más éxito tienen, más profunda es la caída... Y usted ha tenido un montón de éxito, y con esto no quiero decir nada...

Sí, sí, eso es preocupante... Pero bueno, es que el fracaso es un gran tema literario.

Por supuesto, la historia de la literatura de los últimos cien años está llena de personajes fracasados, pero suelen ser fracasados desde el principio, no como usted, que los encumbra para luego destrozarlos.

Sí, claro, pero ése es el síndrome del paraíso. Las personas que ganan la lotería están tiradas tres meses después en sus mansiones atiborradas de tranquilizantes. ¿Y ahora qué hago? ¿Para qué?

¿Y usted también ha tenido miedo de la felicidad en su vida?

Sí, me sucede. Con mi segundo matrimonio a veces pienso: soy demasiado feliz, qué revancha se va a tomar la realidad conmigo... Quizá tenga algo que ver con los escritores... con todos los escritores. Quizá tengamos todos terribles dificultades para llevarnos bien con el placer. Quizá el temperamento de los escritores rechace la felicidad.

La gran figura de su historia personal es su padre, el famoso escritor Kingsley Amis, con quien mantuvo una complicada relación. Parece ser, y supongo que es algo muy humano, que su padre sentía cierta competitividad con usted como escritor.

Sí, estaba irritado por mí... Aunque creo que eso es natural, y también es natural que a mí no me importe. Pero él era muy bueno en eso... en la irritación. Una vez le vi en un programa de televisión en el que le estaban entrevistando y mi padre se estaba pavoneando como él solía, era muy brillante y muy divertido, y cuando el entrevistador empezó una larga pregunta que evidentemente se refería a mí, mi padre hizo... —compone una cómica cara de aburrimiento y asco—. Pero luego, no mucho después, una mujer en una fiesta le dijo: ¿qué se siente al tener un hijo más famoso que tú? Él no es más famoso que yo, contestó mi padre. Sí, sí, es mucho más famoso que tú. Y mi padre contó esa historia innumerables veces y se reía mucho con ella.

En cualquier caso, no le alabó demasiado su obra...

No, no lo hizo. Apreciaba mi trabajo como crítico y le gustó mi novela *La flecha del tiempo*, pero... Es lógico, es lo que decíamos antes. Él lo explicó muy bien, decía que los jóvenes escritores al escribir les están diciendo a los viejos autores que las cosas ya no son como tú decías, sino de esta otra manera... Y ésa es una experiencia muy dolorosa por la que todos tenemos que pasar, el sabor del mundo se te escapa y eso es algo universal. Y debe de ser mucho más difícil de llevar cuando es tu propio hijo el que lo está haciendo.

(«La mayoría de los escritores imitan muy bien a la gente sensata, pero tienen una parte que no es sensata en absoluto», dijo Martin Amis hace algunos años en una entrevista. Recuerdo ahora su frase y le miro, tan parapetado tras su parquedad y al mismo tiempo tan accesible, tan acorazado y tan frágil, tan calmo y tan intenso, y me digo que Amis es un buen imitador: ha conseguido crear una apariencia de sensatez casi creíble.)

Señor Amis, tengo la teoría de que la mayoría de los novelistas son personas que tuvieron una experiencia muy temprana de decadencia; que antes de la adolescencia, digamos, perdieron de manera violenta el supuesto paraíso de la infancia... Quizá eso fue lo que le sucedió a usted cuando, a los trece años, una empleada del hogar llamada Eva le dijo que su padre tenía otra mujer...

Has puesto el dedo en la llaga, a partir de aquel momento vinieron las dificultades, el *shock*, el dolor. Algo parecido me pasó también a mí cuando se rompió mi primer matrimonio, cuando me marché. Y entonces tienes que esforzarte lo más posible con tus hijos y... Y mi padre hizo eso. Pero fue un golpe terrible, la pérdida del paraíso, y justo en esa edad adolescente en la que estás llegando a la complejidad.

Usted siempre dice que su infancia fue idílica y maravillosa. No sé si creérmelo.

Bueno, estuvo llena de todas las penas y agonías usuales de la infancia en torno a cosas ridículas, como, por ejemplo, el complejo de tener el trasero demasiado grande y cosas así. Pero había esa sensación de tregua antes de la caída.

Lo digo porque siempre que aparecen niños en su literatura resultan muy conmovedores, y por detrás de las escenas siempre late un dolor oculto, algo terrible que se agazapa.

Sí, pero si digo que mi infancia fue idílica es porque no temí jamás a ninguno de mis padres. Mi padre era muy divertido y mi madre intentaba ser severa de cuando en cuando, pero no lo conseguía. Eran muy permisivos y muy libres, y no les tuve miedo. Y creo que eso no es tan usual. Creo que muchos niños pasan miedo.

Hay otra escena tremenda pero conmovedora en *Experiencia*. Cuenta usted que, siendo pequeño, a veces escuchaba por las noches sonoros gemidos... y que eran de su padre. Y que entonces su madre llevaba a su padre a su habitación de niño, encendía la luz y se sentaban en su cama, para que usted le contara cosas a su padre y se le pasara el miedo... De modo que usted sabía que el miedo existía... Usted sabía que en la vida había algo tan pavoroso que incluso hacía gemir a su padre.

No sólo gemía, mi padre chillaba, gritaba de verdad... Sí, pero era muy tierno que viniera a mi cuarto y hacía que me sintiera muy mayor, me hacía sentir una especie de poder. Y además ése es un terror de dentro, no de fuera.

Esos terrores son justamente los peores.

Sí... Bueno, quizá pienses que he heredado esos pánicos, pero no los tengo. Mi padre era una persona muy fóbica, tenía montones de problemas... Pero es que heredas el paquete entero de tus padres e intentas escoger lo mejor.

En cualquier caso, quizá fuera eso lo que le hizo convertirse en escritor... Porque usted contaba cosas y curaba a su padre.

El poder de las palabras, sí... Es la luz de las palabras contra las tinieblas.

2004

James Lovelock

El retorno del creador de Gaia

Ha sido uno de los científicos más polémicos y originales de la segunda mitad del siglo xx y aún ahora sigue haciendo de las suyas, pero James Lovelock posee un aspecto de abuelito amable y divertido, ese abuelo que todos los niños del mundo quisieran tener. Ríe con sonoras y abundantes carcajadas, practica un sentido del humor de cuya agudeza no se salva ni él mismo y, con su rostro risueño nimbado de abundantes pelos blancos, da toda la impresión de ser un hombre en paz consigo mismo y capaz de disfrutar cada uno de los instantes de su vida. Tiene ochenta y seis años, pero no los representa. Desde luego no es un anciano, sino un ser que parece estar fuera del tiempo, un personaje salido de algún cuento, un gnomo de los bosques, enjuto, pequeñito, vibrante de energía.

Como los gnomos, vive en mitad del campo, en el sudoeste de Inglaterra, en una pequeña granja rodeada de catorce hectáreas de tierra. En el exterior, el mundo bucólico, y en el interior, una atmósfera de incesante trabajo: dos salas llenas de ordenadores, de papeles, de libros y cachivaches. Allí, ayudado por Sandy, su segunda mujer, una treintena de años más joven que él e igual de acogedora, Lovelock prosigue con su actividad científica. Hace cuarenta años, este hombre ideó la teoría de Gaia, según la cual nuestro planeta sería un todo capaz de autorregularse. Nunca dijo que Gaia, la Tierra, fuera un ser pensante, ni que tuviera conciencia ni propósito, pero, pese a ello, sus ideas fueron perseguidas y ridiculizadas ferozmente por los científicos durante mucho tiempo, hasta que, a partir de los años noventa, empezaron a ser aceptadas de manera mayoritaria.

Este viejo científico inglés que es un poco gnomo y quizá un poco niño adora construir sus instrumentos con sus propias manos —habla de eso como si fuera un juego—, y es además un prolífico inventor. Hace también cuarenta años creó el detector de captura de electrones —ECD—, una máquina pequeña y barata que revolucionó el mundo. El ECD es tan sensible que, si derramamos una botella de perfume en Japón sobre una manta, a las dos semanas el detector podría percibir partículas de ese perfume en el aire de Londres. Con ese invento sencillo y milagroso, los ecologistas descubrieron residuos de pesticidas en todo el planeta. Y fue el propio Lovelock quien, usando su máquina, advirtió en mediciones sobre el océano la existencia de los CFC, los famosos clorofluorocarbonos que están alterando de manera radical el equilibrio atmosférico. Todo esto dio lugar al Protocolo de Montreal y a cuanto ha venido después en el tema de la política medioambiental. Se puede decir que Lovelock cambió el mundo, y desde luego fue el padre de la ecología moderna, aunque, en general, él no se lleva demasiado bien con los verdes: considera que la mayoría de los ecologistas «no sólo desconocen la ciencia, sino que además la odian».

Ahora, este abuelo vitalista y alegre regresa convertido en un mensajero de la oscuridad. Su último libro, *The revenge of Gaia (La venganza de la Tierra)*, recién publicado en el Reino Unido, viene a decirnos que estamos inevitablemente abocados a una catástrofe natural casi inmediata. Desde luego, resulta difícil creer que el mundo tal y como lo conocemos se haya acabado para dentro de sesenta u ochenta años. Pero, a fin de cuentas, también nos resulta difícil creer en nuestra propia muerte.

Su último libro ha sido un verdadero bombazo, y muy polémico. Usted presenta en él un futuro muy negro para la humanidad.

Me temo que sí, es una historia muy triste, aunque no totalmente desesperada. Va a ser un golpe muy grande para los humanos, pero habrá supervivientes y tendremos la oportunidad de empezar de nuevo. Porque en esta ocasión lo hemos hecho fatal. En cierto modo me siento mal por ser el portador de unas noticias tan terribles, pero por otro lado miras alrededor y ves que las cosas empeoran y empeoran por momentos en el mundo, y alguien tiene que intentar detener ese desastre.

Dice usted que para 2050 se habrán deshelado los polos y que Londres, entre muchos otros lugares de la Tierra, estará sepultado bajo las aguas.

En efecto, los polos se habrán deshelado totalmente, y puede que antes de esa fecha. En cuanto a las inundaciones, no estoy seguro de si ocurrirán tan pronto. Lo que provocará las inundaciones masivas será el deshielo de los glaciares, y puede que eso tarde un poco más.

Pero en cualquier caso sería lo suficientemente pronto, antes de que se acabe este siglo.

Oh, sí, eso desde luego. Definitivamente, antes de que se acabe este siglo, Londres estará inundado. Y todas las zonas costeras. Imagínese Bangladés, por ejemplo; el país entero desaparecerá bajo las aguas. Y sus ciento cuarenta millones de habitantes intentarán desplazarse a otros países... Donde no serán bien recibidos. En todo el mundo habrá muchas guerras y mucha sangre.

Mire, lo que más me inquieta de sus predicciones es que usted nunca ha sido un hombre apocalíptico.

Nunca, nada. Siempre he sido justamente todo lo contrario.

Que usted salga ahora con un libro tan pesimista debe de haber supuesto un choque en la comunidad científica.

Bueno, tengo bastantes amigos en el campo de la ciencia, y especialmente dentro de los científicos del clima, que manejan los mismos datos que estoy manejando yo. Lo que pasa es que, al estar empleados, no pueden hablar claramente de estas teorías, porque si lo hicieran perderían sus trabajos. Pero han hablado conmigo y me han dicho que, en cierto sentido, yo soy su portavoz. Están muy preocupados. Y su actitud respecto al libro que acabo de publicar es que, en todo caso, se queda corto. La situación es verdaderamente muy mala.

Tan mala que usted sostiene que hay que recurrir a la energía nuclear, porque no hay tiempo para descubrir otra energía alternativa lo suficientemente eficiente.

Así es. No es que yo esté en contra de otras energías alternativas, sobre todo en algunas zonas como, por ejemplo, los países desérticos, en donde resulta de lo más razonable usar la energía eólica para desalinizar el agua. Pero en países muy urbanos y densamente habitados, como Inglaterra o Alemania, es absurdo intentar sacar la energía de los molinos de viento.

Su apoyo actual a la energía nuclear le ha puesto otra vez en el ojo del huracán. Seguir siendo así de polémico con ochenta y seis años tiene su mérito y su gracia.

Bueno, supongo que sí, en tanto en cuanto consigas evitar los misiles que te disparan desde todas partes.

Además de científico es usted inventor y ha creado unas sesenta patentes.

Pues sí, pero no poseo ninguna de ellas. La gente no suele saber que, si quieres patentar algo, todo el proceso legal hasta llegar a la patente te cuesta cien mil libras (ciento cuarenta mil euros), y a ver cuánta gente tiene dinero para poder permitírselo. Porque, además, sólo un invento de cada cinco termina siendo rentable. Por otra parte, no soy un hombre de negocios y nunca quise serlo, así es que lo que hice fue buscar alguna empresa buena, amable y honrada, como Hewlett Packard, por ejemplo; es una de las compañías con las que trabajo. Y entonces llegas a un acuerdo muy simple según el cual les cedes tus inventos dentro de un campo determinado, y a cambio ellos te pagan un dinero. Hewlett Packard me ha pagado treinta y dos mil dólares al año, y me basta.

**Pero podría haberse hecho usted multimillonario con algu-
no de sus hallazgos... Sobre todo con el ECD. Y, de hecho,
usted patentó ese invento. Pero luego se lo robaron.**

Lo que sucedió es que yo fui a la universidad norteamericana de Yale
a trabajar durante unos meses en el Departamento de Medicina. Ya
llevaba el ECD en la cabeza desde mucho antes, pero lo construí allí.
Los de Yale dijeron: «Bueno, vamos a patentarlo; un tercio para Yale,
otro para una agencia de patentes y otro tercio para ti». «Bueno
—dije—, acepto.» No soy avaricioso y no me importaba compartir
la patente. Pero en cuanto registramos el ECD recibí una carta muy
ruda del Gobierno americano diciendo que ellos se quedaban con la
patente. Me quedé atónito, pero entonces recibí una carta mucho
más amable del decano de Medicina de Yale, en la que me pedía por
favor que renunciara a mis derechos, porque estaban amenazando
con cortarles la mitad del presupuesto al departamento. Así es que
renuncié. Podría haber acudido a abogados y demás, pero todo eso
cuesta dinero y yo no sabía si iba a poder recuperarlo. A decir verdad,
por entonces yo no pensaba que el ECD fuera a ser una patente muy
valiosa.

**Y luego se convirtió en uno de los inventos fundamentales de
la segunda mitad del siglo XX.**

Sí, pero... Por favor, no me gustaría que diera la imagen de que me
siento frustrado o amargado por eso, por haber perdido la patente. No
es algo que me haya preocupado. Mire, esto es el ECD —coge un
objeto de su escritorio y me lo enseña: es un humilde objeto del tamaño de una cajetilla de cigarrillos, unos cuantos hierros viejos cla-
vados a una base de madera.

¿Y esto tan pequeño cambió el mundo?

Bueno, no tiene por qué ser grande. Y lo que me encanta es que lo
fabriqué yo mismo. Fue muy divertido.

Sí, y para conseguir la fuente radiactiva que necesitaba raspó la pintura fluorescente del cuadro de mandos de un viejo avión militar.

Cierto. Y fíjese, hoy ya no podría hacer eso, porque las nuevas regulaciones verdes respecto al manejo de la radiactividad me lo impedirían. Es increíble, pero si los verdes hubieran sido verdaderamente poderosos en los años cincuenta, nunca hubiera podido inventar este aparato.

Luego colaboró con la NASA. Entre otras cosas, inventó un instrumento que luego formó parte de la Viking.

Sí, la pieza que aterrizó en Marte con la Viking era como ésta. —Vuelve a tomar algo de su escritorio y me lo enseña: es una birria metálica, una especie de muelle de lo más anodino, no más grande que una caja de cerillas—. No resulta nada espectacular, pero le aseguro que los instrumentos que analizaban la atmósfera no hubieran funcionado sin ello.

Estando en la NASA se hizo amigo de otros científicos y ahí apareció Gaia, de golpe, como un relámpago, en el año 1965.

Sí, trabé conocimiento con los biólogos y un día me dijeron: «¿Por qué no vienes a una conferencia que tenemos sobre la detección de vida en Marte?». Me pareció estupendo y acudí. Y resulta que los biólogos estaban desarrollando equipos de detección para la superficie de Marte como si fueran a buscar vida en el desierto de Nevada. Y yo no hacía más que decirles: «Pero ¿cómo podéis pensar que la vida de Marte, si es que hay vida, va a crecer en el medio que le habéis preparado? La vida allí puede ser completamente distinta». Entonces me dijeron: «¿Tú qué harías?». «Bueno, yo intentaría buscar una reducción de la entropía». Esto les hizo tragar saliva, porque dentro de la fraternidad biológica nadie parece tener una idea clara de lo que es la entropía. Eso me forzó a desarrollar un análisis atmosférico que marcara qué condiciones pueden llevar a la vida, y de ahí surgió Gaia.

Lo que usted les dijo es que el equilibrio químico de la atmósfera posee un índice muy alto de entropía, o lo que es lo mismo, de desorden. Y que cuando se encuentra una atmósfera con una entropía baja, en la que hay demasiado metano, o demasiado oxígeno, o cualquier otro ordenamiento químico anómalo, eso indica la presencia de vida. Porque es la vida la que altera el equilibrio químico y lo ordena. Esa idea de la vida como generadora de orden es muy bella.

Gracias. Verá, es que el jefe de allí se enfadó conmigo porque yo había llevado la contraria y exasperado a los biólogos, y me dijo: «Mira, hoy es miércoles. Ven el viernes a mi despacho con un sistema práctico de detección de vida a través de la atmósfera o atente a las consecuencias». Aquello sonaba a una amenaza de despido, y la verdad es que cuando te someten a una presión tan grande es increíble lo deprisa que puedes pensar e inventar.

Y del miércoles al viernes nació Gaia.

Lo que pensé es que esos gases de la atmósfera reaccionan los unos con los otros muy rápidamente. Sin embargo, la atmósfera de la Tierra había permanecido estable durante mucho tiempo. Y me dije: «¿Qué es lo que hace que se mantenga esta estabilidad?». Y lo único que podía mantener ese equilibrio era la vida.

Luego, con el tiempo, la teoría fue desarrollándose. Gaia no sólo mantendría la atmósfera estable, sino también la salinidad de los mares, el clima... El nombre de Gaia, que es el de la diosa griega de la Tierra, se lo dio su amigo el escritor y premio Nobel William Golding. Pero la comunidad científica parece haber odiado esa denominación desde el primer momento.

Bueno, no todos. A los científicos del clima les gustó el nombre y la idea desde el principio. El problema siempre ha sido con los biólogos. De alguna manera, los biólogos creen que la vida es su propiedad.

El rechazo, de todas maneras, fue tan clamoroso e insistente que han rebautizado la teoría... Ahora se llama Ciencia del Sistema de la Tierra.

Sí, es que todo era tan difícil en los años ochenta, y los biólogos eran tan ruidosamente anti-Gaia, que ni siquiera conseguías publicar un artículo en una revista científica si llevaba la palabra Gaia por algún lado. Y por fin un buen número de científicos sensatos de Estados Unidos solventaron el problema utilizando lo de Ciencia del Sistema de la Tierra, que es un término que nadie puede rechazar, pero que no tiene el impacto que Gaia tiene para el público. De hecho, el término Gaia está regresando.

Dice que era imposible publicar artículos que trataran de Gaia. Sé que pasó usted unos años durísimos. Durante mucho tiempo estuvo prácticamente solo, aparte de unos pocos apoyos, como el de la eminente bióloga Lynn Margulis. Pero no consiguió ni una sola subvención para sus trabajos y los científicos le dedicaron los insultos más feroces: decían que era usted un «completo imbécil», un «místico chiflado...».

La década de los ochenta fue terrible en muchos sentidos, sí... Hubo también algunas cosas buenas, pero fue una época de mucho dolor y sufrimiento; también en el sentido literalmente físico. Con todo lo que me pasó por entonces, no sé cómo no caí en una depresión, la verdad. Pero es que deprimirme no es mi estilo.

También me admira que no se convirtiera en un amargado. Sabe, suele suceder que, cuando alguien cree estar en lo cierto y todo el mundo le contradice y desprecia durante años, esa persona se llena de frustración y de odio. En usted no veo nada de eso.

Bueno, eso creo que tiene que ver un poco con nuestra idiosincrasia de ingleses locos. Yo fui educado un poco para reprimir toda emoción, ya sabe, esa cosa inglesa tan típica. De manera que creo que para mí hubiera sido simplemente de mal gusto comportarme como si me importara el rechazo de los demás. Claro que las cosas han cambiado y las nuevas generaciones de ingleses ya no son así; ahora son mucho más parecidas al resto de Europa, pero en mis tiempos había un poco de eso, esa educación que hacía que te comportaras con una especie de distancia olímpica. Esto tiene sus cosas malas, pero también buenas, porque cuando te llega una época negativa estás mucho mejor equipado.

Mientras le discutían su teoría de Gaia, estaba usted inmerso en lo que llama «la guerra del ozono», que fue toda la polémica que hubo en los años setenta entre los verdes y los químicos industriales.

Ay, sí. Ésa fue una batalla adyacente y también estuve en el sector equivocado. Se ve que es mi sino esto de estar en el sector erróneo.

Usted estuvo alineado con la industria. Pero dice en su autobiografía que se descubrió ahí, que no es que eligiera partido.

Pues sí, es que simplemente las cosas sucedieron así. Con el ECD, la gente empezó a descubrir restos de pesticidas por todas partes del mundo y empezaron a ponerse locos con eso. Pero es que el ECD es un aparato tan ultrasensible que yo le aseguro que si ahora cojo una muestra de su sangre o de la mía, podría sacar la huella de todos los pesticidas que se han usado en el planeta, porque están almacenados en nuestro cuerpo. Ahora bien, los niveles de estas sustancias son tan extraordinariamente pequeños que son totalmente inofensivos. Y lo que sucede es que los verdes no son nada sensatos y no saben distinguir entre la presencia de un pesticida y que esa sustancia alcance un nivel dañino. El médico medieval Paracelsus ya dijo que el veneno es la dosis, y tiene razón, pero los verdes no podían entender eso. Y el caso es que cuando descubrí los CFC en el océano, me dije: «Oh, Dios mío, ahora los verdes van a decir que nos estamos envenenando con este producto químico», que provoca cáncer y todo eso, cuando en realidad se trataba de cantidades ínfimas. Y entonces en aquella guerra sostuve que el CFC no era dañino; y eso me colocó en el sector de los malos desde el principio.

Luego se descubrió que, en efecto, el daño que hacían los CFC era de otro tipo.

Claro, tiempo después se descubrió que el daño que hacían los CFC era en la estratosfera y a la capa de ozono, pero no en el aire y como riesgo biológico para la gente. En fin, fue una batalla muy áspera y amarga. Además de inútil. El verdadero problema es que la gente no se ha hecho cargo de la situación medioambiental, y entonces Gaia está haciéndose cargo de ella, por así decirlo. El deterioro ha ido demasiado lejos y ahora el sistema está moviéndose rápidamente hacia uno de esos momentos críticos. Vamos a vernos reducidos a quizá quinientos millones de humanos, tan poco como eso, quinientos millones de humanos viviendo allá arriba, en el Ártico. Y tendremos que empezar de nuevo.

¿Y si nos esforzamos en tomar medidas y abandonar todas esas prácticas que están alterando el ozono y provocando el cambio climático?

No serviría de nada. Hace cien o cincuenta años hubiera sido posible hacer algo, pero a estas alturas ya no hay manera de detener el proceso. Yo creo que dentro de la ciencia del clima todo el mundo sabe que ya es demasiado tarde. Es como ir dentro de un bote y estar demasiado cerca de una catarata. Por mucho que remes, no podrás evitar la caída. Y ahora lo mismo: no se pueden parar las fuerzas naturales que mueven el planeta. A veces pienso que estamos igual que en 1939, cuando todo el mundo sabía que iba a empezar una guerra mundial, pero nadie se daba por enterado.

Si todo da igual, ¿qué importa usar energía nuclear o no?

Sí importa, y mucho, porque lo fundamental es conservar nuestra civilización, de la misma manera que la civilización romana se conservó en los monasterios durante la época oscura. Sin duda, vendrá una nueva época oscura, y los supervivientes necesitan una fuente de energía. Y, por ahora, la única fuente suficiente que puede proporcionar electricidad y alimentos y calor a los supervivientes en su retiro ártico es la energía nuclear, es lo único sensato.

Volvamos a su biografía. Tantos años luchando contra la incomprensión y, de repente, en la década de los noventa todo parece que se arregla. Empiezan a darle doctorados «honoris causa» y premios importantísimos como el Amsterdam, en 1991, y su teoría de un planeta que se autorregula es hoy prácticamente aceptada por todo el mundo, con o sin el polémico nombre de Gaia. Usted cita en su autobiografía una frase del psicólogo William James sobre el lento proceso de aceptación de una idea nueva: «Primero la gente dice: "Es algo absurdo". Luego dicen: "A lo mejor tiene razón". Y por último dicen: "Eso ya lo sabíamos todos desde hace mucho tiempo"».

Sí, sí, ha sido exactamente así. Es alucinante pasar por todo ese proceso dentro de una vida, de tu propia vida.

Una vida, además, que le ha sido muy difícil en muchos sentidos. Su primera mujer tenía esclerosis múltiple, enfermedad degenerativa de la que murió. Su cuarto hijo, John, nació con un problema cerebral; todavía vive con usted aquí, en la granja. En 1972 tuvo usted una primera angina de pecho y se pasó diez años tan enfermo del corazón que para caminar cien metros tenía que tomarse trinitoglicerina. Y en 1982, por fin le operaron a corazón abierto y le hicieron un «bypass», pero en el transcurso de esa intervención le dañaron la uretra, y a partir de entonces ha tenido que ser operado otras cuarenta veces. Hubo temporadas en las que pasaba por quirófano cada semana.

Sí, sí. Y todavía sigo con ese problema. Aunque ahora no es tan crítico.

Todo eso unido al rechazo de sus teorías y cuando ya estaba cerca de los setenta años. Es como para rendirse.

Pero yo tenía la sensación interna de que todavía iba a vivir bastante. Todos sabemos que vamos a morir en algún momento, pero creo que de alguna manera sabes dentro de ti si esa muerte está próxima o no... Yo ahora mismo sé que es muy improbable que me muera mañana, incluso con la edad que tengo. Y yo tenía esa sensación de vida incluso entonces, en el momento de mayor negrura. Y si tienes esa vitalidad, simplemente sigues adelante.

En 1988, con sesenta y nueve años y en el momento de mayor negrura, como usted dice, se enamoró como un adolescente de Sandy. Desde luego, hace falta mucha vitalidad para enamorarse así.

Bueno, llevaba mucho tiempo carente de amor, digámoslo así. Porque yo estaba comprometido con mi primera mujer por su enfermedad, naturalmente no podía abandonarla así. Pero hacía tiempo que estaba carente.

Luego, junto con Sandy, llegaron casualmente todos los premios y los reconocimientos. Ha declarado usted que éstos son los años más dichosos de su vida. Es una especie de final feliz.

Pues sí, es verdad, exceptuando que ahora en el siglo XXI va a haber un enorme desastre ambiental.

Hablando de finales, me conmueve cómo termina *Homenaje a Gaia*, su preciosa autobiografía. Explica usted que es un hombre de ciencia, que es agnóstico y que no tiene fe. Y añade: «Es consolador pensar que formo parte de Gaia y saber que mi destino es fundirme con la química de nuestro planeta vivo».

Creo que es buena manera de contemplar el final. A veces me pregunto por qué dejamos de adorar la Tierra, porque dependemos de ella en todos los sentidos. Creo que fue un gran error que el ser humano dejara de adorar la Tierra y empezara a adorar dioses remotos.

Además, como dice en su libro, Gaia es también una vieja dama. Ha vivido cuatro mil millones de años y le quedan como mucho, dice usted, mil millones más. De manera que, en términos humanos, Gaia viene a tener unos ochenta años, como usted.

¿No le parece hermosa esa idea de una diosa que también es mortal, que ha envejecido con nosotros y que, al igual que nosotros, acabará algún día?

2006

Fernando Grande-Marlaska

En el ojo del huracán

Son las ocho de la tarde, acaba de llegar a casa desde la Audiencia y nada más entrar se ha quitado la corbata. Sigue manteniendo el rigor del traje gris plomo, de la camisa blanca. Es menudo, pero fibroso, y parecería mucho más joven de los cuarenta y tres años que ha cumplido si no fuera por las muchas canas que tiene. Pelo gris, cejas grises, ojos que también parecen grises, todo un continuo cromático que se funde con el color de su sobrio traje. Está muy pálido y parece cansado. Es un hombre muy atractivo, y así, con la camisa entreabierta, tiene todo el aspecto del vividor que regresa a su apartamento al amanecer llevando los excesos de la noche adheridos al rostro. Pero no: esa mala cara tan interesante se la ha fabricado el juez Grande-Marlaska quemándose las pestañas de tanto estudiar los papeles de sus causas. De hecho, tiene fama de ser un hombre de orden, enormemente trabajador, meticuloso y preciso en sus resoluciones, impecable en sus instrucciones. Un tipo de costumbres moderadas y sencillas: está casado y le encanta la música, el cine, leer novelas. Lo normal.

Lo que no es nada normal es su dimensión pública. Desde que llegó a la Audiencia Nacional en abril de 2004, Fernando Grande-Marlaska ha ido ganando más y más protagonismo mediático, hasta convertirse en el juez estrella del momento. Nunca da entrevistas —ésta es una excepción—, pero su nombre no hace más que aparecer en las portadas de los periódicos. A este juez vasco le ha tocado dirimir los temas más candentes de ETA y HB. Entre otras cosas, impidió que asesinos clamorosos como De Juana Chaos pudieran salir de la cárcel y prohibió el congreso de HB. A finales de marzo tuvo que dictar un auto histórico con respecto a Otegi. ETA había declarado el alto el fuego y todo el país parecía aguantar la respiración a la espera de la resolución de Grande-Marlaska: ¿le mandaría a la cárcel o no? La decisión del juez fue salomónica: prisión y doscientos cincuenta mil euros de fianza. Además, ahora tiene entre sus manos el caso de supuesta estafa masiva de Fórum Filatélico.

¿Cómo puede aguantar una presión semejante? La comparecencia de Otegi debió de ser tremenda. Parecía que el futuro de este país dependiera de su resolución. ¿Cómo vivió ese día?

Hombre, pues sabiendo que existe toda esa tensión, porque vives en este mundo y, aunque no quieras escuchar todo lo que se dice, inevitablemente algo te llega. Evidentemente era imposible que la situación me pudiera pasar desapercibida. Pero cuando estás en un sitio como la Audiencia Nacional, y ya llevas ahí determinado tiempo, y sabes que tus resoluciones siempre van a ser miradas con lupa en uno u otro sentido, pues... no sé, ya estás acostumbrado. Eso no quita que, en este caso en concreto, yo mismo supiera que esta resolución tenía un interés social y mediático mucho más importante. Pero esto lo único que hace es que tengas que invertir aún más energías en intentar contrarrestar toda esa presión y tratar de evitar que afecte tu discernimiento.

¿Y lo consigue?

Sí, sin duda alguna. Si en algún momento yo hubiera visto que la presión social me hubiera mediatizado, tanto en este caso como en cualquier otro, me habría preocupado muchísimo. Y no me preocupo.

¿Le ha quitado alguna vez el sueño una sentencia?

No, no. Quitar el sueño, no. Hombre, ha habido algunas que me han hecho pensar mucho, muchísimo...

Pero no me refiero a estos casos últimos y mediáticos...

De éstos, ninguno.

Me refiero a otras resoluciones más antiguas...Y de índole más personal.

Sí. Me acuerdo, por ejemplo, de un caso... Yo no llevaba mucho tiempo en la carrera y era un crío que, en una excursión, había tenido una caída tonta y se había quedado parapléjico. Sin control de esfínteres y con su vida sexual alterada antes mismo de que la hubiera podido comenzar, en fin, una cosa terrible. Tenía catorce años. Y entonces el problema era cómo iba yo a indemnizar a esa persona, es decir, cómo iba a establecer una indemnización con la compañía de seguros para que ese chico pudiera estar cubierto toda su vida. Y eso sí que me quitó el sueño, te lo aseguro. Antes lo normal era dar una cantidad alzada, no sé, sesenta o setenta millones de pesetas. Pero yo lo que hice es que le dieran una parte en metálico, pero que con la otra parte se constituyera un capital para que le dieran al mes por lo menos el doble del salario mínimo interprofesional durante toda su vida, más otra cantidad para gastos médicos. Además, así se evitaba el hipotético caso de que la familia pudiera aprovecharse del dinero y que luego el crío no estuviera cubierto. Esto fue en 1990, y me quitó el sueño porque por entonces no estaba muy en boga eso de capitalizar y constituir una pensión.

Supongo que lo que le llevó a la judicatura fue precisamente esto, esa posibilidad de reordenar el mundo, de enmendar las injusticias causadas por los seres humanos o por el mero azar...

Pues la verdad es que, durante la carrera, yo no iba abocado a la judicatura. Me hice abogado economista y mi intención era entrar en el mundo de la empresa. Terminé la carrera en 1985 y entonces estaba muy de moda lo de estudiar derecho comunitario y hacerte funcionario de la UE. De modo que pedí una beca para ir a estudiar al colegio de Brujas, que era el más importante en derecho comunitario. Pero no me la dieron. Entonces trabajé un año en una empresa de exportación, y a los seis meses descubrí que aquello no era lo mío, que no me gustaba. Y dejé el trabajo y decidí preparar las oposiciones a juez, como una opción más. No es que tuviera una vocación definida.

Sacó las oposiciones y en 1988 llegó a Santoña, en Cantabria, su primer destino como juez. Podría haberle pasado lo mismo que con la empresa de exportación y haber descubierto que el trabajo no le gustaba nada...

Pero es que me gustó. Me gustó muchísimo. Fue una experiencia increíble. Ahí es cuando de verdad comprendí lo que era ser juez. En esos primeros momentos de la carrera es cuando más ganas tienes y compensas tu falta de experiencia con el entusiasmo, con una especie de imprudencia o de ingenuidad positiva que hace que te salgan bien las cosas... Incluso te salen mejor que después, cuando sabes más. Porque con los años, y eso pasa en todas las profesiones, te burocratizas. Por eso creo que es importante no anclarse en un destino, sino ir cambiando cada cierto tiempo.

Y, dígame: ¿es tan ordenado en su vida como en sus resoluciones? ¿Tiene para todo esa mente meticulosa y rigurosa que emplea como juez?

No, no. En primer lugar, ni siquiera sé si tengo esa mente para el trabajo. Y luego en casa, pues... Lo que sí te puedo decir es que en mi educación me han inculcado el amor al esfuerzo, siempre le he dado mucha importancia al trabajo, al estudio, a cumplir con las cosas. Eso sí que lo tengo. Pero luego soy un desordenado... O al menos lo soy para algunas cosas. Y para otras puedo ser más infantil, como todo el mundo. Creo que quien me conoce bien probablemente sabe que tengo partes más infantiles y partes más maduras.

(Ahora pienso que no es sólo el cansancio lo que atiranta su rostro: es que está nervioso. Es evidente que no le gusta hacer entrevistas y, aunque oculta su tensión de una manera muy competente bajo una apariencia de fría serenidad, se puede advertir allá a lo lejos el bullicio de sus emociones. Thera, una perrita de hocico afilado, corretea nerviosamente a nuestro alrededor, toda ella temblando de entusiasmo; pero, además de Thera, Grande-Marlaska también tiene un gato, Otto, al que no he podido conocer, porque es un misántropo que se oculta en un rincón remoto en cuanto llega una persona extraña. Y de pronto se me ocurre que este juez al mismo tiempo juvenil y canoso, prudente y audaz, infantil y maduro, como él dice, tal vez esté paradójicamente representado en algunas de las características de estos animales: la extremada reserva de Otto, pero también la emocionalidad de Thera. No sé si este hombre pálido y modoso es un sentimental que se contiene o un racionalista que se permite los sentimientos.)

Ha hecho usted una carrera fulgurante. En 1999, con sólo treinta y siete años, llegó a la Audiencia Provincial de Vizcaya. Y cuando los periodistas le comentaron lo joven que era, usted contestó: «Será que no hay gente delante de nosotros en el escalafón que quiera venir aquí», unas palabras que crearon cierto impacto.

Pues sí, pero es que eso era cierto. No sabía qué contestar, pero es que además es la respuesta lógica. Si alguien más antiguo en el escalafón hubiera pedido ese puesto me lo hubiera quitado. Esto es una obviedad y me dieron la plaza por esa razón, no hice ningún otro mérito.

Por esa razón y porque tuvo el coraje de ocupar el puesto. El primer año que usted estuvo en la Audiencia Provincial, ETA asesinó a veintitrés personas. Y en noviembre de 2000 la policía le comunicó que habían detenido al «comando» Vizcaya y que tenían fotos y documentación sobre usted en la que le tachaban de «protector de fusilamientos». A partir de entonces le pusieron escolta. Supongo que fue muy duro.

Pues sí, pero... Yo soy vasco, he residido hasta los cuarenta años en Bilbao y he vivido toda mi vida el problema de ETA y del terrorismo de ETA y, como los demás ciudadanos del País Vasco, lo he vivido en primera persona, es decir, no era algo que leía en los periódicos, sino que estaba ahí. Y eso hizo que... bueno, esto que voy a decir resulta muy duro, pero eso hizo que la situación no es que me pareciera normal, claro, porque no lo era, que te amenazaran era algo anormal, pero desde luego no era algo extraordinario. Con lo cual cuando me lo comunicaron pues... es como alguien que está enfermo y que sabe que algún día le pueden dar una mala noticia y en efecto un día se la dan.

Vamos, que se lo esperaba.

Es que era una posibilidad. Aunque no te la plantearas conscientemente, estoy seguro de que siempre la llevabas ahí detrás. De manera que cuando te lo comunican pues... es una mala noticia, pero tampoco es un trauma. La cuestión es adaptar luego eso a la vida de uno, aprender a vivir con escolta y esas cosas.

Debe de ser difícil.

Las dos primeras semanas lo de la escolta es muy duro. Es como no saber moverte, como tener que llevar muletas cuando no las sabes manejar, te haces un lío mental. Los primeros días no sabes si tienes que ir al lado de ellos, si tienes que hablar con ellos, si puedes ir a tu aire y ellos van detrás... Las primeras semanas te dices, pero ¿qué es esto? Y te sientes un inútil. Pero luego ya lo normalizas y lo asumes. E incluso intentas sacar lo positivo de la situación, porque también tiene sus cosas buenas. Por ejemplo, yo antes tenía la responsabilidad de sacar a la perra por lo menos el 50 por ciento de las veces, y ahora es Gorka quien está empleado en sacar a Thera por las mañanas, a mediodía y por la noche, y te aseguro que muchas veces se agradece no tener que ponerte un jersey y un pantalón y el chubasquero cuando está diluviando y salir a la calle, eso se agradece muchísimo. Y a veces incluso juegas con eso: oye Fernando, ¿no podrías sacarla? Ah, no, no, no, ya sabes, son normas de seguridad.

Gorka es su marido.

Exacto.

Como en todo cambio social, la normalización de las palabras viene después. Hoy día ya no choca absolutamente nada que una pareja de homosexuales se llamen novio el uno al otro, pero la palabra marido todavía resulta rara. ¿Ustedes la utilizan entre sí?

Intentamos utilizar la palabra marido, sí, porque en eso somos peleones, y aunque las palabras a veces son tontas, en otros casos resultan muy significativas. Y ahora peleamos por utilizar la palabra marido tanto uno como el otro. Pero lo que ocurre es que muchas veces no nos sale, porque llevamos viviendo juntos nueve años y nos casamos el pasado mes de octubre, y antes siempre decíamos mi novio o mi pareja, y a menudo nos sigue saliendo así.

¿Por qué cree que ha habido tan pocos matrimonios homosexuales desde la promulgación de la ley?

Ha habido pocos matrimonios porque casarse es la salida del armario definitiva. Casi todo el mundo conoce a esas típicas parejas de dos hombres o dos mujeres que viven juntos, que simplemente parece que comparten piso pero que es evidente que lo que comparten es una vida afectiva en común. Pero la sociedad ha sido muy cruel, no ha sido fácil, y la manera de esconder eso ha sido así, diciendo que son amigos que conviven. Nosotros, Gorka y yo, nunca hemos ocultado nuestra relación, sin hacer proselitismo ni exhibicionismo siempre lo hemos llevado normalmente, como cualquier pareja heterosexual. Es decir, si vivo con mi pareja, es mi pareja y no mi compañero de piso. Pero hay muchos que nunca han dado el paso de manifestarlo a sus vecinos y a veces ni a sus amigos, aunque todo el mundo lo sospeche, pero es algo que ellos no dicen abiertamente, por ese miedo al rechazo, a la incomprensión. Y creo que muchas de estas personas ahora no se atreven a casarse, porque sería como tener que admitir que han estado engañando a todos durante este tiempo. Me parece que a muchos les da la sensación de que tendrían que explicarle a un montón de gente por qué no lo habían dicho antes. Y quizá muchas de esas parejas estén ahora haciendo la reflexión y digiriéndolo.

En realidad es una ley con un valor pedagógico.

En efecto, es una ley pedagógica para los de ahora, para esas parejas a las que antes nos referíamos, y sobre todo para los que vienen detrás. Que las nuevas generaciones vean ese modelo de vida como algo normalizado. Que los chavales vean que los vecinos de enfrente son un matrimonio y no pasa nada. De manera que si luego hay un chico que siente algo así, que no piense: soy el rarito, soy el extraño. Ya me hubiera gustado a mí ver matrimonios homosexuales cuando tenía diecisiete o dieciocho años, seguro que me hubiera ayudado.

Porque también usted tuvo problemas...

No es que haya tenido problemas importantes pero sí, claro que los tuve, y he perdido años de mi vida... Mira, en mi familia somos una verdadera piña. Mi padre, que era funcionario del Ayuntamiento de Bilbao, murió cuando yo tenía veintiún años, y mis dos hermanas y mi madre siempre estuvimos muy unidos. Cuando conocí a Gorka, al mes decidimos vivir juntos. Y entonces pensé que tenía que decírselo a mi madre. En ese momento yo ya lo había manifestado en el trabajo, ante los amigos, ante mis hermanas... Sólo faltaba mi madre. Y el 3 de febrero de 1998, son días que no se te olvidan, fui a comer a su casa y después en el café se lo dije. Y mi madre en un primer momento no lo aceptó. Pero yo creo que si mi madre no lo aceptó en un primer momento no fue por ella...

Sino por miedo al rechazo social.

Eso es, por miedo a lo que diría la gente. Ella ha sido siempre una persona muy luchadora, ha trabajado siempre muchísimo por todos nosotros, para que pudiéramos estudiar carrera. Mi madre es una persona conservadora pero muy feminista en este sentido, porque siempre ha tenido su independencia. Tenía un taller de costura, era modista. Y trabajó un montón, y todo por nosotros. Quizá es por eso por lo que yo he aprendido a valorar el esfuerzo, como antes te decía... Y se sacó el carnet de conducir a los cincuenta años, y ahora tiene ochenta y cuatro y está jubilada, pero hasta el año pasado iba a la universidad a hacer cursos de literatura... Es una mujer muy activa, pero no lo aceptó. Y entonces la vida nos separó un tiempo. Por ejemplo, como no invitaban a Gorka a la cena de Navidad, yo dejé de ir. Estas cosas enrarecieron la relación familiar durante algunos años. Hasta que en 2004 la cosa se normalizó completamente. Pero hubo esa distancia de algunos años en una familia que se quiere mucho. Son peajes que se pagan.

¿Y cuándo le dijo a su madre que se casaba?

Pues pensaba decírselo antes de la boda, pero luego no pude por diversas circunstancias. Fue una boda muy simple, sin celebración, y después nos fuimos una semana de viaje... Yo temía que mi matrimonio le incomodara un poco, porque la familia de mi madre no sabía nada y ella se iba a ver obligada a explicarse. De modo que al volver del viaje me fui a Bilbao para contárselo. Pero estábamos todo el rato rodeados de familia y no veía el momento. Hasta que al final llevé a mi madre en coche y aproveché la ocasión. Llovía torrencialmente y pensé, lo mismo tenemos un accidente, porque como reaccione mal... Tengo que contarte que ya he regularizado mi situación con Gorka, le dije, conduciendo y mirando para adelante. ¿Sabes cuál fue la contestación de ella?

Me lo esperaba.

Exacto. Me lo esperaba. Con esa tranquilidad y esa dignidad.

Oyéndole, me doy cuenta de lo mucho que cuesta todo.

Sí, llegar a ese punto no es nada barato. Y lo malo es que hay gente en situaciones verdaderamente duras. Si te soy sincero, es por eso por lo que me he decidido a dar esta entrevista. Porque yo no me siento modelo de nadie, pero hay muchos chavales que viven en pequeños pueblos y que lo tienen muy difícil. Y con esto puede que se digan, mira, ese tío del que hablan tanto los periódicos también es así, entonces lo mío no será tan raro, no será tan malo. Y no es que al día siguiente lo vayan a tener más fácil, pero creo que por lo menos se van a sentir un poquito mejor.

Decían que tenía usted un poco escandalizados a los compañeros más reaccionarios de la Audiencia.

No es verdad. En realidad sucede todo lo contrario. Me siento una persona muy querida en la Audiencia Nacional. Casi me apabulla lo mucho que me quieren y lo mucho que me respetan.

Será también porque dicen que usted es muy educado, muy amable, que jamás grita a un subordinado... Desde luego no parece usted de esos que dan puñetazos en las mesas.

No creas, alguna vez sí que he dado un puñetazo. Pero no porque estuviera enfadado con una persona, sino por impotencia ante una situación.

Uno de esos momentos de impotencia debió de ser durante la ya citada comparecencia de Otegi. Delante de la Audiencia había un puñado de fachas y sus gritos entraban por las ventanas.

Sí, ésa fue una situación de gran impotencia. Porque yo estoy convencido de que ya estamos en otra España, y además desde hace mucho tiempo. Pero, claro, escuchar a diez o veinte personas gritando cosas como «*euskal presoak* cámara de gas», pues... A mí eso me dolía, me dolía un montón, me dolía como español. Y más en la situación en la que me encontraba, que era tremenda. Era como estar entre dos polos. Yo no quiero ser la persona en la que se sientan respaldados esos tipos de las banderas con el aguilucho, eso yo no, no lo quiero nada en absoluto... «Qué pena que no hayan insonorizado la Audiencia Nacional», dije. Esos gritos me herían. Que no identifiquen ni mi persona, ni mi trabajo, ni mis ideas, ni mi corazón con eso.

(Se ha ido relajando a lo largo de la entrevista y ya no se le ve tan tenso ni tan serio. Ahora parece más joven aún, apenas un chaval. Un tipo tan cercano y tan normal que concuerda poco con la imagen tópica del juez, quizá más convencional y poderosa. Así como en su sencillo y bonito piso antiguo no hay apliques dorados ni muebles ostentosos, en su pechera tampoco lucen metafóricas medallas. Para bien de todos, Grande-Marlaska no es más que uno de esos individuos coherentes que intentan cumplir con su deber, aunque sea difícil.)

Se vinieron a vivir a Madrid en 2003. Dejaba usted la Audiencia y venía a un destino muy inferior, en los juzgados de la plaza de Castilla. ¿Qué les hizo abandonar el País Vasco?

Nosotros somos vascos, pero en aquella sociedad todo gravita en exceso sobre el tema del nacionalismo. Las relaciones profesionales, las personales, el aire que respirábamos en la calle, todo estaba atrapado dentro del binomio nacionalismo sí, nacionalismo no, ETA sí, ETA no. Y al cumplir cuarenta años decidimos que queríamos vivir en una sociedad donde existieran otras perspectivas, en la que tu día a día no estuviera absolutamente acaparado por eso. Porque el fenómeno terrorista sigue siendo importante para nosotros, naturalmente, pero aquí podemos ocuparnos también de otras cosas, no tenemos toda nuestra vida secuestrada por eso. Y a lo mejor habrá gente que dirá: pero si es ahora, en la Audiencia Nacional, en donde está todo el día tratando esos temas... Pues sí, pero eso es sólo mi trabajo, pero no es mi vida. Y allí, en el País Vasco, era todo, era siempre. Por eso dimos ese paso, que además nos fue muy costoso, tuvimos que vender una casa, y yo me vine a la plaza de Castilla a un destino mucho más esclavo, y Gorka, que es filólogo, se vino sin trabajo y se tuvo que poner a opositar. Al final aprobó y ahora da clases en un centro de adultos, pero cuando vinimos todo eso era una incógnita. Pero es que lo de marcharnos era algo que se había convertido en una verdadera necesidad.

Gorka es euskaldún y usted habla euskera.

Yo entiendo la lengua y no hablo con fluidez porque todavía tengo que pensar en castellano, pero Gorka es euskaldún pleno.

Lo digo porque parece como si los nacionalistas hubieran secuestrado la cultura y la lengua vasca, como si sólo fuera de ellos.

Gorka siempre dice que le da rabia que el hecho de hablar euskera le identifique dentro de determinados términos políticos. Y sí, habría que rescatar eso para todos. La cultura vasca y el euskera son de todos los vascos. No pueden convertirse en un elemento de exclusión y de tribu, que es lo que se ha hecho.

¿Cómo ve la situación actual del País Vasco?

Es una cuestión que llevará años, porque no consiste sólo en terminar con la violencia, con la coacción, con la extorsión, sino que es necesario enseñar a las nuevas generaciones que todos los vascos somos iguales. Hay que construir una verdadera identidad común, con las diferencias ideológicas que quieras, pero una identidad basada en la no exclusión. Y eso llevará su tiempo.

2006

Orhan Pamuk

Entre Oriente y Occidente

He aquí un hombre que, con bastante probabilidad, ganará el Nobel de Literatura en los próximos años: en primer lugar porque es un escritor original y poderoso, pero además porque, como figura progresista y lúcido eslabón entre Oriente y Occidente, cumple a la perfección el perfil político de un galardón cada día más descaradamente politizado. He aquí también una persona con un inusitado afán controlador; los primeros cinco minutos, nada más encontrarnos, me somete a un férreo y minucioso interrogatorio: ¿No viene un fotógrafo con usted? ¿Entonces qué fotos van a utilizar? ¿Dónde va a salir la entrevista? ¿Cuántas páginas ocupará? ¿El suplemento de *El País* tiene formato de revista o de periódico? ¿Va a ser una entrevista o un perfil? ¿Será todo pregunta y respuesta, o habrá textos escritos por usted? ¿Sólo un texto al principio, o también observaciones intercaladas entre las preguntas? En más de treinta años de profesión nunca me había encontrado un entrevistado tan necesitado de saberlo todo.

Por otra parte, se diría que su afán controlador es bastante ineficaz. Para tenerlo todo de verdad bien atado, hubiera debido negociar la entrevista antes de hacerla. Esas cosas suceden: a veces se acuerdan previamente las fechas de publicación, las fotos, detalles así. Pero ahora que he atravesado medio mundo y he venido hasta Estambul para hablar con él, su capacidad de maniobra es más bien pequeña. De manera que puede que todo esto no lo haga en realidad por controlar, sino por cierta predisposición a ser un pejiguera y dar la tabarra. Nuestra cita ha sido inusual, como de espías de la Guerra Fría: yo debía tomar un barco a las 12.45 en un determinado embarcadero a las puertas del Bósforo y bajarme una hora después en una islita del mar de Mármara, en donde él estaría esperándome. Y ciertamente estaba: un poco retirado, medio oculto en las sombras, dejando que desembarcara todo el mundo. Alto y delgado, de huesos elegantes y aspecto juvenil (no aparenta sus cincuenta y cuatro años), con penetrantes ojos verdes tras las gafas metálicas. Sin duda atractivo. Y también refunfuñón, impertinente e irritable. Al menos, a ratos. Este espléndido escritor tiene un carácter racheado y mudable, como de tormenta veraniega. De pronto ríe a carcajadas, bromea, resulta cercano y seductor. Y de pronto se convierte en un hosco gruñón.

Mire, me preocupa un poco de qué vamos a hablar, porque...

¡Ah, pero ése es su problema, usted sabrá qué quiere preguntar!

Claro, no me refiero a eso, me refiero a la situación en la que usted vive en Turquía. Hace unos meses, cuando estuvo a punto de ser juzgado por «insultar deliberadamente la identidad turca», un supuesto delito por el que podrían haberle condenado a tres años de cárcel, el origen del conflicto fueron unas declaraciones suyas a un diario alemán. De manera que temo no controlar bien la situación y que alguna pregunta acabe siendo peligrosa.

Descuide. Como yo estoy mucho más preocupado que usted al respecto, ya tendré buen cuidado de vigilar lo que digo. Le voy a contar una historia graciosa. El otro día estaba paseando por la calle, a mi aire, y me acerqué a un chiringuito y pedí una Coca-Cola, porque es una bebida que me gusta. Y el vendedor dijo: «Oh, eres Pamuk, ¡pensé que estabas en la cárcel!». Contesté: «¡Me acabo de escapar, deme una Coca!».

Ha dicho que vigilará sus palabras. De manera que se siente verdaderamente muy observado.

Verá, en estos momentos en Turquía todo el mundo está muy susceptible respecto a todo, y de una manera muy paranoica. Por desgracia estamos desarrollando una especie de cultura del linchamiento. Pero viviendo en este país siempre tienes que tener cuidado con tus palabras, siempre, ésta no es una sociedad occidental y al final terminas siendo castigado por lo que dices. Por otro lado, lo cierto es que he sobrevivido aquí. Ahora mismo en el ejército hay un inmenso sector nacionalista que muestra un fuerte sentimiento antioccidental, lo cual es una táctica para luchar contra el Gobierno, que quiere meter a Turquía en la UE... Bueno, no, en realidad ya no lo quiere.

¿Ah, no?

Pues no, el Gobierno ya no intenta con tanto empeño el ingreso en la UE, precisamente por esa gran oposición.

Pues es una pena. Yo creo que Turquía debería entrar en Europa. Abandonar ese proyecto me parece un desastre para Turquía, para Europa y para todos.

Tal vez sea un desastre, sí. Pero lo que es verdaderamente fatal para Turquía es que no tenga una democracia desarrollada. Eso sí que me importa de verdad. Lo de la UE me importa un pito, en tanto en cuanto en Turquía haya una democracia. Quiero poder ser capaz de decir todo aquello que desee decir, sin correr el riesgo de ser linchado por campañas fascistas o de terminar en la cárcel.

Supongo que es usted muy conocido físicamente en Turquía y que eso puede crearle problemas con los extremistas. Por ejemplo, sé que un grupo fascista ha estado pidiendo firmas por las calles de Estambul para meterle a usted y a otros autores turcos en la cárcel.

Sí, aquí todo el mundo me reconoce y es verdad que eso crea problemas. Pero también me suceden cosas maravillosas. Por ejemplo, taxistas que no me dejan pagar, cosas así. Recibo también muchas muestras de apoyo y de respeto, incluso de gente que no está de acuerdo conmigo.

Sin embargo, sus relaciones con el entorno social parecen haber ido siendo cada vez más difíciles. Cuando en 2004 publicó su última novela, *Nieve* (Alfaguara), dijo en una entrevista que todo el mundo se había sentido ofendido, los islamistas pensaban que no les trataba bien, y los occidentalistas pensaban que se ponía usted demasiado de parte de los islamistas...

Nieve es una novela política, la primera y la última que haré, y tuvo mucho éxito en Turquía. Puso a mucha gente un poco nerviosa, pero por otra parte tuvo muchos lectores. Quizá no les gustaba todo lo que leían, pero les interesaba el problema, la situación que exponía. En una novela política, el autor no tiene por qué ser amado por todos sus lectores, ni éstos tienen que compartir necesariamente todas las opiniones del escritor. De hecho, un autor político al que todo el mundo ame probablemente lo único que haga sea repetir los clichés y halagar los tópicos preconcebidos de su público, en vez de intentar reflexionar sobre el tema.

En *Estambul* (Mondadori), el precioso libro a medio camino de la biografía y el ensayo que acaba de publicar en España, dice usted: «De adolescente, pensaba que la fragilidad consistía en sentir que no se pertenecía al lugar, al hogar, a la familia y, sobre todo, a la ciudad en la que se vivía». Y también dice: «Durante años tampoco me abandonó el temor a ser castigado por no ser como ellos». Son sentimientos muy normales, pero...

Déjeme que le diga que eso de que son «muy normales» no me gusta porque suena a psicoanálisis.

Es un equívoco derivado de usar una lengua, la inglesa, que no es la suya ni la mía. Me refería a que son algo muy común.

Pero en fin, en cualquier caso tiene que ser amargo ir creciendo justamente en ese progresivo enajenamiento del entorno, en esa creciente soledad, como usted ha hecho.

Bueno, te vas construyendo una vida de escritor, desde luego, y desde ese punto de vista no eres igual a nadie más. Pero con esto no me estoy refiriendo a esa vanidad narcisista de los autores que se creen únicos. Distingamos entre ese narcisismo, que no comparto ni me interesa, y por otro lado el trabajo que hago. La manera en que yo veo ese trabajo, la manera en que escribo mis novelas, es siempre buscando lo que hay en lo más profundo del ser humano e intentando sacar eso a la superficie, para demostrar que todos somos iguales unos a otros. Sí, es verdad, pertenecemos a comunidades diferentes y a veces enfrentadas, la comunidad de la mezquita o del partido político que sea, pero más allá de eso todos somos muy semejantes. Y para poder sacar esa esencia común a la superficie, hay que escribir más allá de las ideas comunitarias, hay que escribir libre de ellas, desde el sentido básico y universal de lo humano. Y hacer esto no es muy común. De ahí la soledad del escritor, no porque seas un individuo especial y único, sino porque tienes que esforzarte en escribir desde fuera de las miradas limitadoras de las diversas ideologías comunitarias.

Y dígame, ¿por qué es usted tan susceptible con el tema del psicoanálisis?

No, no es eso, es que la palabra normal me recordó esa escena de una película de Woody Allen en la que el personaje va al psicoanalista y está tumbado en el diván y dice: «He matado a mi madre, he violado a mi hermana pequeña...», suelta un montón de barbaridades horribles. Y el psiquiatra cabecea plácidamente y dice: «Es muy normal, es muy normal»...

(Finge chistosamente la voz sesuda del psicoanalista y luego suelta grandes carcajadas. Ahora está en su vertiente seductora. Tiene algo de niño grande este Orhan Pamuk que, sin embargo, vive una vida adulta y difícil. Imaginemos, a modo de juego, una de esas hipótesis psicologistas que él detesta: supongamos que es un hombre de natural un poco paranoico al que de repente, en efecto, medio mundo empieza a perseguir. Quizá su extraordinaria suspicacia venga en parte de ahí, o de la soledad de su posición. A medio camino entre Oriente y Occidente, parece obsesionado por ser auténtico, por pensarse todas las cosas personalmente y con rigor, y ese prurito de independencia quizá le haga ser un discutidor impenitente y llevar la contraria por sistema. Es todo un personaje, este Pamuk tan encantador y tan fastidioso.)

Hablando de matar y de trazos psicoanalíticos, me divirtió mucho en *Estambul* esa parte en la que usted cuenta que, hasta los cuarenta y cinco años de edad, se durmió todas las noches imaginando que mataba a alguien, a su hermano, a otros escritores, a vecinos, a críticos... Esto último, lo de imaginar que mataba a críticos, debía de ser especialmente refocilante...

Sí, sí. Eso es muy normal. Lo anormal es no hacerlo —risas—... Le diré que estaba presentando este libro en Estados Unidos y un periodista me preguntó en un tono muy serio y escandalizado: «¿Es verdad que imaginaba todo eso?». «Sí —contesté—, es que soy un tipo pervertido.»

Si quiere que le diga la verdad, a mí no me extraña que imaginara esas cosas. Lo que me extraña es que dejara de hacerlo a los cuarenta y cinco años, precisamente. ¿Por qué? ¿Qué le sucedió?

Mmm, sí, no sé, es verdad que lo dejé... Probablemente porque las cosas se han puesto últimamente más serias y matar imaginariamente ya no me parece suficiente.

Empezó usted a pintar a los siete años porque sus padres le vieron hacer un dibujito y decidieron que era usted un genio.

¡Síííí! Y debo decirle que yo estaba totalmente seducido por la idea. Porque además no fue sólo cosa de mis padres, también en la escuela, los profesores, los compañeros, los amigos, todo el mundo decía que yo era un pintor con mucho talento. De manera que me lo creí totalmente y me dije: «Oh, qué vida tan maravillosa». Y al final, claro, si la gente cree que tienes talento para pintar, y tú también te lo crees, pues empiezas a ejercitarte, y trabajas, y trabajas, y terminas aprendiendo.

El caso es que se dedicó a pintar hasta que a los veintidós años lo dejó para siempre y empezó a escribir. Dice en *Estambul* que con su pintura fue sintiendo una tristeza progresiva por lo fallido de sus cuadros, «tristeza que se fue profundizando con los años hasta convertir el hecho de pintar en algo problemático»...

No, en pintura siempre me sentí dotado y en realidad no fue nunca problemático. Si lo dejé fue porque... No es que me sintiera sin talento, sino... Lo dejé porque... Cómo puedo explicar esto... Nunca tuve problemas con el talento, pensaba y pienso que tengo talento para pintar, es que... Mire, no hay una sola explicación, hay miles de circunstancias juntas, es una situación filosófica y cultural. Sentí que estaba totalmente solo en la pintura, que no había detrás una tradición pictórica en la que apoyarme. Viviendo en una sociedad no occidental, con un concepto del arte pictórico muy tradicional, es difícil desarrollar tu camino. Esto, en parte. En fin, no tengo una manera de contestar a esto. No hay una sola respuesta. Tendría que extenderme durante cuatrocientas páginas. En realidad, *Estambul* es una respuesta a esa pregunta.

Y a los veintidós años empezó a escribir y desde entonces trabaja furiosamente, ocho horas al día.

Y más que eso. Ayer estuve escribiendo durante doce horas. Pero no me quejo, me gusta. Me gusta. Todo lo que he hecho en mi vida es leer y escribir.

Otra cosa fascinante de su libro *Estambul* son las reflexiones que hace sobre la ciudad. Dice que está llena de amargura por la pérdida y la decadencia del imperio otomano, por la

sensación de derrota. Creo que sus reflexiones pueden extrapolarse a un marco general, porque en el aumento del integrismo islámico creo que influye el sentimiento de humillación de las sociedades árabes.

La humillación desde luego es una cosa horrible, da origen a sentimientos de venganza, de ira, de violencia, sentimientos nacionalistas y de rechazo a todos los que te humillan. Y desde luego está muy claro que no puedes impulsar el desarrollo democrático de un país bombardeándolo y matando a sus habitantes, porque eso demoniza la democracia de la misma manera que demoniza a los agresores. Entiendo todo eso muy bien. Pero, por otro lado, no se pueden justificar todos los problemas de Oriente con el argumento de la humillación.

Desde luego que no. De hecho, usted dice también en su libro otra cosa que me parece muy lúcida: «La amargura paraliza Estambul, pero también es una excusa para la parálisis». Y explica que, en el impulso de occidentalización que vivió Turquía, había, más que un afán de verdadera modernización, un deseo de olvidar esa amargura. De manera que se quitaron los valores culturales propios y no se sustituyeron por nada, dando lugar a un gran vacío. Me parece que esto también es un problema general del islam.

No, no es de todo el islam, sino del islam turco, porque en Turquía la república moderna intentó romper con el islam social e imponer que las relaciones con lo religioso se mantuvieran en el ámbito privado, individual, al estilo de los cristianos. Y al cortar la influencia social de la religión tal vez fueron demasiado lejos y cortaron también las partes morales y literarias del islam. No habría sido tan grave si hubieran introducido otros valores, el humanismo ético occidental, la literatura occidental, pero no se hizo, y eso dio lugar a un gran vacío.

Justo, pero yo creo que ése es un problema general en la modernización en los países islámicos. Una profesora argelina perteneciente a la élite progresista me contaba cómo la iz-

quierda de su país había rechazado completamente la cultura islámica en los años sesenta y setenta para dar el salto hacia la modernización, y que ahora ella creía que eso había sido un error, que lo que tenían que haber hecho era intentar progresar desde dentro.

No me compare con los argelinos. ¿Cuál es la pregunta?

Señor Pamuk, usted es uno de los intelectuales más interesantes y respetados ahora mismo en ese difícil y estrecho umbral entre Oriente y Occidente, y su opinión al respecto de las difíciles relaciones entre el Este y el Oeste me interesa mucho.

Supongo que la cuestión es si una radicalización de la occidentalización es algo negativo. Y sí, creo que sí, que puede ser negativo. Pero el caso es que mi idea de Occidente es libertad, democracia y derechos de la mujer, tres cosas que Oriente no tiene. Tenemos otras cosas. Por ejemplo, fraternidad. ¡Uau! ¡Somos grandes, somos formidables en eso de la fraternidad! Ese mandato de la Revolución Francesa se nos da muy bien. ¿La igualdad? Bueeeeno, la igualdad tampoco está tan mal, hay algunos filósofos islámicos de la igualdad. Pero lo que no tenemos es libertad, democracia y derechos de la mujer. El resto me da igual. Puedes llevar ropas orientales u occidentales, vivir en casas tradicionales o no. Todo eso me importa un pito. Lo que me importa es que la gente sea libre de elegir lo que quiera. En cuanto a la crispación general, el problema es que, cuando se terminó la Guerra Fría, Occidente, especialmente Estados Unidos, necesitó encontrar un nuevo enemigo, e inventaron el islam como enemigo. Es un enemigo además que se adapta muy bien al papel, porque hay un montón de países no democráticos y por la ira que muestran sobre todo a causa de la cuestión palestina. Pero es que Occidente es tan implacablemente poderoso... Mire esta última guerra, tan injusta, tan cruel, y los países occidentales la han aprobado. Al final el Oeste ganará y todos los países serán occidentalizados, es inevitable. Y lo que tendría que tener claro Occidente es que el islam no es una amenaza para ellos.

No es una amenaza. Luego está el terrorismo, que eso sí que es una amenaza...

Pero también para el mundo islámico.

Sí, pero estábamos hablando de Occidente. Y lo que pasa con el terrorismo es que los medios de comunicación intentan fomentar el equívoco de que el islam es igual al terrorismo. Y no lo es. Si un grupo terrorista occidental pone una bomba, no se considera que la culpa sea de la democracia... Lo que sí hay en el mundo islámico es un sentimiento creciente de rabia por todas las guerras que se han sufrido en los últimos años. Son todas estas guerras las que enfurecen a la gente, no la idea del Oeste. Y cuanto más se habla del terrorismo islámico, más excusas se buscan para legitimar más bombas y más muertes.

Por eso decía antes que el terrorismo integrista también es una amenaza para el islam. Los terroristas matan más musulmanes que occidentales.

Porque es más difícil matar occidentales.

No creo que sea sólo por eso, sino porque el ser humano suele sentirse más iracundo y violento contra la gente cercana que no piensa del mismo modo.

Oh, sí. Es verdad. Sé bien cómo se siente eso.

¿Y por qué el islam no evolucionó hacia una sociedad más secularizada? Leyendo su magnífica novela *Me llamo Rojo* (Alfaguara), se deduce que uno de los ingredientes históricos que pudieron influir fue el hecho de que los países árabes no vivieran el Renacimiento...

Ésa es una visión etnocéntrica que no comparto. Que el islam no tuvo Renacimiento, que por eso se quedó atrás... Desde luego, las sociedades islámicas, Turquía incluida, no son sociedades abiertas, y muchas de las instituciones sociales que convirtieron Europa en lo que es no están en el mundo islámico. Estoy de acuerdo con eso. Con que no hay democracia, con que hay corrupción. Pero de ahí a decir que se saltaron el Renacimiento hay una gran distancia, ¡eso es totalmente paternalista!

En octubre de 2003, durante la promoción de *Me llamo Rojo*, dijo usted en una entrevista en *El País*: «Al no participar en la transformación que se produce con el Renacimiento, es como si el mundo oriental se hubiera quedado detenido durante trescientos años».

¿Ah, sí? ¿Dije eso? Bueno, sí, pude decirlo.

De manera que si usted lo dice no es paternalismo, pero si lo digo yo, sí. Es usted muy quisquilloso, señor Pamuk, muy quisquilloso.

Vale, vale, vale. OK, bajaré el tono. Y además no me refería a usted, sino a esa simplificación general: «Oh, el islam es así porque perdió el Renacimiento». Es tan reductor, tan simplificador, tan limitador, tan paternalista. Y además no sirve para nada irse para atrás en la historia, ¿para qué sirve eso?

Pues justamente para intentar entender por qué somos como somos, y por lo tanto para no repetir los errores y procurar enmendarlos. Y estoy de acuerdo con usted, no se trata de buscar respuestas mágicas y reductoras, sino de reflexionar sobre las posibles influencias. Como el hecho de que la imprenta estuviera prohibida durante siglos en el mundo árabe, por ejemplo.

Mire, ese tipo de mentalidad es demasiado superficial. Tendría uno que pasarse cuatro años reflexionando sobre el tema para llegar a algo. Para que no me diga que soy un quisquilloso, tomemos el ejemplo de

Hitler. A ver, ¿por qué surgió Hitler? Intente explicármelo. ¿Por qué no se pregunta usted por qué surgió?

¡Pero es que sí que me lo pregunto! Todo el rato. Y tengo algunas ideas al respecto, que no vienen al caso. Y los alemanes llevan décadas preguntándoselo e intentando entenderlo.

Bueno, ¡pero no en una entrevista! Porque luego las cosas las simplifican tanto que dices algo y sale convertido en un cliché irreconocible.

¿Por qué supone que voy a simplificarlo? Eso es una simplificación por su parte.

Bueno, vale. Digamos que cuanto más se habla del islam, haciendo hincapié en la falta de democracia y demás sin hablar de otras cualidades positivas que posee, como, por ejemplo, la compasión, me siento cada vez más a disgusto.

Me parece sensato y respetable. De manera que pasaré a otro tema. Otro tema que me parece que tampoco le va a gustar, por la vertiente psicológica... Dijo usted en una entrevista: «Algunos escritores tienen un mundo que expresar. Otros lo que hacen es proteger su vida con la escritura. Yo formo parte de este segundo grupo. Para mí la escritura es una forma de terapia y necesito escribir cada día».

Bueno, no es sólo terapia, desde luego, pero sí. O sea, a veces me despierto en mitad de la noche y me pongo a escribir, y lo hago porque me divierte, de la misma manera que un niño se pondría a jugar. De modo que está también ese lado lúdico. Pero, por otra parte, si a causa de un viaje estoy dos o tres días sin escribir, me siento un poco loco.

Sí, creo que la mayoría de los novelistas pensamos que la escritura nos salva de la locura.

Desde hace treinta y cinco años llevo un diario, y no porque piense que mi vida sea tan importante como para escribir sobre ella, sino porque verdaderamente es una especie de terapia para mí. Y además, si un día escribo un buen párrafo, siento una sensación como de logro, la satisfacción de haber hecho algo bueno ese día.

Verá, tengo la teoría de que los novelistas son personas que han tenido una vivencia temprana de la decadencia. Que antes de los doce o trece años, pongamos, han vivido la pérdida más o menos traumática del mundo infantil.

¡Ah, no, no, no, yo tuve una infancia muy feliz! —Lo dice bromeando, riéndose de sí mismo, otra vez encantador.

Según cuenta en _Estambul_, su niñez fue precisamente un compendio de pérdidas, un modelo de infancia complicada... Nació en una familia rica, pero su padre se apresuró a empobrecerles, sus padres se llevaban mal y desaparecían de cuando en cuando, usted mismo fue expulsado de su casa a los cinco años y enviado a vivir durante un tiempo con un pariente...

No me hable de todas esas cosas tristes, no me recuerde esas penas, quiero olvidarlo —de nuevo riéndose—. Bueno, hablando en serio, la verdad es que no sé por qué escribo. Veo a mis amigos escritores alrededor y la mayoría han tenido infancias espantosas, y entonces yo me considero maravillosamente afortunado por la que tuve... Pero sí, es verdad que... Creo que no tuve una familia muy feliz cuando era pequeño. Todos esos conflictos entre mi padre y mi madre, y lo de que mi hermano mayor y yo nos aporreáramos todo el rato... Además yo era el hijo pequeño y en los países mediterráneos hay esa costumbre medieval de que el hermano mayor es el rey, y el menor, una especie de criado. Pero verá, por otra parte yo era un niño guapo, de manera que era constantemente besado y piropeado por todas las mujeres que había alrededor, las tías, las vecinas, las abuelas... Eso compensaba bastante.

¿Sigue escribiendo usted esa novela que estaba haciendo sobre la clase alta turca?

Oh, sí, ya la estoy terminando. Para el año que viene estará en la calle. Estoy contento, mis amigos dicen que es la novela por la que seré recordado.

¿Le preocupa el hecho de ser recordado, de pasar a la posteridad?

Pues sí. Soy tan imbécil que me preocupa. Realmente te pones a pensar y ves que sólo recordamos a unos pocos autores de hace cien años, a menos de hace doscientos o trescientos, a ninguno de hace quinientos; o sea, que verdaderamente es una idiotez aspirar a quedar en la memoria, pero no puedo evitarlo. Imaginar que te pueden leer dentro de varias generaciones es una especie de consuelo.

De consuelo de la muerte.

Eso es.

Bueno, pues ya hemos acabado.

¿Ya? Me ha gustado conversar con usted.

A mí también, aunque más que conversar hayamos discutido. Es usted muy peleón, señor Pamuk.

No. Soy muy apasionado, que es distinto.

2006

Malala Yousafzai

«Hay que morir alguna vez en la vida»

Es diminuta pero posee una cabeza rotunda, una cabeza que destaca en la delicadeza de su cuerpo de elfo. Viste ropas tradicionales pastún de alegres colores y su cara está enmarcada en un bonito chal estampado de flores y colocado con gracia. Se le ve el cabello, detalle muy importante en la tremenda jerarquía de tocados musulmanes para mujeres, desde la siniestra y carcelaria burka hasta el ligero hiyab. Parece una figurilla de belén, una pastorcita de terracota. «Le voy a contar algo de mí —le digo nada más sentarnos en la fea y burocrática sala privada de un hotel de Birmingham, que es donde se está celebrando el encuentro—. Verá, yo he hecho muchas entrevistas durante décadas, hasta que hace cuatro o cinco años me cansé y ya no hice más. Sin embargo, cuando me propusieron su nombre, inmediatamente dije que sí. Así que usted es responsable de mi regreso a este género periodístico...» Malala me mira con una atención absoluta, con una concentración perfecta, una adolescente cautelosa y seria que lo controla todo. Empieza a darme las gracias, muy educada, como corresponde a lo que acabo de decirle. La interrumpo: «En realidad no se lo digo para halagarle, aunque desde luego la admiro; se lo digo porque me quedé pensando en el enorme efecto que tiene usted en tantísima gente alrededor del mundo. ¿No le agobian las expectativas que todos parecemos tener sobre usted?».

No. Estoy entregada a la causa de la educación y creo que puedo dedicarle mi vida entera. No me importa el tiempo que me lleve. Me concentro en mis estudios, pero lo que más me importa es la educa-

373

ción de cada niña en el mundo, así que empeñaré mi vida en ello y me enorgullezco de trabajar en pro de la educación de las niñas, y la verdad es que es una gran oportunidad tener esta entrevista hoy con usted. ¡Gracias!

(Ha contestado con firmeza, con seguridad y con tanta profesionalidad que la última palabra la ha dicho en español. Me la imagino aprendiendo a decir gracias en todos los idiomas de sus entrevistadores. Una niña aplicada. En su libro *Yo soy Malala* (Alianza Editorial) cuenta con ingenio una anécdota reveladora: «Mi profesor de Química —en Pakistán—, el señor Obaidullah, decía que yo era una política nata porque, al comienzo de los exámenes orales, yo siempre decía: "Señor, ¿puedo decirle que usted es el mejor profesor y que la suya es mi clase preferida?"». El nivel de autocontrol de Malala me parece increíble: ¡tiene dieciséis años! Pero, como se ve en su escalofriante y conmovedor libro, lleva viviendo una vida extremadamente adulta y anormal desde los diez. Los talibanes no lograron ni matarla ni callarla cuando le metieron una bala en la cabeza, pero le robaron una buena parte de su infancia.)

¿Ya está bien de salud?

Estoy muy bien, y esto es por las oraciones de la gente, y también por las enfermeras y los médicos en el hospital, que me han atendido muy bien, y porque Dios me ha concedido una nueva vida. Hago fisioterapia una o dos veces al mes en el lado izquierdo de mi cara, porque el nervio facial que controla el movimiento de este lado fue cercenado por la bala y por lo tanto había dejado de funcionar, pero ya han cosido el nervio, ha empezado a reconstruirse y está recuperándose muy bien. Ha alcanzado un 88 por ciento de recuperación.

¿Le han dado ayuda psicológica?

Sí, los psicólogos del hospital me han ayudado. Vinieron y me hicieron muchas preguntas y a las dos o tres sesiones dijeron, Malala está bien y ya no le hace falta tratamiento... Además es muy aburrido.

(La bala entró por debajo del ojo izquierdo y salió por el hombro. Le destrozó los huesos de media cara, cortó el nervio y rozó el cerebro, que se inflamó tanto que tuvieron que quitarle toda la tapa de la cabeza. Durante meses estuvo con el cerebro al aire y con el pedazo de cráneo metido, para su conservación, bajo la piel del abdomen —al final tiraron el hueso y le pusieron una pieza de titanio—. También estuvo meses con medio rostro desplomado: no podía reír, apenas podía hablar, no podía parpadear con el ojo izquierdo y los dolores eran terribles. En su discurso a la ONU el pasado 12 de julio, el día que cumplió dieciséis años, se le notaban más las secuelas que ahora: la rehabilitación hace su efecto. Sigue siendo una chica guapa y sólo queda una ligera sombra de desequilibrio en su cara.)

Le pregunto todo esto porque usted ha pasado por una situación durísima, y ahora podría tomarse cierto tiempo para recuperarse. Pero no, inmediatamente ha sacado usted este libro, que le obliga a volver a dar entrevistas y a estar de nuevo en primera línea. Eso es una elección. Y parece dura.

Es que esto ya es mi vida, no es sólo una parte de ella. No puedo abandonar. Cuando veo a la gente de Siria, que están desamparados, algunos viviendo en Egipto, otros en el Líbano; cuando veo a toda la gente de Pakistán que está sufriendo el terrorismo, entonces no puedo dejar de pensar, «Malala, ¿por qué esperas a que otro se haga cargo? ¿Por qué no lo haces tú, por qué no hablas tú a favor de sus derechos y de los tuyos?». Yo empecé mi lucha a los diez años.

Lo sé. Cuando llegaron los talibanes.

En aquel entonces vivía con mi padre en Swat, es nuestra región natal, y los talibanes se levantaron y empezó el terrorismo, azotaron a las mujeres, asesinaron a las personas, los cuerpos aparecían decapitados en las plazas de Míngora, nuestra ciudad. Destruyeron muchas escuelas, destruyeron las peluquerías, quemaron los televisores en grandes piras, prohibieron que las niñas fueran a la escuela. Había mucha gente en contra de todo esto, pero tenían miedo, las amenazas eran muy grandes, así que hubo muy pocos que se atrevieron a hablar en voz alta en pro de sus derechos, y uno de ellos fue mi padre. Y yo seguí a mi padre.

(El libro de Malala no es sólo sobre Malala sino, en gran medida, también sobre su padre. Un tipo singular y sin duda heroico, un maestro dispuesto a conquistar, por medio de la cultura, un futuro de justicia y de paz en un mundo en llamas. Y un hombre que, además, en una sociedad brutalmente machista como la pastún, apoyó a su hija mayor y le dio la misma libertad y la misma confianza que a un varón. El padre, Ziauddin, también está aquí, sentado al otro lado de la mesa. Bajito, de unos cuarenta años, con algo limpio y casi niño en su sonrisa. La gravedad de Malala contrasta con la ligereza juvenil de Ziauddin. Pero, claro, él no perdió su infancia ni tuvo que luchar contra todo su mundo para ser reconocida como persona pese a ser mujer. A los once años, en lo más negro del terror talibán, Malala empezó a escribir un blog para la BBC en urdú. En la primera entrada decía: «En mi camino a casa desde la escuela escuché a un hombre gritando: ¡Te mataré! Apresuré el paso... pero para mi gran alivio vi que estaba hablando por su móvil y que debía de estar amenazando a otra persona». Aunque firmaba con seudónimo, todo el mundo acabó sabiendo que era ella. Además empezó a acudir a las televisiones y a las radios, junto con su padre, a protestar por los abusos. Fueron casi los únicos en hacerlo.)

El libro tiene una parte que es como un cuento de terror. Dice usted: «Tenía diez años cuando los talibanes llegaron a nuestro valle. Moniba —su mejor amiga— y yo habíamos estado leyendo los libros de *Crepúsculo* y deseábamos ser vampiras. Y nos pareció que los talibanes llegaron en la noche exactamente como vampiros»...

Lo importante es que si preguntas a los niños aquí de qué tienen miedo, te van a contestar que de un vampiro, de Drácula o de un monstruo, pero en nuestro país tenemos miedo a los humanos. Los talibanes son seres humanos pero son muy violentos y hacen tanto daño que cuando un niño oye hablar de un talibán le entra miedo, igual que si fuera un vampiro o un monstruo.

Es un sistema perverso y demencial; prohibieron la música, prohibieron cantar...

Nos prohibieron todo y si oían barullo y risas en una casa, irrumpían por si estabas cantando o viendo la televisión, y rompían los televisores. A veces se limitaban a amonestar a la gente, a veces la pegaban o la fusilaban o la masacraban. No nos dejaban ni jugar a las peluqueras con las muñecas.

Ustedes terminaron viendo la televisión dentro de un armario. Era la apoteosis del absurdo...

Sí, y con el volumen muy bajo, para que nadie más la oyera. Con tanto temor por todas partes la vida se hacía muy dura y pensábamos desesperadamente en nuestro futuro, en cómo íbamos a vivir con ese miedo, en lo peligrosa que era la situación... Y aun así nos quedaba cierta esperanza en un rincón del corazón. Luego los talibanes empezaron a matar. Primero a los policías, así que dejaron sus empleos y pusieron anuncios en los periódicos diciendo que ya no eran policías, para que no les asesinaran... Después asesinaron a los músicos, y los músicos también pusieron anuncios diciendo que habían dejado el pecado de la música y que ya eran fervientes creyentes... Eso de los anuncios me impresionó.

Su propio padre, cuando le amenazaron, puso un anuncio que decía: «Matadme a mí pero no hagáis daño a los niños de mi escuela, que rezan todos los días al mismo Dios en el que vosotros creéis».

Sí, y luego estaba la radio de los talibanes, predicaban como dos veces al día. Y daban mensajes diciendo: «Felicitamos a Fulano, que se ha dejado crecer la barba y por eso va a entrar en el paraíso; felicitamos a Zutano, que ha cerrado su tienda de video y se ha arrepentido; nos congratulamos de que la niña Tal y Cual ha dejado de ir a la escuela»... Y a las niñas que íbamos a clase nos insultaban todos los días de forma muy fea y nos decían que iríamos al infierno.

En los últimos años ustedes estaban convencidos de que su padre, Ziauddin, iba a ser asesinado. E idearon todo tipo de estrategias para evitarlo... Sus hermanos pequeños querían construir un túnel...

Sí, y también pensábamos esconder a mi padre en un armario. Mi madre dormía con un cuchillo debajo de la almohada, y también dejamos una escalera apoyada en el muro de atrás para que mi padre pudiera huir si venían a buscarle. Algún tiempo después se coló en nuestra casa un ladrón gracias a esa escalera y nos robó la tele.

De hecho —interviene el padre desde el otro lado de la mesa—, nos alegró mucho que se llevara la tele, porque de haberse llevado la escalera nada más, habríamos tenido miedo de verdad.

¡Cierto! De modo que era alguien que, como ustedes, ¡quería ver la televisión!

¡Sí, sí! —Malala y Ziauddin ríen—. ¡Gracias a Dios ha sido un ladrón!

¿Cómo podían aguantar ese miedo todos los días?

En aquel entonces el miedo nos rodeaba. Fue todo tan duro. No sabíamos lo que el futuro nos deparaba, queríamos hablar pero no sabíamos que nuestras palabras nos conducirían al cambio, que nos escucharían en todo el mundo. No estábamos enterados del poder que encierra un lápiz, un libro. Sin embargo, se ha demostrado que los talibanes, que tenían fusiles y explosivos, eran más débiles que la gente con lápices y libros.

En el libro cuenta que hace poco, en un centro comercial en Abu Dhabi, sintió un repentino ataque de terror. Un comprensible ataque de angustia. ¿Le ha vuelto a pasar?

Sí, me ha pasado dos o tres veces. Cuando vi a la gente a mi alrededor en Abu Dhabi, a todos esos hombres alrededor, de pronto pensé que estaban al acecho, armados, que me iban a disparar. Y luego me dije, ¿y por qué te da miedo ahora? Ya le has visto la cara a la muerte, ya no debes tenerle miedo, se ve que ya ni la muerte quiere matarte; la muerte quiere que vivas y trabajes en pro de la educación. De manera que me dije, no tengas miedo, sigue adelante, que Dios y la gente te acompaña. Hay que morir alguna vez en la vida.

Pero usted es demasiado joven...

Demasiado joven, demasiado joven —repite dolorosamente el padre, como un coro griego.

Hay otra cosa que me parece muy importante de usted, y es que es creyente. Una intelectual argelina me dijo hace años que la izquierda argelina había fracasado en su intento de modernizar el país porque se habían enajenado completamente de su pueblo y de su sociedad. Eran laicos, rupturistas, demasiado modernos, demasiado occidentalizados para ser aceptados por la mayoría. Usted, en cambio, sigue perfectamente integrada en su cultura y en su religión.

Amo a Dios porque me ha protegido, y creo que me va a preguntar el día del juicio, «Malala, veías el sufrimiento de la gente en Swat, veías cómo sufrían las niñas, que masacraban a las mujeres, que asesinaban a tantos policías. ¿Qué has hecho tú para defender sus derechos?». Sentí que era mi deber clamar por los derechos de las niñas, por los míos, por el derecho de asistir a la escuela, y lo hago en nombre del Dios por el que los talibanes me tirotearon.

Cuando tenía usted once años y estaba escribiendo el blog, The New York Times hizo un precioso documental de televisión sobre usted y su padre. Le diré que, cuando lo vi, pensé que su padre era como más idealista, más alocado, y que usted era la sensata de los dos. Vamos, usted me pareció la madre de su padre, y usted perdone, Ziauddin.

EL ARTE DE LA ENTREVISTA

(Los dos se tronchan de risa.)

¿Me vio así? En la sociedad pastún, si una chica es muy madura y empieza a hablar muy pronto de cosas de la familia, digamos a los once años, le dicen *niyá* o sea abuela.

Pues no sé si será usted una *niyá*, pero desde luego tiene un gran sentido práctico. Las dos primeras cosas que dijo en el hospital de Birmingham, tras una semana de coma inducido, fue: «¿Dónde está mi padre?» y «No tenemos dinero para pagar todo esto».

Por entonces estaba todavía muy aturdida, muy confundida. Cuando un médico hablaba con una enfermera, creía que le estaba preguntando cómo íbamos a pagar el hospital, y pensaba que me iban a expulsar y que tendría que buscar un empleo.

En ese mismo documental usted decía que su padre quería que fuera política, pero que usted quería ser doctora y que no le gustaba la política... Ahora ha cambiado de opinión.

Amo a mi padre y él me inspira, lo cual no significa que siempre esté de acuerdo con él. Discrepo con él en muchas cosas, él cree que la política es buena y sirve para cambiar el mundo pero yo antes quería ser médico. Pero luego pasó el tiempo y fui dándome cuenta de que el Gobierno no estaba haciendo nada, que su deber elemental era conceder derechos básicos al pueblo, proporcionarles electricidad, gas, educación, buenos hospitales. Y entonces por eso de repente pensé que sí que quería ser política para conseguir un cambio grande en mi país. Para que un día Pakistán esté en paz, para que no haya guerra ni talibanes y todas las niñas vayan a la escuela. Y no sólo quiero ser política, sino líder también.

Líder social.

Sí, líder social, y guiar a la gente, porque el pueblo en Pakistán anda descaminado, están divididos en muchos grupos, y llega un líder y forma un grupo, llega otro y forma otro grupo distinto, pero nunca he visto a alguien que sepa unir a la gente. Quiero hacer que toda esa gente se una, quiero que Pakistán sea uno solo, quiero ver la igualdad entre todos y la justicia.

¿Y cree que usted los puede unir?

Para lograr ese objetivo tengo que conseguir poder, y el verdadero poder consiste en la educación y el conocimiento. Además nos hace falta un escudo, que es la unidad del pueblo. Cuando la gente me acompañe, cuando los padres de las niñas me acompañen, cuando estemos juntos, me apoyarán con su voz, con su acción, con su compasión. Cuando nos apoyemos los unos a los otros, cuando nos eduquemos, cuando logremos ese poder, podremos con todo. Y entonces volveré a Pakistán.

En su libro dice que, a los trece o catorce años, veía los DVD de la serie norteamericana *Betty la Fea* «que era sobre una chica con una ortodoncia enorme y un corazón también enorme. Me encantó y soñaba con la posibilidad de ir algún día a Nueva York y trabajar en una revista como ella». Me parece una afirmación conmovedora. ¡La revista de *Betty la Fea* es de moda! Esa añoranza por una vida normal y sin el peso sobrehumano que acarrea usted sobre los hombros...

Me gustaba ver la serie, me gustaba pensar en otro mundo en donde el mayor problema era la moda, quién viste qué ropa, qué sandalias, qué color de lápiz de labios usa tal chica... Mientras por otro lado las mujeres se mueren de hambre, y los niños también, y azotan a las mujeres, y aparecen cuerpos decapitados...

Pero, en cualquier caso, lo que indica este texto es que por ahí abajo hay ese anhelo comprensible de una existencia liviana y normal...

(Malala me mira fijamente, se toma un par de segundos y luego dice que sí con la cabeza. Ni siquiera se atreve a verbalizar su añoranza de otra realidad. Es una niña atrapada entre las ruedas de una responsabilidad colosal. Imaginen la situación: una realidad de violencia y abuso insoportables, un padre heroico que señala el camino y una niña inteligentísima, evidentemente superdotada, consciente de su propia dignidad y con una gran capacidad de compasión. Todo se conjuró en la vida de Malala para encerrarla en su destino de Juana de Arco. Las balas de los talibanes la han catapultado a una visibilidad mundial y es posible que, cuando ustedes lean esta entrevista, le hayan concedido el Nobel de la Paz, que se hará público mientras esta revista esté en imprenta. Yo he firmado pidiendo el Nobel para ella, pero ahora casi me preocupa que se lo den: sería otro peso más, otra exigencia. Malala, enardecida por haber sobrevivido y todavía muy joven, pese a su madurez, tiene ensueños grandiosos para el futuro de su pueblo. Ensueños inocentes y difíciles de alcanzar pero que quizá ella logre poner en marcha, porque esta pizca de mujer es poderosa. Tanto el padre como la hija tienen algo limpio, el corazón en la boca, una luz que encandila. Pero la luz de Malala está llena de sombras, es una estrella oscura llena de dolor y de determinación. A los dieciséis años está dispuesta a sacrificar toda su vida por su proyecto.)

¿Se ha enamorado alguna vez? Me refiero a esos amores infantiles, de un actor, de un vecino mayor.

(Risas.)

Me encantan los jugadores de críquet. Pero eso es sólo parte de la vida, cuando te encariñas con alguien, y tengo cariño a tanta gente. Hay un jugador que se llama Shahid Afridi, que siempre sale eliminado sin anotar, pero sin embargo todos le queremos mucho. Está también Roger Federer. Hay muchos, pero eso no significa que me case con ellos.

¿Pero piensa casarse?

¡Tal vez!

Interesante, porque, en su parte del mundo, todas las líderes políticas tuvieron sin duda que casarse: Benazir, Indira... Es una buena respuesta.

Es una respuesta diferente.

Pues nada más. Muchas gracias, Malala.

Gracias a usted por su amor y su apoyo.

(Y al escuchar su primorosa contestación final me siento como el señor Obaidullah, su profesor de Química.)

2013

2 parte

DE TODO
UN
POCO

8

Estamos en casa de el torero tan famoso retirado Pascual
Montero. Vive en Reina Victoria 68, septimo c. Nos abre su mujer y
dice que no esta en casa y que se va muy temprano y hasta la
noche no viene; ya nos ibamos a ir cuando mi compañero de dijo
que porque no preguntabamos a ella algunas preguntas ha di
cho que sí y empezando preguntandola — ¿ cuantos hijos tiene? —2,
un niño y una niña —¿edades? — el niño 14 y la niña 8 —¿como
se llama usted? — Amelia Gallo — ¿ esta usted contenta de que su
esposo halla retirado de los toros? — muchisimo; cada vez me
alegro mas —¿ que profesion tiene hoora su marido? — una
fabrica de ladrillos —¿ y ganan mucho, claro — que no ecra
hoora no pero esperamos que algun dia gane —¿ que fue lo
que le gusta ser cuando era pequeña? — bailarina — ¿ y consi
gio su deseo? — pues no porque me falto decision por eso
que mi hija sea todo lo que yo no fui —¿ tiene aficion su
hija? — tanta como yo tenia; creo que tiene no solo aficion
sino condiciones — eso esta muy bien. Una sola pregunta
¿ su opinion sobre los periodistas? — uste perdone pero son unos
tios pesados que no ai quien los aguante; y no se enfade —
bueno no nos enfadamos por educacion pero nos vamos echan
do bombas.

TRANSCRIPCIÓN DE LA INTERVIU (SIC) A PASCUAL MONTERO

Estamos en casa de el torero tan famoso retirado Pascual Montero. Vive en Reina Victoria 58, septimo C. Nos abre su mujer y dice que no esta en casa y que se va muy temprano y hasta la noche no viene; lla nos ibamos a ir cuando mi compañero me dijo que porque no preguntabamos a ella algunas preguntas, he dicho que si y empezamos preguntandola —¿cuantos hijos tiene? —2, un niño y una niña —¿edades? —el niño 14 y la niña 8 —¿como se llama usted? —Amalia Gallo —¿esta usted contenta de que su esposo se alla retirado de los toros? —muchisimo, cada vez me alegro mas —¿que profesion tiene haora su marido? —una fabrica de ladrillos —¿y gana mucho, claro —pues no crea, haora no pero esperamos que algun dia gane— ¿que fue lo que le gusto ser cuando era pequeña? —bailarina —¿y consigio su deseo? —pues no porque me falto decision pero espero que mi hija sea todo lo que llo no fui —¿tiene aficion su hija? —tanta como yo tenia; creo que tiene no solo aficion sino condiciones —eso esta muy bien. Una sola pregunta mas ¿su opinion sobre los periodistas? —uste perdone pero son unos tios pesados que no ai quien los aguante y no se enfade.

bueno no nos enfadamos por educacion pero nos vamos echando bombas.

Descubre tu próxima lectura

Si quieres formar parte de nuestra comunidad,
regístrate en **libros.megustaleer.club**
y recibirás recomendaciones personalizadas

Penguin
Random House
Grupo Editorial

🅵🆈🔘 megustaleer

ÚLTIMOS TÍTULOS PUBLICADOS EN DEBATE

MARCELO LARRAQUY
Código Francisco
Cómo el Papa se transformó en el principal líder político global
y cuál es su estrategia para cambiar el mundo

ENRIQUE KRAUZE
Personas e ideas
Conversaciones sobre historia y literatura

KLAUS SCHWAB
La cuarta revolución industrial

FABRICIO BALLARINI
Rec
Por qué recordamos lo que recordamos y olvidamos lo que olvidamos

ADRIÁN PAENZA
Matemática para todos

MICHAEL POLLAN
El dilema del omnívoro
En busca de la comida perfecta

MICHAEL POLLAN
Saber comer
64 reglas básicas para aprender a comer bien

ADELA MUÑOZ PÁEZ
Sabias
La cara oculta de la ciencia

DIEGO ENRIQUE OSORNO
La guerra de Los Zetas
Viaje por la frontera de la necropolítica

FREEMAN DYSON
Sueños de Tierra y Cielo

SHELDON CASHDAN
La bruja debe morir
De qué modo los cuentos de hadas influyen en los niños

JOAN MARIA THOMÀS
José Antonio
Realidad y mito

AA.VV.
Cuba en la encrucijada

ED YONG
Yo contengo multitudes
Los microbios que nos habitan y una mayor visión de la vida

JORGE VOLPI
Contra Trump
Panfleto urgente

MARÍA TERESA RUIZ
Hijos de las estrellas
Un maravilloso recorrido sobre los orígenes del universo y del ser humano

KAREN ARMSTRONG
Buda
Una biografía

FRANÇOIS PIERRA LA VARENNE
El cocinero francés
400 recetas del siglo XVII

AA.VV.
*Breve antología de las entradas más significativas del magno proyecto
de La enciclopedia*
Que dirigieron Diderot y D'Alembert y que fue uno de los hitos
de la Ilustración

ROGER PENROSE
Moda, fe y fantasía en la nueva física del universo

GASTÓN ACURIO
¡Buenazo!
Más de 600 recetas para cocinar en casa

GILES TREMLETT
Isabel la Católica
La primera gran reina de Europa

BARACK OBAMA
Los sueños de mi padre
Una historia de raza y herencia

POLITIKON
El muro invisible
Las dificultades de ser joven en España

José Luis Sampedro
El reloj, el gato y Madagascar

Luke Harding
Conspiración
Cómo Rusia ayudó a Trump a ganar las elecciones

José Edelstein y Andrés Gomberoff
Einstein para perplejos
Materia, energía, luz, espacio y tiempo

Scott Kelly
Resistencia
Un año en el espacio

Juan José Sebreli
Dios en el laberinto
Crítica de las religiones

Ramón González Férriz
1968
El nacimiento de un mundo nuevo

Tom Wainwirght
Narconomics
Cómo administrar un cártel de la droga

Remo H. Largo
Individualidad humana
Qué nos hace diferentes y cómo aprovecharlo

Jaime Durán Barba y Santiago Nieto
La política en el siglo xxi
Arte, mito o ciencia

Sean Carroll
Las leyes del Serengeti
Cómo funciona la vida y por qué es importante saberlo

Adrián Paenza
La puerta equivocada
Una nueva entrada al parque de diversiones de la matemática

Pedro Bravo
Exceso de equipaje
Por qué el turismo es un gran invento hasta que deja de serlo

CARLOS MAGDALENA
El mesías de las plantas
Aventuras en busca de las especies más extraordinarias del mundo

LINDSEY FITZHARRIS
De matasanos a cirujanos
Joseph Lister y la revolución que transformó el truculento mundo de la medicina victoriana

ÓSCAR MARTÍNEZ
Una historia de violencia
Vivir y morir en Centroamérica

WALTER ISAACSON
Leonardo da Vinci
La biografía

JANE MAYER
Dinero oscuro
La historia oculta de los multimillonarios escondidos detrás del auge de la extrema derecha norteamericana

GABRIEL ZAID
Mil palabras

DANIEL GASCÓN
El golpe posmoderno
15 lecciones para el futuro de la democracia

FIDEL MORENO
¿Qué me estás cantando?
Memoria de un siglo de canciones

MARK LILLA
El regreso liberal
Más allá de la política de la identidad

HECTOR MACDONALD
Verdad
Cómo los distintos lados de cada historia configuran nuestra realidad

EDWARD W. SAID
Cultura e imperialismo

SANG-HEE LEE Y SHIN-YOUNG YOON
¡No seas neandertal!
Y otras historias sobre la evolución humana

ALERTO ROJAS
África
La vida desnuda

ANA DEL PASO
Reporteras españolas, testigos de guerra
De las pioneras a las actuales

SANTIAGO RONCAGLIOLO
La cuarta espada
La historia de Abimael Guzmán y Sendero Luminoso

PABLO ORDAZ CASTRO Y ANTONIO JIMÉNEZ BARCA
Así fue la dictadura
Diez historias de la represión franquista

YUVAL NOAH HARARI
21 lecciones para el siglo xxi

AA.VV.
Anatomía del procés
Claves de la mayor crisis de la democracia española

NIALL FERGUSON
La plaza y la torre
Redes y poder: de los masones a Facebook

SIMON SCHAMA
La historia de los judíos, vol. 1 y 2

ENRIQUE KRAUZE
El pueblo soy yo

JARON LANIER
Diez razones para borrar tus redes sociales de inmediato

JAMES R. HANSEN
El primer hombre
La vida de Neil A. Armstrong

AHMED ALTAN
Nunca volveré a ver el mundo
Textos desde la cárcel

JUAN CLAUDIO DE RAMÓN
Canadiana
Viaje al país de las segundas oportunidades

XAVI AYÉN
Aquellos años del boom
García Márquez, Vargas Llosa y el grupo de amigos que lo cambiaron todo

ÉLISABETH ROUDINESCO
Diccionario amoroso del psicoanálisis

FÉLIZ DE AZÚA
Volver la mirada
Ensayos sobre arte

CLIFFORD V. JOHNSON
Los diálogos
Conversaciones sobre la naturaleza del universo

MERCEDES CABRERA
El arte del derecho
Una biografía de Rodrigo Uría Meruéndano

JOSEPH ZÁRATE
Guerras del interior

ROB SEARS
Técnicas de coaching de Vladimir Putin
Despierta al autócrata que llevas dentro

DIEGO SALAZAR
No hemos entendido nada
Qué ocurre cuando dejamos el futuro de la prensa a merced de un algoritmo

BEN RHODES
El mundo tal y como es
Cambiar el mundo desde el ala oeste

MAGIS IGLESIAS
Fuimos nosotras
Las primeras parlamentarias de la democracia

BALTASAR GARZÓN
No a la impunidad
Jurisdicción Universal, la última esperanza de las víctimas

ANDRÉS SOREL
José Luis Sampedro
Un renacentista en el siglo XX